Tabanides d'Afrique

EN PRÉPARATION

1º **Etude monographique des Tabanides d'Afrique** (*suite*). Groupe des *Hæmatopota*.

2º **Tabanides de Madagascar.**

ÉTUDE MONOGRAPHIQUE

DES

Tabanides d'Afrique

(GROUPE DES *TABANUS*)

PAR

J. M. R. SURCOUF
Chef des travaux de zoologie au Laboratoire colonial du Muséum de Paris

Avec le concours de

Miss G. RICARDO
Stagiaire au British Museum

Avec 3 planches en couleurs, 26 figures dans le texte et 22 cartes

PARIS
MASSON ET Cie, ÉDITEURS
LIBRAIRES DE L'ACADÉMIE DE MÉDECINE
120, Boulevard Saint-Germain (VIe)

1909

A Monsieur E. BOUVIER,

*Professeur d'Entomologie au Muséum,
Membre de l'Institut.*

Cher et Honoré Maître,

En janvier 1905, lorsque je me suis pour la première fois présenté à votre laboratoire, vous m'avez accueilli avec tant de bienveillance que, grâce à vos encouragements, j'ai pu, malgré de nombreux obstacles, entreprendre et poursuivre l'étude des Tabanides.

C'est dans vos Cours et dans votre Laboratoire que j'ai été initié à la Méthode rigoureuse qui m'a permis de mener à bonne fin ce travail, permettez-moi de vous le dédier comme témoignage de reconnaissance.

JACQUES SURCOUF.

INTRODUCTION

Les Tabanides sont des Diptères qui piquent les Mammifères et en sucent le sang. Répandus sur le globe entier, on les rencontre sous toutes les latitudes où les grands mammifères peuvent vivre. Les recherches microbiologiques ont prouvé au monde savant que les Taons et les autres insectes piqueurs pouvaient transmettre des microorganismes nuisibles à l'homme et aux animaux.

L'étendue des colonies africaines, leur importance au point de vue commercial rendent indispensable l'étude de tous les êtres qui sont susceptibles d'entraver par leur fréquence ou leur nocuité le développement de ces contrées. Il nous a donc semblé que l'examen scientifique des Taons, la connaissance de leurs mœurs et de leur habitat était nécessaire à l'époque actuelle. Nos fonctions au Laboratoire colonial du muséum et les nombreuses demandes de détermination qui nous y ont été adressées nous ont montré l'intérêt d'actualité qu'aurait cette étude, car mieux on connaîtra ces différents ennemis, mieux on saura s'en préserver et ensuite les détruire.

Jusqu'ici les travaux exécutés sur les Tabanides d'Afrique ont été incomplets. Les œuvres de Linné et de Fabricius ne peuvent donner que des indications imprécises. En effet le nombre des espèces connues était si faible qu'il a semblé inutile aux premiers déterminateurs de scruter les détails de la morphologie et, quand les recherches postérieures ont fait découvrir un grand nombre d'espèces différentes il a été souvent presque impossible de les rapporter à celles déjà décrites.

Postérieurement, Meigen, Wiedemann, Palisot de Beauvois, ont décrit de nombreux spécimens nouveaux. Plus récemment, Macquart, Bigot, Karsch, Van der Wulp, Loew, Osten-Sacken ont poussé plus avant leurs découvertes et orienté vers une spécification plus systématique l'étude des Tabanides. En 1906, Karl Grünberg a livré au public un mémoire sur les insectes piqueurs de l'Afrique. Le professeur Mario Bezzi, de Turin a étudié les Diptères de l'Erythrée ; M. Andrew Balfour a dirigé et publié les recherches de l'École de médecine de Khartoum ; MM. Newstead,

Dutton et Todd, celles de l'expédition au Congo de l'Ecole de médecine tropicale de Liverpool. Vers la même époque le docteur Kertesz a dressé le catalogue synonymique de tous les Tabanides décrits ; ce travail qui a exigé des recherches bibliographiques considérables facilite l'étude de ce groupe et donne de précieuses indications.

Mon maître, M. le professeur Bouvier, membre de l'Institut, a bien voulu m'accueillir dans son laboratoire du Muséum et m'a engagé à étudier les Tabanides. Le hasard a voulu que Miss G. Ricardo, stagiaire libre au *British Museum of natural History*, vînt alors au *Muséum de Paris* pour y rechercher des documents sur les mêmes insectes, une coopération fut décidée entre nous et le plan de ce premier ouvrage résolu.

Le travail que nous présentons au lecteur comprend deux parties distinctes ; la première se compose d'un tableau dichotomique divisant les espèces du genre Tabanus en seize groupes d'après leurs affinités, puis de la description de toutes les espèces qui les constituent. Chacun des seize groupes est précédé d'un tableau dichotomique. La seconde partie est constituée par des cartes d'Afrique indiquant les lieux d'habitat de chacune des espèces décrites. En outre nous avons été amenés à joindre à ces cartes des tableaux de répartition géographique de chacun de ces groupes.

Pour être plus clairs, nous avons un peu arbitrairement subdivisé l'Afrique non paléarctique en six régions. Cette division ne comprend que l'Afrique tropicale, c'est-à-dire la partie située au-dessous de 20° latitude Nord ; en effet la région saharienne est encore peu étudiée et en remontant vers le Nord, on rencontre les Tabanides de l'Algérie, de la Tunisie et du Maroc qui appartiennent à la faune paléarctique et se rattachent à celle du bassin circumméditerranéen (carte 1).

Nous publierons prochainement une revision des Tabanides du bassin de la Méditerranée. Pour une raison analogue, nous laissons de côté dans cet ouvrage les Tabanides de Madagascar ; les espèces de cette île sont, à de rares exceptions près, nettement différentes des formes africaines ; la faune malgache ainsi que sa flore, du reste, n'est plus que le témoin d'un continent disparu. Peut-être quand nous aurons étudié les Tabanides de l'Inde et de la Malaisie, saurons-nous y trouver les passages entre la faune africaine et la faune indo-malaise.

Les difficultés matérielles de cette étude sur les Tabanides d'Afrique ont été aplanies grâce au bienveillant appui de M. le docteur Roux, directeur de l'Institut Pasteur, qui a bien voulu s'intéresser à notre œuvre et en entreprendre la publication aux frais de cet établissement. C'est

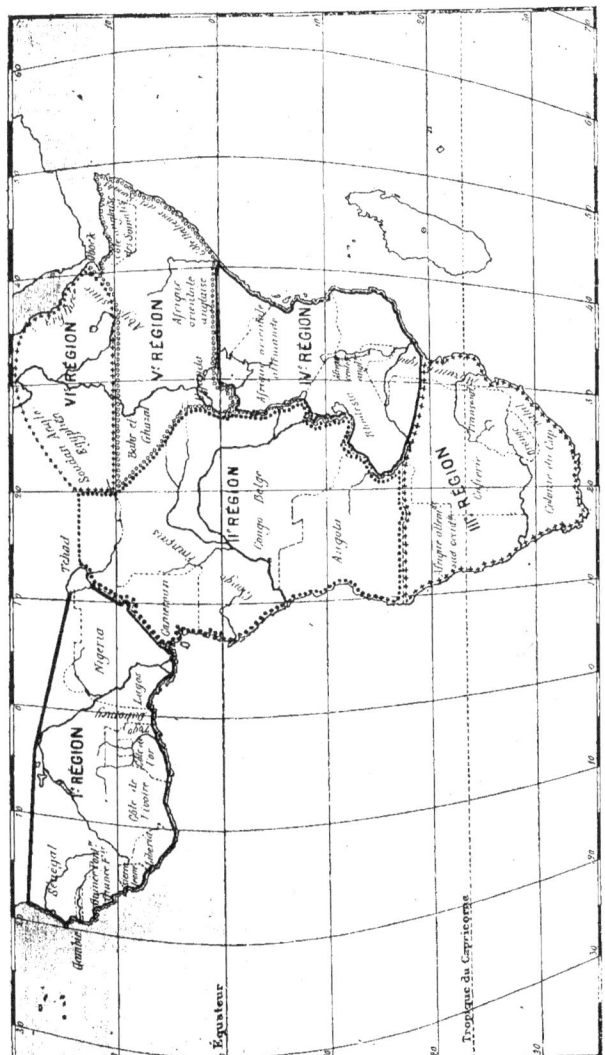

grâce à ce précieux patronage qu'aura pu être publié ce volume qui est le premier consacré à la faune complète des Tabanides africains.

Nous adressons à M. le Dr Roux et à ses éminents collaborateurs l'hommage de notre reconnaissance.

Par suite de nos relations et de la bienveillance des diptéristes de l'Europe, nous avons eu à notre disposition la collection des Tabanides du Muséum de Paris, du British Museum, du Musée royal d'Histoire naturelle de Belgique, du Musée de Madrid, du Musée de Lisbonne, du Musée de Hambourg, du Musée de Francfort-sur-Mein, de l'Institut Pasteur, du Laboratoire de parasitologie de l'Ecole de médecine, du docteur Verrall et de celle du docteur Villeneuve. Nous avons vu à Lille les types de Macquart.

Dans ces diverses collections, se trouvent les types de Fabricius, Bosc, Meigen, Macquart, Bigot, Van der Wulp, et Jænnicke.

Nous avons pu comparer à ces types tous les insectes douteux ou inconnus et ce travail nous a conduit à établir de nombreuses synonymies.

En effet, le catalogue de Kertesz mentionnait 95 espèces de Taons en Afrique tropicale, l'étude détaillée de ces espèces, les a ramenées à 58, mais l'adjonction de 57 espèces nouvelles nous donne un total actuel de 115 espèces.

Nous ajouterons que le nombre s'accroîtra sensiblement lorsque le centre de l'Afrique, la République de Libéria, l'Angola et les montagnes auront été sillonnées par les missions scientifiques.

NOTIONS GÉNÉRALES

La famille des Tabanides comprend plus de 1.600 espèces qui se répartissent en plusieurs familles subdivisées en genres.

Parmi ceux-ci le genre *Tabanus* est étudié dans cet ouvrage. Il importe donc d'en rappeler brièvement les caractères spécifiques.

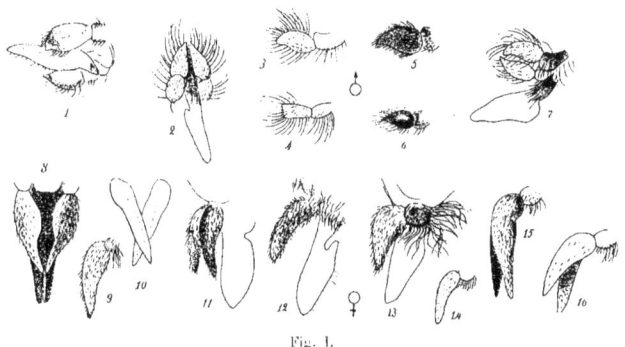

Fig. 1.

Morphologie. — Tête courte, allongée transversalement, aussi large ou plus large que le thorax, région antérieure bombée, région postérieure excavée. Antennes dirigées en avant, presque contiguës à la base, composées de trois articles, le troisième est brusquement élargi à sa base et porte sur le bord externe une saillie plus ou moins obsolète parfois en forme de croissant aigu (*Tabanus ater* Rossi), parfois présentant une simple expansion (*Tabanus Rothschildi*) ; la partie terminale de cet article porte quatre segmentations. Trompe saillante, non repliée. Palpes (fig. I) allongés formés de deux articles. Yeux contigus chez les mâles, recouvrant le front en entier et se réunissant le long de la ligne médiane (12, pl. VI). Yeux des femelles séparés par un espace plus ou moins large à bords divergents, parallèles ou convergents, qui constitue ce que l'on nomme la bande frontale (fig. II, 1, 2, 3, 4). Cette bande porte parfois un certain nombre d'éminences ou callosités tangentes ou non tangentes à ses bords. Les yeux sont parfois monochromes, parfois ornés de bandes transversales brillamment colorées de pourpre et de violet. Chez les mâles,

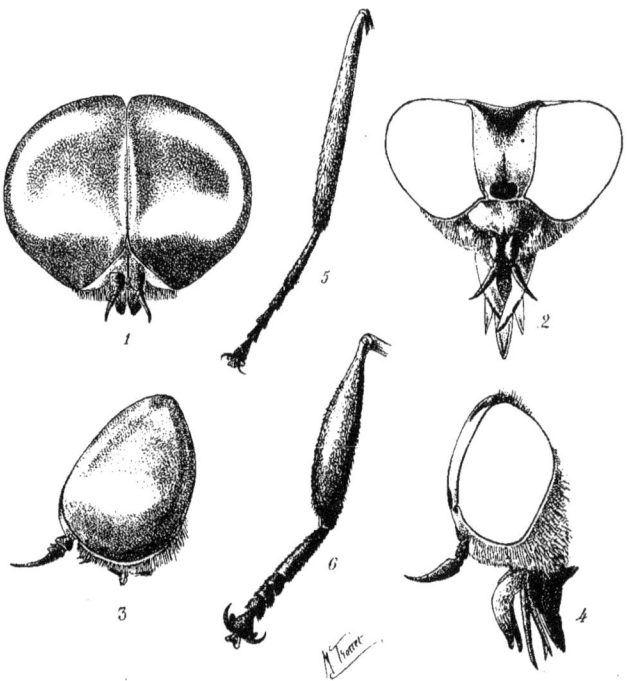

Fig. II.

les volumineux yeux composés se subdivisent fréquemment en zones plus ou moins nettes de cornéules plus grosses que celles du reste du champ. Il existe parfois une villosité assez dense sur les yeux, ceci se remarque surtout chez les Taons des régions élevées, Pas d'yeux simples (ocelles) au sommet de la tête.

Thorax peu dilaté, scutellum sans épines.

NOTIONS GÉNÉRALES　　　　　7

ABDOMEN large et long, parfois conique, composé de sept segments apparents.

PATTES (fig. II, 5 et 6) ni longues, ni fortes, sans touffes de poils, plus ou moins pubescentes sur leur longueur ; hanches postérieures passable-

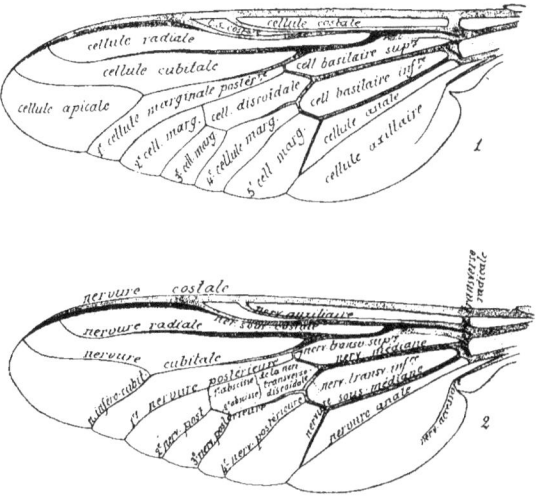

Fig. III.

CORRESPONDANCE	COMSTOCK-NEEDHAM	SCHINER	AUTEURS ALLEMANDS
Nervure costale	= Nervure costale	Nervure costale	Nerv. costale
Nerv. auxiliaire	= Nerv. sous-costale	Nerv. médiastine	Rameau antérieur de la 1re nerv. longitudinale
Nerv. sous-costale	= Nervure radiale	Nerv. sous-costale	1re nervure longitudinale
Nerv. radiale	= Nerv. radiale 2 + 3	Nerv. radiale	2e nerv. longitudinale
Nerv. cubitale	= Nervure radiale 4	Nerv. cubitale	3e nerv. longitudinale
Nerv. intero-cubitale	= Nervure radiale 5		
1re nerv. postérieure	= 1re nerv. médiane		
2e nerv. postérieure	= 2e nerv. médiane	Nervures discoïdales	4e nerv. longitudinale
3e nerv. postérieure	= 3e nerv. médiane		
4e nerv. postérieure	= 1re nerv. cubitale	Nerv. posticales	5e nerv. longitudinale
Nerv. sous-médiane	= 2e nerv. cubitale		
Nervure anale	= Nervure anale	Nerv. anale	6e nerv. longitudinale
Nervure accessoire	= Nervure axillaire	Nerv. axillaire	7e nerv. longitudinale

ment longues. Tibias moyens et antérieurs armés d'un éperon. Tarses portant trois empodia.

AILES (fig. III) à cuillerons visibles et assez grands, nervures réparties très irrégulièrement sur le disque ; la nervure costale borde l'aile en entier, la troisième nervure longitudinale est bifide, une de ses branches fournit parfois un hameçon supplémentaire dirigé vers la racine de l'aile. Cellule discoïdale non centrale, mais rapprochée du bord extérieur de l'aile, entre les quatre cellules marginales postérieures issues de la cellule discoïdale, il en existe une cinquième, ces cinq cellules sont généralement ouvertes. Cellule anale ordinairement allongée, fermée au bord de l'aile ou très près de celui-ci.

Les ailes sont un peu écartées en arrière pendant le repos et présentent souvent des taches ou des bandes sombres. Balanciers non recouverts par les ailes.

Développement. — La vie larvaire des Tabanides est encore peu connue. La première observation qui s'y rapporte fut faite sur les larves du *Tabanus bovinus* Linné et remonte à de Geer, en 1760. « La larve vit « dans la terre. Elle est allongée, cylindrique, amincie vers la tête qui « est petite et armée de deux crochets. Les anneaux du corps au nombre « de douze ont des cordons relevés. La nymphe est nue, presque cylindri- « que, avec deux tubercules sur le front, des cils sur le bord des anneaux « et six pointes à son extrémité postérieure. Elle se rend à la surface du « sol lorsqu'elle doit se dépouiller de sa peau, pour prendre la forme du « taon et sort à moitié de la terre. » (de Geer, *Insectes*, VI, XII, 10, 11).

En 1834 Macquart rappelle l'observation de de Geer.

En Carniole, Mann relate une ponte de taon ; Brauer mentionne la capture de nombreuses pontes sur des herbes aquatiques. En 1905 M. Lécaillon (*Annales de la Société Entomologique de France*, vol. LXXIV, 1905, 20) publia une note très intéressante sur la ponte des œufs et la vie larvaire des *Tabanus quatuornotatus* Meigen. Il constata que les femelles pondaient sur les herbes d'un coteau boisé non humide à 35 ou 40 centimètres du sol ; il importe de remarquer, dit-il, que la femelle en état de ponte devient indifférente à ce qui l'entoure, se laisse capturer sans y prendre attention et que les pontes peuvent avoir lieu dans *un endroit relativement sec*.

Les œufs sont pondus en une masse presque conique formée de couches horizontales successives. Cette masse ovulaire blanchâtre au début, brunit après quelques jours.

Nous avons eu la bonne fortune d'observer une ponte de *Tabanus autumnalis* L. à Lamballe (Côtes-du-Nord) en août 1907. Les œufs formaient une masse dense adhérente à un jonc et la femelle, la tête tournée vers le sol humide, restait immobile, nous avons pu la capturer sans qu'elle fît un effort pour nous échapper. Malheureusement, nous avons attendu au lendemain pour déraciner la plante et l'emporter ainsi ; durant l'intervalle un faucheur avait tout détruit.

Larve. — M. E. Roubaud nous avait donné une jeune larve de *Tabanus* recueillie par lui le 3 octobre 1905 à Meudon dans la vase d'un étang ; cette larve a été élevée par nous durant huit mois dans de l'eau et se nourrissant non de proies vivantes mais de matières organiques apportées par une touffe de mousse qui garnissait le fond d'un cristallisoir où elle vivait. Le 13 mai 1907, cette larve refoula la mousse, de façon à se faire un abri, perdit sa mobilité, devint plus translucide que de coutume et le 16 mai elle était transformée en une nymphe qui périt malheureusement par suite d'un accident. La larve est allongée, blanchâtre, très alerte ; elle est pointue aux deux extrémités et porte une sorte de bourrelet sur chacun de ses anneaux ; ces bourrelets sont garnis sur tout leur pourtour de tubercules rétractiles qui servent de moyen de progression.

Fig. IV.

Nymphe (fig. IV). — Le spécimen que nous avons eu à l'état de vie mesurait 17 millimètres de longueur et 4 millimètres de diamètre. Cette nymphe présente l'aspect d'une chrysalide de lépidoptère ; la partie antéro-supérieure lisse en dessus comprend le thorax et la tête, la partie antéro-inférieure laisse voir sous leur enveloppe chitineuse les antennes, les palpes, les yeux et les pattes de la première paire. Les ailes sont contenues dans un fourreau qui atteint le sommet de l'anneau scutellaire, inerme. La région postérieure de la nymphe comprend sept segments qui sont tous armés à leur sommet d'une couronne de poils raides mélangés à des tubercules acérés et élargis à la base. Le dernier segment est armé de deux tubercules composés chacun de trois pointes irrégulières et plus ou moins contournées. L'anneau antéabdominal et les six premiers segments abdominaux portent sur chaque côté un stigmate chacun. Ces stigmates paraissent légèrement en relief.

Une autre nymphe que nous possédons et qui est figurée ici (fig. V) a été recueillie dans les remblais d'une tranchée de chemin de fer à Longny (Orne) par M. E. Cordier de qui nous la tenons. L'adulte a péri au moment de sa transformation dernière ; c'est un exemplaire mâle de *Tabanus bro-*

mius L. ; il est à demi sorti de l'enveloppe nymphale dont il n'a pu se débarrasser malgré de nombreux efforts, comme le prouve l'allongement inusité de l'enveloppe nymphale. Le mode de libération de l'adulte est rendu évident par l'examen de cette rare pièce, la tête fait bélier et défonce le sommet de la coque puis celle-ci sous la pression de l'insecte s'ouvre entièrement en long et se déchire jusqu'à la base du premier segment abdominal qui reste intact ainsi que les segments suivants. L'adulte ayant terminé ce stade de son évolution s'envole, dès qu'il est séché, à la recherche de la nourriture.

Biologie. — Les mâles ne se nourrissent pas du sang des vertébrés, mais du suc des fleurs, ils en sucent les nectaires, ils aspirent aussi la sève des blessures d'arbres et des fruits tombés. Certains arbustes à fleurs odorantes attirent les mâles et les femelles ; c'est ainsi qu'à Carnac (Morbihan) le docteur ACHALME a recueilli en juillet 1907, trois spécimens de *Tabanus nigrifacies* GOBERT sur les branches d'un genêt d'Espagne. Les femelles

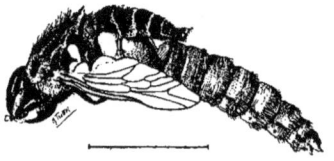

Fig. V.

assaillent cruellement les chevaux et les bovidés, elles s'attaquent surtout aux parties où elles ne peuvent être atteintes par les jambes, la tête ou le coup de queue. Lorsque les bestiaux sont rentrés aux étables, les taons qui ne piquent pas dans l'obscurité attendent au-dehors, au pied des murs ou sous le chaperon des toits que les animaux de ferme sortent à nouveau. Il arrive assez fréquemment que certaines espèces de taons attaquent l'homme, mais lorsqu'on les saisit entre les doigts ils ne tentent aucun effort pour piquer. En France les *Hæmatopota* et les *Chrysops*, plus nombreux que les taons du reste, attaquent l'homme avec acharnement. Nous connaissons en Bretagne des prairies au milieu des bois où en juillet on est immédiatement assailli par de nombreux *Chrysops*. Quoique les taons agissent le jour uniquement, le grand soleil les gêne, ils se tiennent à l'abri des bois, et là en embuscade s'élancent vers les proies qui passent sans jamais les poursuivre longtemps. S'ils attaquent un homme qui porte une ombrelle, il est fréquent qu'au bout d'un moment en voyant l'inutilité de leurs efforts ils viennent se réfugier des ardeurs du soleil à l'intérieur de l'ombrelle.

Les taons ont parmi leurs principaux ennemis les frelons (*vespa Crabro*) et les *Bembex*. En Algérie le *Bembex olivaceus* détruit dans les régions sablonneuses de grandes quantités de *Tabanus nemoralis*.

L'appareil buccal des femelles a été spécialement étudié par le professeur HAGEN ; récemment (5 février 1908), M. le professeur BOUVIER, dans son cours professé au Museum, a repris les études de HAGEN et les a fait connaître.

Les pièces de la bouche sont les suivantes :

1° En dessus on voit le labre élargi à sa base, coupant sur les côtés et terminé en une courte pointe aiguë à l'extrémité ;

2° Latéralement, les maxilles qui sont les pièces les plus externes et portent un palpe de deux articles, puis les mandibules ; les maxilles et les mandibules sont en forme de lame coupante et tranchante ;

3° Au milieu, l'hypopharynx ou *langue*, pièce assez longue et vulnérante, percée d'un trou pour le passage de la salive et pour l'aspiration des liquides nourriciers ;

4° En dessous, la lèvre inférieure, non vulnérante, terminée par deux paraglosses spongieux de forme variable suivant les espèces. Cette lèvre avec ses paraglosses forme un tube ouvert en dessus qui sert de gaine aux maxilles, aux mandibules et à l'hypopharynx. La partie supérieure de ce tube est fermée par le labre.

Cette disposition nous montre que suivant la nourriture qui lui est offerte, la femelle du taon peut piquer et sucer le sang ou aspirer le suc des fleurs.

Les pièces buccales des mâles présentent la même disposition mais les diverses parties sont extrèmement réduites ; les maxilles et les mandibules sont moins chitinisées et moins robustes que chez les femelles.

Nous ajoutons à cette sommaire description des caractères les plus évidents des taons que malgré les opinions admises il y a en Algérie au moins souvent deux générations par an. C'est ainsi que tout récemment (mai 1908) il nous a été donné de recueillir sur un cheval plusieurs exemplaires très frais de *Tabanus autumnalis* L., cette espèce se reprend en automne en France et en Algérie.

CLASSIFICATION

Les anciens auteurs ne formaient que le seul genre *Tabanus* pour toutes les espèces connues de taons. Postérieurement Osten-Sacken et après lui Brauer partagèrent ce genre en trois genres : *Thérioplectes, Atylotus* et *Tabanus*. Ces divisions étaient basées sur les caractères suivants :

Thérioplectes. — Formes de montagne ou de pays froids, se distinguant par une dense pubescence sur les yeux et la présence d'un tubercule sur le vertex. Il y aura lieu plus tard d'étudier la valeur histologique de ce tubercule qui semble être une forme de régression des yeux simples (ocelles) que certains groupes voisins (*Pangonia*, etc.) possèdent sur le vertex.

Atylotus. — Ce genre comprend les taons chez lesquels le tubercule du vertex est remplacé par une callosité de teinte sombre, plus ou moins saillante ; les yeux sont pubescents mais la pilosité est moins dense que dans le groupe précédent, et elle est parfois nulle chez la femelle. Nous n'insisterons pas sur ce dernier caractère qui indique bien nettement une évolution.

Tabanus. — Sous ce nom se rangent les taons à bande frontale sans callosité au vertex et à yeux glabres. Ce sont évidemment les taons les plus évolués.

Il n'y a pas de graves inconvénients à utiliser cette classification pour l'Europe quoiqu'elle ne soit pas rigoureuse. En effet si la pubescence des yeux chez les femelles d'*Atylotus* est quelquefois nulle, certains *Tabanus* tel que le plus commun de nos climats, le *Tabanus bromius* L., ont parfois quelques poils sur les yeux. Mais pour l'Afrique où les conditions de température, d'habitat et de développement sont différentes, la même classification ne s'adapte plus. Les espèces que nous rapporterions au genre *Thérioplectes* à cause de la densité de leur pilosité oculaire ne portent pas de tubercule au vertex. Ces formes proviennent des montagnes élevées du Transwaal, du Cap et du Centre africain, elles sont toutes de taille petite ou moyenne. Le groupe des *Atylotus* est figuré par le *Tabanus ditœniatus* Macquart avec ses variétés, mais cette manière de voir est inexacte car les yeux sont presque glabres dans les deux sexes et le vertex ne présente pas de tubercule. C'est donc au genre *Tabanus* proprement dit que se rapporte la presque totalité des espèces actuellement connues. Nous avons donc été amenés à rechercher des caractères morphologiques constants qui puissent nous permettre de subdiviser ce genre *Tabanus*. Nous sommes arrivés en employant divers caractères à constituer seize

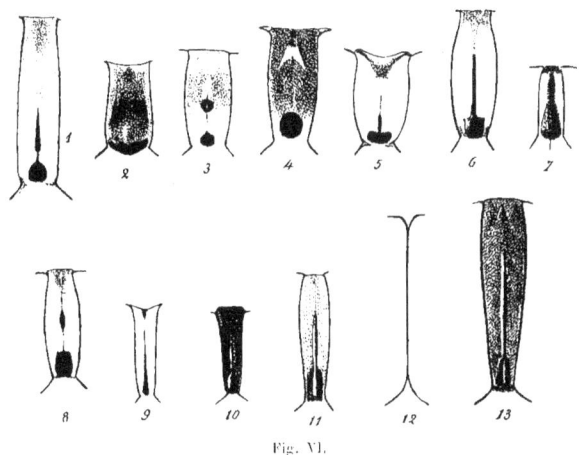

Fig. VI.

groupes dont chacun réunit des espèces affines et offre une différence évidente avec les groupes voisins.

Les caractères employés ont été les suivants indiqués en valeur décroissante : la pubescence ou la non pubescence des yeux, le nombre et la forme des callosités de la bande frontale intraoculaire (fig. VI), la forme des tibias et des antennes (fig. II) la nervation des ailes (fig. III). Parfois avons-nous dû faire usage de la nature de la pubescence et des caractères de sa coloration, mais seulement à l'intérieur de chacun des seize groupes créés, et le plus rarement possible quoique les dessins de certains Tabanides soient aussi constants que ceux des Lépidoptères et qu'il en soit fait usage par les lépidoptéristes.

Plus tard quand nous aurons terminé l'étude des Tabanides du globe pourrons-nous faire des coupures nouvelles, certaines sont manifestement exactes dès maintenant, mais tout essai de nomenclature serait prématuré actuellement et vraisemblablement erroné.

Paris, le 1ᵉʳ mai 1909.

DIVISIONS DU GENRE TABANUS

Tableau dichotomique des seize groupes qui constituent le genre Tabanus

1	Yeux glabres	2
	Yeux pubescents	Seizième groupe.
2	Bande frontale portant à la base une callosité oblongue ou carrée, toujours prolongée vers le vertex par une ligne étroite à l'origine, dilatée ou non vers le milieu de la bande (8 fig. VI). . .	3
	Bande frontale portant une callosité arrondie ou transverse à la base et une tache, ou une callosité au milieu de la bande frontale. Ces deux callosités sont séparées quand l'insecte est frais (2 fig. VI).	Treizième groupe.
	Bande frontale portant deux petites callosités arrondies, situées l'une au-dessus de l'autre, jamais reliées entre elles (3 fig. VI) . . .	Quatorzième groupe.
	Bande frontale portant une seule callosité à la base (4 fig. VI)	Quinzième groupe.
3	Tibias antérieurs fortement dilatés (6 fig. II) ailes hyalilines à bandes de couleur sombre, espèces fauves ou rougeâtres, parfois jaunâtres (fig. VI).	Premier groupe.
	Tibias antérieurs non dilatés (5 fig. II) . . .	4
	Bande frontale trois fois aussi haute que large à la base, à ligne médiane courte (5 fig. VI). Corps noir, pattes noires, ailes brunes à extrémité apicale claire, pas d'appendice	Troisième groupe.
	Bande frontale 3-4 fois plus haute que large à la base (6 fig. VI). Ailes brunes sans appendice à la 3ᵉ nervure longitudinale, abdomen portant une grande tache soufre ou blanchâtre ; ou ailes hyalines à nervures rouges, sans appendice, corps blanchâtre à taches brunes au bord antérieur des segments abdominaux	Cinquième groupe.
	Bande frontale 3-5 fois aussi haute que large à ligne médiane épaissie. Ailes généralement claires, thorax sans bandes distinctes. Abdomen rougeâtre ou brunâtre à bande médiane étroite, très distincte ; pas d'autres lignes ou dessins (7 fig. VI)	Septième groupe.

{ Bande frontale de 4-5 fois plus haute que large à ligne médiane dilatée en fuseau (8 fig. 6), palpes clairs. Ailes hyalines ou légèrement ombrées aux nervures transverses. Abdomen fauve portant une ligne médiane claire parfois brisée en triangles et reposant sur une bande plus sombre. . . . . Huitième groupe.

Bande frontale généralement très étroite, de 4-7 fois aussi haute que large. Espèces moyennes ou petites, sans lignes ni dessins, jaunes ou rouges. Ailes claires ou brunâtres avec ou sans appendice (9 fig. VI). . . . . Sixième groupe.

4 { Bande frontale cinq fois aussi haute que large à ligne médiane allongée, non dilatée (10 fig. VI). Palpes sombres, allongés. Ailes hyalines marquées de bandse ou de traits bruns, plus ou moins teintées de brun vers l'apex. Pas d'appendice. Bord postérieur des segments ventraux toujours marginé de blanc. Cellule discoïdale toujours claire. Deuxième groupe.

Bande frontale 5-6 fois aussi haute que large (11 fig. VI). Corps noir ou brunâtre, sans lignes ni dessins. Ailes plus ou moins teintées de brun, sans appendice. Espèces souvent très grosses . Quatrième groupe.

Bande frontale 5 1/2-7 fois plus haute que large à ligne médiane non dilatée (13 fig. VI). Palpes à pubescence noire. Ailes plus ou moins brunes. Thorax orné de deux lignes longitudinales et de deux lignes latérales jaunes. Abdomen variant du fauve rougeâtre au brun-noirâtre, portant une bande médiane étroite, claire, parfois visible seulement au bord postérieur des segments; parfois des taches latérales abdominales peu distinctes. Neuvième groupe.

Bande frontale analogue à celle du groupe IX, couleur générale, palpes et ailes semblables. Pas de bandes visibles sur le thorax. Abdomen fauve ou brunâtre à ligne médiane obsolète ou très peu distincte. . . . . Dixième groupe.

Bande frontale analogue à celle du groupe IX. Ailes claires ou teintées de brun. Abdomen portant sur la ligne médiane des triangles clairs et des taches latérales très distinctes le plus souvent triangulaires. . . . . Onzième groupe.

Bande frontale de dimensions diverses. Espèces petites ou moyennes. Abdomen portant une grande tache sur le second segment ou deux sur le 3e et le 4e segments . . . . Douzième groupe.

PREMIER GROUPE

TABLEAU DICHOTOMIQUE

Tibias antérieurs fortement dilatés, ailes hyalines à bandes de couleur sombre ; espèces fauves ou rougeâtres, parfois jaunâtres.

1. { Antennes entièrement noires, ailes hyalines avec deux bandes brunes ou noires 2
Antennes non entièrement noires, ailes hyalines avec deux bandes peu foncées 3

2. { Abdomen fauve sans taches, flancs à tache triangulaires noires, visibles en dessous. Apex des ailes sans fascie noire. . . *T. latipes* Macq.
Semblable. Apex des ailes avec une fascie noire. *T. africanus* Grey.
Grande espèce rouge, envers de l'abdomen noir. *T. Brucei* Ric.
Abdomen à sept taches noires en dessus . . . *T. septempunctatus* Ric.
Abdomen à quatre taches noires en dessus . . *T. subvittatus* Ric.

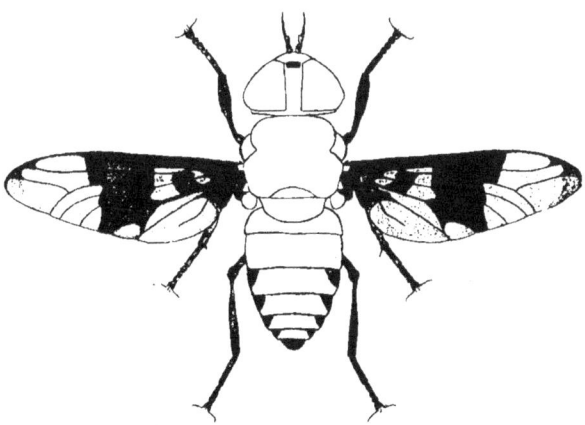

Fig. 7. — *Tabanus latipes* ♀ MACQUART

$3\begin{cases} \text{Tibias antérieurs noirs à poils noirs, les autres} \\ \text{tibias jaunâtres.} \dots\dots\dots\dots\dots\dots\dots \quad T.\ fasciatus\ \text{Fab.} \\ \text{Tibias antérieurs brun sombre à poils dorés, les} \\ \text{autres tibias jaunâtres.} \dots\dots\dots\dots\dots T.\ niloticus\ \text{sub. sp. Aust.} \\ \text{Toutes les pattes noires en entier.} \dots\dots\ T.\ atripes\ \text{Van der Wulp.} \end{cases}$

Tabanus fasciatus Fabricius (pl. I, fig. 4)

Le type ♀ a été décrit en 1775, de Sierra-Leone (collection Drury) par Fabricius. Le type ♂ a été décrit par Wiedemann en 1776, sur un exemplaire provenant de Sierra-Leone. Longueur 13-16 mm.

Tête et thorax jaune d'ocre en dessus, chamois ou jaune cuir en dessous ; bande frontale ocreuse, abdomen jaune chamois rembruni vers l'apex. Ailes claires avec la base brun-sépia ainsi que le bord costal jusqu'au stigma et une bande transverse.

Tête revêtue en dessous de jaune doré, callosité frontale un peu plus claire que le front, arrondie à sa partie supérieure et prolongée par une ligne étroite sillonnée dans sa partie inférieure et s'étendant jusqu'aux deux tiers de la bande frontale. Cette partie linéaire est revêtue de la pubescence jaune ocracé du fond. Antennes brunes, premier et deuxième articles revêtus d'une pubescence jaune, dent du troisième article peu saillante. Palpes assez minces, d'un jaune très pâle, revêtus d'une courte et rare pubescence jaune doré pâle, quelques courts poils noirs çà et là, plus nombreux vers l'apex. Yeux glabres à cornéules égales, d'un beau vert, sans bandes ni taches.

Thorax recouvert en dessus de quelques courts poils noirs, flancs à plus longue pubescence jaune.

Abdomen recouvert en dessus de courtes soies dorées, le bord postérieur du troisième segment et le disque des segments suivants portent de courts poils noirs augmentant de nombre vers l'apex ; dessous jaune à pubescence concolore, hanches jaune verdâtre à pubescence jaune, fémurs antérieurs à pubescence noire, fémurs médians et postérieurs jaune verdâtre à pubescence concolore; tibias antérieurs très épaissement dilatés, arqués, noirs à pubescence noire; tibias médians et postérieurs brun rougeâtre à pubescence noire, ces derniers portent une frange mince, plus longue et plus dense au bord extérieur. Tarses renflés, brun rougeâtre très sombre à pubescence noire, métatarses antérieurs arqués et renflés.

Ailes à bande transverse de 2 m. 1/2 de largeur environ, de couleur un peu plus sombre que le bord costal, cette bande s'efface vers le bord postérieur de la cinquième cellule postérieure ; cellule discoïdale plus ou moins éclaircie au centre. Cuillerons brunâtres. Balanciers à massue jaune verdâtre et tige jaunâtre.

Les divers spécimens de la collection du muséum proviennent de Kotonou (Dahomey), bords du Rio-Forcado, Onitcha (mission Lenfant), N'Goko-Sangha, région d'Ouesso (Dr Gravot, 1906), Léopoldville, Congo entre Bomba et Bolobo Dr Brumpt), Kodok-Nil-Blanc (Dr Balfour). Un exemplaire de Nit (Sénégal) pris par le Dr Thiroux se montre très voisin du T. niloticus Austen.

PREMIER GROUPE

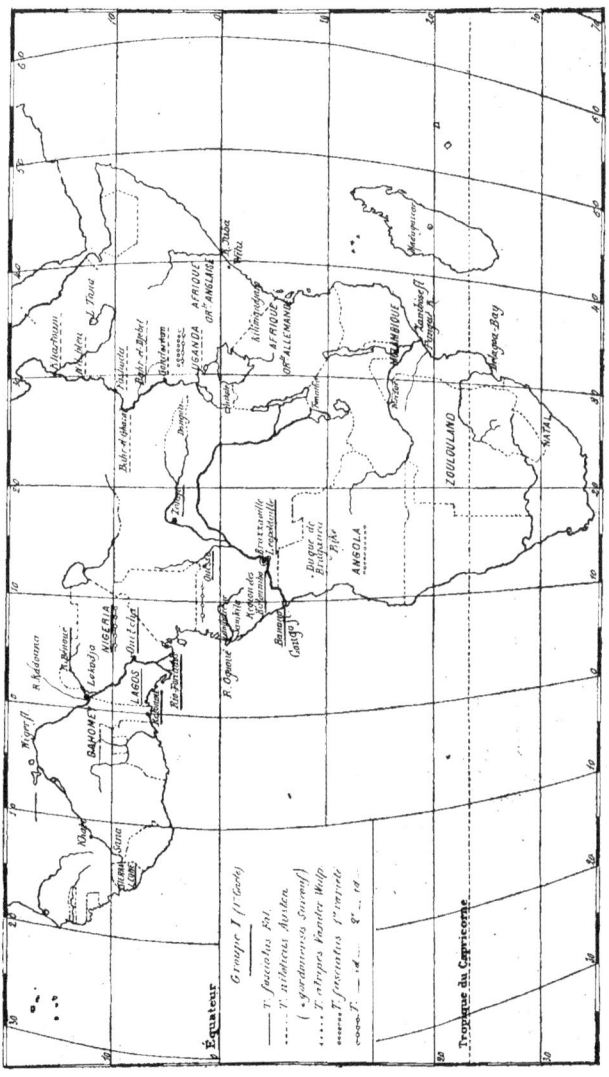

Le British Museum possède plusieurs formes de *T. fasciatus*, forme typique, exemplaires provenant de Sierra-Leone, Lagos, Leopoldville, Wathen (Nord de Nigeria), un spécimen de cette dernière région a les fémurs postérieurs clairs ; formes intermédiaires : un spécimen d'Ankole-Uganda a les tibias antérieurs clairs à la base mais les franges des tibias postérieurs sont principalement composées de poils noirs. Une autre forme intermédiaire est représentée par un spécimen du Congo, un de l'Uganda et deux du Nord-Nigeria, ces quatre insectes ont des poils dorés mélangés à la pubescence noire sur la moitié basilaire des tibias postérieurs.

Le muséum de Bruxelles possède plusieurs spécimens ♀ provenant de Zongo-Mokoanghay (Lt TILKENS), Banana-Boma (M. TSCHOFFEN 1891), Congo (CAMMAERT), bords du Benoué (BURDO).

La description originale de FABRICIUS attribuait à *T. fasciatus* la taille de *T. bovinus*, il semble qu'il y ait eu une erreur de transcription et qu'il s'agisse vraisemblablement de *T. bromius*.

BIBLIOGRAPHIE

Tabanus fasciatus ♀ FABRICIUS : Systema Entomologica, 788, 3, 1775.
— — Entomol. system, IV, 364, 8.
— — Systema antliantorum, 94, 6.
Tabanus fasciatus ♂ WIEDEMANN : Diptera exotica, I, 73, 21.
— — Aussereuropaischen zweiflugen Insekten, I, 133, 35.
— ♂ ♀ WALKER : List Dipt. British Museum, I, 166, v. p. 226-341.
— NEWSTEAD : Annals of tropical medecine, 1907, page 44.
— GRÜNBERG : Die Blutsaugenden Dipteren, 135, 1907.
— AUSTEN : Report Gordon memorial college Khartoum, 1906, p. 63.

Tabanus niloticus sub. species ♀ AUSTEN

Longueur 15-17 millimètres, envergure 32 mm. 1/2 à 33 mm. 1/2.

Tête et thorax jaune ocracé en dessus, jaune-cuir en dessous ; bande frontale parfois ocracée, abdomen jaune pâle, parfois un peu obscurci vers l'apex, la moitié basilaire habituellement un peu verdâtre parfois nettement verte. Ailes hyalines, à bord costal brun et portant une bande transverse brun sépia.

Cette description sommaire ne permet pas de distinguer le *Tabanus niloticus* ♀ Austen du *Tabanus fasciatus* ♀ Fabricius mais la description détaillée montre des différences et permet outre la différence d'habitat de séparer ces deux espèces.

Tête revêtue en dessous d'une pubescence jaune doré, callosité frontale de la couleur du fond couvrant la moitié de la largeur du front. Antennes jaunes tachetées de vert à extrémité brunâtre ; palpes minces de couleur jaune pâle, recouverts de poils jaune d'or parfois avec quelques petits poils noirs vers l'extrémité.

Thorax recouvert en dessus de courts poils noirs répandus éparsement sur le fond jaune, flancs à pubescence jaunâtre pâle plus longue.

Abdomen jaune revêtu en dessus de menus poils dorés. Vers le bord postérieur

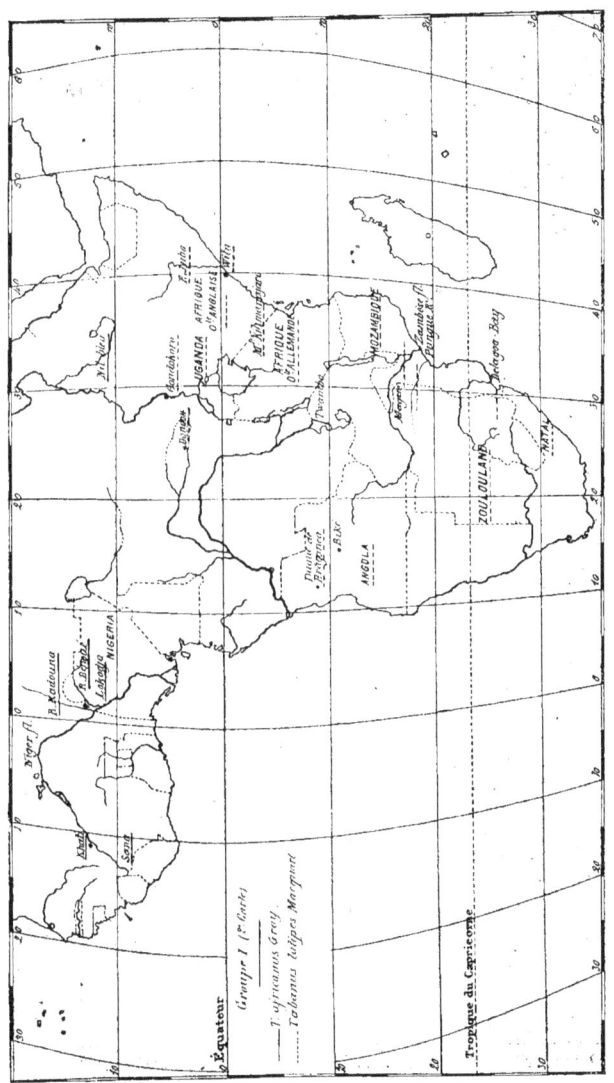

du troisième segment et sur le milieu de chacun des segments suivants il y a quelques petits poils noirs. Fémurs jaunes ou jaune verdâtre, tibias antérieurs brun sombre, renflés, à pubescence noire sauf à la base qui est jaunâtre en dessus et porte sur une zone très réduite une pubescence dorée, tibias médians et postérieurs jaunes ou jaune verdâtre à pubescence concolore, les derniers ont une frange de poils dorés au bord externe ; leur bord interne est recouvert d'une pubescence courte, jaunâtre à la base, noire sur la moitié apicale.

Tarses antérieurs noirs, tarses intermédiaires et postérieurs d'un brun rougeâtre plus clair à la base.

Ailes hyalines portant une bande transverse plus sombre que le bord costal, d'une largeur égale à la longueur de la cellule discoïdale et qui disparaît au bord de la cinquième cellule postérieure sans atteindre le bord postérieur de l'aile. Cellule discoïdale portant un trait longitudinal, pâle, plus ou moins visible. Cuillerons assombris à marge parfois verte. Balanciers à tige jaune et massue vert pâle.

Le type de *Tabanus niloticus* ♀ est au *British Museum*, il a été décrit par M. Austen sur un exemplaire recueilli dans le Soudan anglo-égyptien en 1905 (Dr Balfour). Ce Tabanus semble commun sur le Nil Blanc et le Bahr-el-Gebel. Il a été pris à Kodok, en décembre 1900, par le capitaine H. E. Haymes et au commencement de la même année par le major R. H. Penton et le colonel G. D. Hunter à Abu-Chok, entre Gondokoro et Taufikia (29 mai 1905). Le major Penton l'a repris en nombre au Bahr-el-Ghazal en février. On l'a recueilli dans les parages du Nil Blanc, l'Uganda et la Gambie.

Le *Tabanus niloticus* Austen diffère de la forme typique du *Tabanus fasciatus* Fabricius, espèce commune du Congo et de Sierra-Leone par les caractères suivants :

1° Par la coloration et la pubescence des tibias antérieurs qui dans la forme type sont entièrement noirs et recouverts exclusivement de poils noirs ;

2° Par la coloration des tibias intermédiaires et postérieurs qui sont jaunes ou jaune verdâtre au lieu de noir ou de brun rougeâtre ;

3° Par la frange du bord externe des tibias postérieurs qui est dorée au lieu de noire.

En outre, les tibias antérieurs de *Tabanus niloticus* Austen paraissent un peu plus minces que ceux de *Tabanus fasciatus* Fab., la courbure extérieure paraît moins accentuée, le métatarse antérieur est moins arqué et moins renflé.

La répartition de *Tabanus niloticus* Austen s'étend au moins jusqu'à l'Uganda. Le Muséum possède des séries provenant du Jardin botanique d'Entabbe (capitaine Greig, 18 sept. 1904) ; île Bugaya, lac Victoria, Ankole (colonel Bruce, août 1903). Un exemplaire d'Ankole (16 mai 1903) appartient à une forme intermédiaire entre *T. niloticus* et *T. fasciatus*, ses tibias antérieurs sont pâles à leur base, les franges des tibias postérieurs sont composées de poils noirs sur leur moitié distale. Une forme de transition se rencontre aussi dans le Congo belge, cette forme ne présente pas de soies dorées sur la moitié basilaire des tibias antérieurs, mais il y a des soies dorées mélangées aux soies noires et plus ou moins prédominantes dans les franges interne et externe du tibia postérieur dans sa moitié basilaire, un exemplaire de cette forme a été recueilli à Fajao, Uganda, par le capitaine E. D. W. Greig (novembre 1904).

PREMIER GROUPE

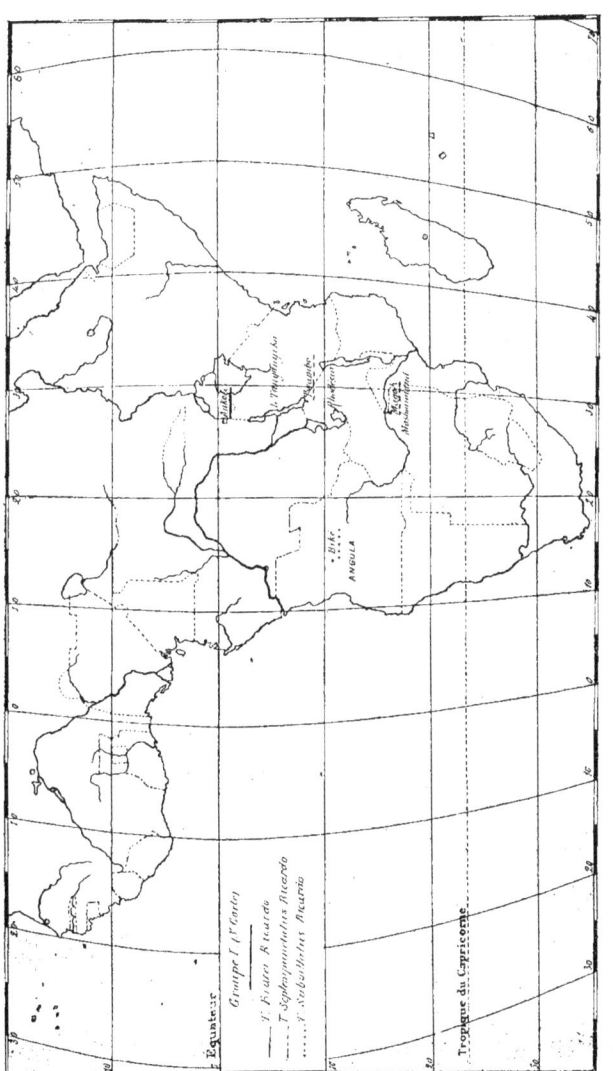

BIBLIOGRAPHIE

Tabanus niloticus Austen : Second report of the Welcome Research Laboratories of the Gordon Memorial College. Khartoum (1906). 62, plate VI.

Tabanus atripes ♀ Van der Wulp (pl. I, fig. 1)

Type : une femelle des bords de l'Ogooué (Afrique occidentale), offerte au Musée de Leyde, par M. A. Fauvel.

Van der Wulp a donné de cette espèce la diagnose suivante : « Fulvus, abdo-
« mine testaceo, oculis nudis, antennis palpisque ochraceis, rostro pedibus ala-
« rumque basi atris, tibiis anticis subdilatatis, alis cinereis, costa-fasciaque
« media fuscis. Fœm. long. 16 millimètres.

« Face, barbe et palpes ocracés, ces derniers peu élargis, pointus à l'extré-
« mité, front assez large de couleur jaune rougeâtre portant une callosité
« petite, testacée et brillante se prolongeant vers le vertex en une ligne étroite.
« Yeux glabres, après ramollissement ils deviennent vert sombre avec un reflet
« violet, mais sans bandes transverses. Les deux articles basilaires des antennes
« sont jaune rougeâtre, le troisième article manque, trompe noire ; thorax et
« scutellum jaune rougeâtre, côtés ocracés.

« Vers la base des ailes se montre une pilosité jaune pâle, courte, mais dense.
« Abdomen d'un testacé uniforme, le dessous plus clair, cendré par endroits
« avec les segmentations jaune pâle.

« Jambes noires, tibias légèrement dilatés, convexes sur le bord externe ;
« tibias postérieurs frangés des deux côtés de courtes soies noires ; balanciers
« vert pâle ; ailes grisâtres, leur extrême base noire, le bord antérieur brun
« aussi loin que s'étend la nervure subcostale et se réunissant à son extrémité à
« une large bande transverse qui passe à travers la cellule discoïdale et dispa-
« raît légèrement vers le bord postérieur ».

Cette description de Van der Wulp est exacte et ne nécessite pas une redescription, il y a à remarquer cependant que la partie linéaire de la callosité frontale s'étend moins haut que dans les espèces précédentes ; les antennes n'ont pas la pubescence jaune et claire du *Tabanus fasciatus* et du *Tabanus niloticus* et elles portent quelques poils noirs sur les deux premiers articles. Les hanches intermédiaires et postérieures portent quelques poils noirs, frangés internes et externes des cuisses postérieures d'un jaune doré, quelques poils jaunes sont mélangés aux poils noirs sur les cuisses intermédiaires et postérieures. Balanciers verdâtres. Le Muséum possède plusieurs femelles provenant de Samkita, Haut et Moyen Ogooué, Lambaréné, N'Goro sur le Bas Ogooué.

BIBLIOGRAPHIE

Tabanus atripes Van der Wulp : Notes Leyden Museum, tome VII, page 75, sp. 29, tab. 5, fig. 4.

Tabanus africanus Gray

Ce taon a été décrit successivement sous les noms de *Tabanus africanus* ♀ Gray et de *Tabanus latipes* ♀ Lœw. Cet auteur comme le fait remarquer Austen a méconnu le *Tabanus latipes* ♀ de Macquart et l'a redécrit sous le nom de *Tabanus africanus* ♀ Gray. Le dessin de Gray porte la fascie noire apicale de l'aile tandis que le *Tabanus latipes* ♀ (fig. 7, p. 18) Macquart a l'extrémité de l'aile absolument hyaline.

Longue u 16-18 millimètres. Envergure des ailes 32-34 millimètres.

Tête large, bande frontale élargie d'un jaune ocracé portant à la base une callosité transverse châtain clair, tangente aux deux côtés; yeux bruns, glabres, sans bandes colorées; palpes noirs à duvet gris; antennes noir rougeâtre revêtues d'une pubescence cendrée très fine, dent du troisième article très faible, le reste de l'article très allongé.

Thorax sans taches, recouverts d'une pubescence jaune-rouge avec un faisceau de poils blancs situé à l'insertion des ailes et une petite tache blanche un peu en arrière de la première, au-dessous de l'angle postérieur du thorax.

Abdomen revêtu en dessus d'une courte pubescence d'un jaune fauve vif portant des poils noirs répandus çà et là, flancs du quatrième au septième segment inclus marqués d'une tache noire quadrangulaire à pubescence noire, angles postérieurs de ces segments à pubescence d'un blanc brillant. Ventre plus clair à poils dorés très serrés portant une tache noire sur les côtés du troisième, quatrième et cinquième segments, les trois derniers segments noirs en entier; pattes noires en entier à pubescence noire, tarses antérieurs fortement dilatés en dessus, tibias postérieurs portant deux rangées de cils noirs formant des franges.

Ailes claires, base brune ainsi que le bord costal qui est sombre jusqu'à la jonction de la branche supérieure de la troisième nervure longitudinale, cellules basilaires hyalines obscurcies sur le tiers de leur longueur par une bande brune; une seconde bande brune s'étend depuis l'extrémité des cellules basilaires et traverse l'aile en y comprenant la cellule discoïdale légèrement éclaircie en son milieu; cette bande s'étend jusqu'au bord inférieur de l'aile. Il arrive parfois que les nervures soient estompées de brun au delà des limites de la bande. L'extrémité apicale de l'aile porte une fascie noirâtre plus ou moins visible.

Le *Tabanus africanus* ♂ a les yeux divisés en deux zones de cornéules différentes, la zone jaune comprend la majeure partie de l'œil, la zone noire formée de cornéules beaucoup moindres que celles de la zone supérieure forme un cordon étroit à la partie supérieure de la tête, s'élargit en faisant un coude perpendiculaire et comprend toute la partie inférieure de l'œil. Palpes très petits, jaunes avec quelques poils noirs vers l'extrémité, article terminal cylindrique terminé en pointe, trompe longue.

Le *Tabanus latipes* Macquart (pl. 1, fig. 2-3) est de même aspect et de même coloration que le *Tabanus africanus* Gray, il en diffère :

1° Par l'absence de la fascie apicale noirâtre ;
2° Par la longueur moindre de la bande colorée transverse ;
3° Par l'absence de poils noirs répandus çà et là dans la pubescence jaune-rouge des segments abdominaux.

L'aire de dispersion de ces insectes est très considérable.

Le *Tabanus africanus* Gray se rencontre dans toute l'Afrique méridionale, le Congo et l'Uganda, il remonte jusqu'à Gondikoro.

Le *Tabanus latipes* Macquart est spécial à l'Afrique occidentale du Nord et s'étend de Sierra-Leone jusqu'à Senaar et au Nil bleu.

La variété femelle décrite par Walker sous le nom de *Tabanus fenestratus* ♀ Walker, et provenant d'une localité inconnue doit être distincte de *Tabanus africanus* Gray et de *Tabanus latipes* Lœw, mais le type n'existe plus et la description est insuffisante ; il y a donc lieu de considérer cette espèce comme non avenue et de la rayer de la liste des Tabanides d'Afrique.

BIBLIOGRAPHIE

Tabanus africanus ♀ Gray : Griffith's Animal Kingdom , vol. 15, p. 794, pl. 114, fig. 5 (1832).
— Austen : Second report Memorial College, p. 63, fig. 21 (1906).
Tabanus latipes ♀ Lœw : Diptères Südafrikas, I, 36. 3 (1864).
— Peters : Reise nach mozambique Zool, V, 2.
Tabanus latipes ♀ Macquart : Diptères exotiques, I, 1, 119 (1838).
— Bertol. : Mem. Accad. Sci. Instit. Bologne., XII, 15, 17 (1862).
— Ricardo : Annal. Magas. Nat. Hist. ser. 7, t. VI, 164 (1900).
— Adams : Kansas. Univ. Sci. Bullet., III, 150 (1905).

Tabanus Brucei ♀ Ricardo

Le type et quatre autres femelles proviennent d'Ankole, Uganda (16. 5. 03. Lt-col. Bruce) 1903. 206 et sont dans la collection du British Museum.

Grande espèce avec l'abdomen rougeâtre, ailes à bandes sombres, tibias antérieurs dilatés ; elle est voisine de *Tabanus septempunctatus* Ricardo, mais s'en distingue par l'absence de taches noires sur l'abdomen.

Longueur 20 à 21 millimètres.

Tête grande, toujours plus large que le thorax, face et bande frontale rouge-rouille ; face, joues et barbe à pubescence rougeâtres ; palpes larges, rougeâtres, noirs à l'apex, plus longs que ceux de *Tabanus septempunctatus* ♀ Ricardo, épais à la base, aplatis à l'autre extrémité, à pubescence rouge ; antennes noires portant une pubescence noire sur les deux premiers articles, premier épais, cylindrique, second très petit, troisième élargi à la base et pourvu d'une dent médiane médiocre ; bande frontale environ quatre fois plus longue que large, à bords parallèles, recouverte d'une courte pubescence rougeâtre. Callosité frontale grande, transverse, n'atteignant pas les yeux, surmontée d'une tache oblongue brune, non contiguë ; yeux glabres, monochromes.

Thorax et scutellum bruns, recouverts d'une courte pubescence rougeâtre, très dense. Côtés et poitrine rougeâtres avec une pubescence rouge plus longue, squames noirâtres.

Abdomen très élargi, court, d'un rouge brillant uniforme à courte pubescence jaune rougeâtre, à l'extrême bord marginal des segments 3, 4 et 5 on distingue quelques poils noirs; ventre noir avec chaque segment étroitement bordé de jaune et revêtu d'une courte pubescence jaune.

Pattes entièrement noires; tibias antérieurs dilatés, arqués; premier article tarsal aussi long que les quatre articles suivants qui sont courts et oblongs, ongles et pulvilli grands; pubescence des jambes noire, plus épaisse sur les fémurs postérieurs.

Ailes hyalines, brunes à la base et le long du bord costal jusqu'à la jonction de la première nervure longitudinale et portant une bande brune qui s'étend sur le disque de l'aile jusqu'à la cinquième cellule marginale postérieure.

BIBLIOGRAPHIE

Tabanus Brucei ♀ Ricardo : Annal. Mag. Nat. Hist. (8), 1, p. 268 (1908).

Tabanus septempunctatus ♀ Ricardo

Le type et trois autres femelles proviennent de Fwambo, Nord-Est de la Rhodesia près de l'extrémité Sud-Est du lac Tanganyika (W. H. Nutt, 96-83).

Une autre femelle vient de Mazœ, Mashonaland (G. A. K. Marshall, décembre 1898). Tous ces insectes appartiennent à la collection du British Museum.

Cette espèce est voisine de *Tabanus africanus* Gray par les bandes des ailes, mais elle s'en distingue aisément par les marques noires de l'abdomen. Grande et belle espèce d'un jaune rougeâtre, pattes et antennes noires, abdomen portant sept taches et trois bandes noires.

Longueur 20 millimètres.

Tête grande, aussi large que le thorax, face et bande frontale rouge-rouille avec une longue pubescence jaune rougeâtre, pubescence de la face et des joues de même coloration; palpes épais, un peu plus jaunes, terminés par une pointe obtuse, à pubescence courte et de même couleur que celle de la face, extrémité des palpes noire à pubescence noire; antennes entièrement noires à premier article épais; deuxième article petit, cyathiforme, l'un et l'autre à pubescence noire; troisième article allongé à dent obtuse; bande frontale large et courte environ trois fois et demie aussi longue que large à la base, portant une callosité frontale, brun sombre, large, transverse, n'atteignant pas les yeux et sans prolongement visible. Yeux glabres sans bandes ni taches.

Thorax brun avec une tomentosité jaune rougeâtre le plus visible vers le bord antérieur, côtés et épaules rouge-rouille à pubescence jaune rougeâtre; poitrine plus brune. Scutellum de même coloration que le thorax portant des traces d'une tomentosité de couleur brillante.

Abdomen grand, très élargi, de couleur rouge-rouille; sur le centre du second segment se trouve une tache brun-noir, oblongue, de forme triangulaire en arrière, n'atteignant pas les bords du segment; troisième et quatrième segments marqués chacun de trois taches; celle médiane est de forme semi-circulaire et atteint par sa base le bord postérieur du segment, elle s'étend sur la moitié de sa largeur ; les taches latérales sont plus oblongues, elles rejoignent le bord antérieur des segments. Cinquième et sixième segments ornés au bord antérieur d'une bande noire qui s'étend un peu au delà de la moitié du segment. Septième anneau noir en entier, la pubescence de tous ces segments est d'un jaune rougeâtre et assez clairsemée. Dessous jaunâtre avec de larges bandes noires sur la moitié antérieure de chaque segment ; à partir du deuxième les bords postérieurs de chacun d'eux sont recouverts d'une courte pubescence jaune. Fémurs postérieurs avec un peu de pubescence jaune, hanches à tomentosité jaunâtre ; tibias antérieurs larges, dilatés, arqués.

Premier article tarsal aussi long que les quatre autres qui sont élargis et courts. Ongles et pulvilli longs.

Ailes hyalines brun sombre à l'extrême base et au bord costal jusqu'à la réunion de la première nervure longitudinale, portant en outre une large bande brune transverse qui s'étend depuis le stigma à travers le disque de l'aile jusqu'à la cinquième cellule marginale postérieure ; nervures brunes, sauf la première longitudinale qui est épaisse et noire.

Le spécimen du Mashonaland a la pubescence de la face et de la bande frontale un peu plus jaune que le type et une courte ligne noire prolonge la callosité frontale, le thorax et le scutellum presque entièrement recouverts d'une tomentosité jaune rougeâtre, par ailleurs il est identique aux exemplaires de la Rhodesia.

BIBLIOGRAPHIE

Tabanus septempunctatus ♀ Ricardo : Annals mag. Nat. Hist. (8), I. p. 268 (1908).

Tabanus subvittatus ♀ Ricardo

Le type et deux autres femelles proviennent de Biké-Angola et ont été recueillis en décembre 1903 et mars 1904 par M. D. C. Wellman (1904. 243).

Ces trois exemplaires appartiennent à la collection du British Museum.

Cette espèce est très voisine de *Tabanus septempunctatus* Ric., mais elle en diffère par les taches de l'abdomen.

Les taches noires du quatrième segment sont toutes incluses dans une bande noire, la tache du deuxième segment est plutôt élargie que carrée et la pubescence des bords postérieurs des segments ventraux est d'un jaune plus pâle. La pubescence jaune des fémurs postérieurs est plus visible, elle s'étend aux tibias postérieurs chez l'un de ces insectes.

Les spécimens sont de taille moindre, 18 millimètres.

Deux d'entre eux portent la mention « recueillis autour des troupeaux ».

BIBLIOGRAPHIE

Tabanus subvittatus ♀ Ricardo : Annals mag. Nat. Hist. (8), I, p. 270 (1908).

DEUXIEME GROUPE

Tableau dichotomique

1
- Abdomen sans taches, premier segment abdominal jaune doré en entier, les autres segments étroitement marginés de jaune . . *T. billingtoni* ♀ Newstead.
- Abdomen noir à taches médianes triangulaires blanches. 2

2
- Envers de l'abdomen étroitement marginé de blanc. Ailes rembrunies à l'apex, sans bandes. Tibias noirs . . . . *T. quadriguttatus* ♀ Ric.
- Envers de l'abdomen marginé de taches blanches. Ailes à bande médiane transverse et apex bruns. Tibias noirs. . . . . *T. marmorosus* ♀ Surcouf.
- Envers de l'abdomen étroitement marginé de blanc, taches dorsales très réduites. Ailes enfumées, plus claires à l'intérieur des cellules ; tibias antérieurs blancs sur les 3/4 basilaires . . . . *T. obscurefumatus* ♀ Surcouf.

Ce groupe comprend des Tabanides de moyenne taille, de couleurs claires et agréables, ils ne sont représentés que par des spécimens peu nombreux dans les diverses collections d'Europe.

Tabanus obscurefumatus ♀ Surcouf (pl. 1, fig. 5)

Le type est un exemplaire femelle pris par Guiral en 1885 sur les bords du San-Benito (Congo).
Deux autres femelles de la même provenance.
Espèce noire de taille moyenne à ailes brunes ; abdomen noir marginé de taches blanches ; tibias antérieurs clairs à leur base. Longueur de 15 1/2 à 18 millimètres.
Tête plus large que le thorax, face noire recouverte d'une tomentosité blanc d'argent, pubescence et barbe blanches. Palpes d'un noir sale avec un peu de tomentosité grise et une pubescence noire, éparse, allongés, minces et peu dilatés

à leur base. Antennes noires, le premier article cylindrique avec une tomentosité grise et des poils noirs, second article très petit à poils noirs, troisième à dent

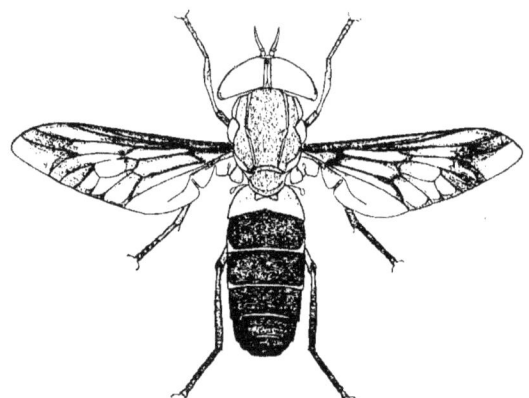

Fig. 8. — *Tabanus Billingtoni* ♀ Newstead.

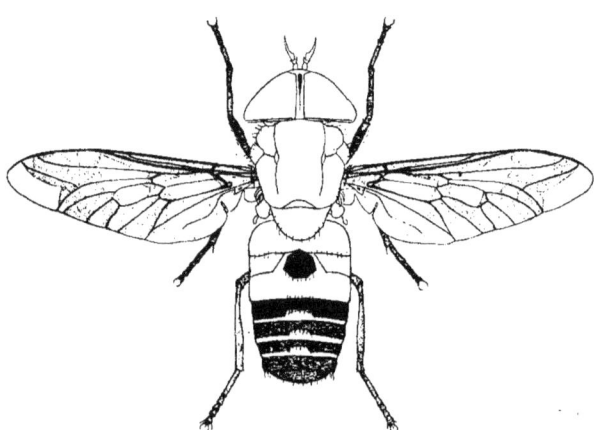

Fig. 9. — *Tabanus marmorosus* ♀ Surcouf.

saillante. Bande frontale étroite, atténuée à la partie supérieure, au moins six fois aussi longue que large. Callosité frontale allongée, de la largeur de la bande

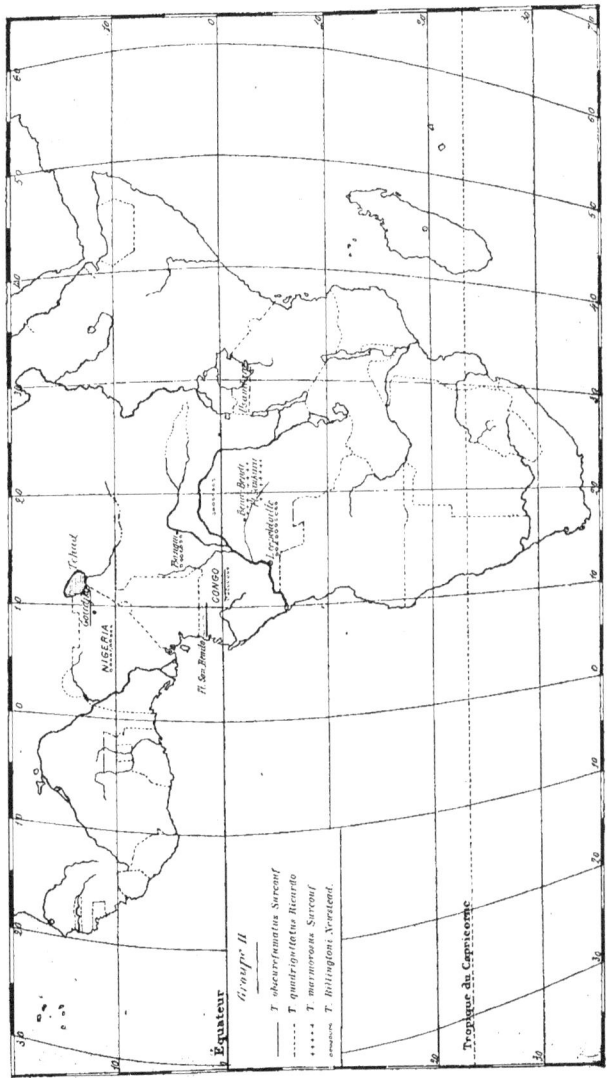

frontale tout entière à la base, d'un brun brillant ; se prolongeant par une ligne étroite, saillante et de même coloration jusqu'au vertex, les parties étroites de la bande frontale qui bordent cette ligne noire élevée sont noirâtres. Yeux monochromes.

Thorax brun noirâtre portant un peu de tomentosité grise et des traces de bandes longitudinales grises à la partie antérieure, flancs avec quelques courts poils noirs, et d'autres plus blancs et plus longs en dessous. Pectus noir, recouvert d'une tomentosité et d'une pubescence grises. Scutellum de même couleur que le thorax.

Abdomen noirâtre, très aplati : premier segment à tomentosité grise et de la pubescence blanche sur les côtés ; second segment portant médianement une tache subtriangulaire de tomentosité blanche et une bordure marginale postérieure de tomentosité, cette bordure étroite s'élargit sur les côtés et se continue sur les flancs en une pointe irrégulière. On distingue des poils blancs sur la tache médiane et sur les côtés ; troisième, quatrième et cinquième segments semblables au second segment mais les marques blanches diminuent de taille, les taches médianes s'amoindrissent jusqu'à ne plus former qu'une étroite tache linéaire recouverte de poils blancs ; sixième et septième segments entièrement noirs avec une pubescence noirâtre sur les côtés, sur les flancs des autres segments la pubescence est blanche. Ventre de la couleur du dessus, chaque segment postérieurement et étroitement marginé de blanc. Hanches brun rougeâtre ou noires à longue pubescence blanche ; fémurs, tibias et tarses noirs ; tibias antérieurs arqués, blancs avec une pubescence blanche sur les 4/5, à partir de leur base, le cinquième apical est noir à pubescence noire. Ailes longues et brunes avec les nervures brunes, cellule discoïdale et cellule basilaire inférieure éclaircies sur presque toute leur surface. Cuillerons sombres. Balanciers noirâtres.

Le Muséum de Paris possède outre le type de nombreux spécimens provenant du Congo (Mission Bel et Mission Cottes).

Le British Museum avait reçu d'Odut, Sud-Nigeria, un spécimen ♀ recueilli par M. Dudgeon en juin 1906.

Le musée de Portugal a reçu de Batefia San Tomé (12, 1888) de nombreux exemplaires femelles.

BIBLIOGRAPHIE

Tabanus obscurefumatus Surcouf : Bulletin du Muséum d'Histoire naturelle, 1906, n° 7, page 522.

Tabanus quadriguttatus ♀ Ricardo

Le type est au British Museum ; il provient d'Usambara, et a été recueilli sur les bords du rivage Sud-Est du lac Nyanza avec quelques autres femelles qui nous ont été communiquées par le docteur Knöber de Hambourg.

Espèce de taille moyenne, noirâtre ; à ailes hyalines, brunes au bord costal et à l'apex, pattes, palpes et antennes noires, abdomen noir à taches grises.

Voisin du *Tabanus Billingtoni* Newstead mais s'en distinguant par les tibias antérieurs noirs et les dessins de l'abdomen.

Longueur 19 millimètres.

Tête plus large que le thorax ; face rougeâtre mais entièrement recouverte d'une épaisse tomentosité blanchâtre mélangée de longues soies fines sur les joues et de quelques poils noirs au-dessous des antennes. Barbe blanche. Palpes noirâtres avec une tomentosité grise et une pubescence noire assez longue, cylindriques sur toute leur longueur sauf à l'apex terminé en pointe brusque. Antennes noires, premier article double du second qui est petit et cyathiforme, l'un et l'autre à pubescence noire, troisième article long et mince portant une dent médiane. Bande frontale de même couleur que la face environ cinq fois aussi longue que large à la base, ornée d'une callosité oblongue brun rougeâtre qui atteint les yeux et se continue par une ligne élevée presque au vertex. Yeux sans bandes.

Thorax rouge brunâtre couvert de tomentosité grise, sans bandes longitudinales distinctes et portant des traces de pubescence dorée sur les côtés, au-dessus des ailes et jusqu'à la base du scutellum ; on rencontre parfois une faible pubescence noire sur le dos. Côtés et pectus rougeâtres avec une tomentosité grise, des soies noires dans la partie dorsale et des soies grises vers la région ventrale. Scutellum semblable au thorax.

Abdomen assez long, d'un noir profond, deuxième segment partiellement d'un rougeâtre sombre avec une tomentosité grise, une tache triangulaire à la base des segments 2, 3, 4 et 5 ; les étroites segmentations grisâtres des quatre premiers anneaux de l'abdomen sont ornées de soies dorées ou blanchâtres sur les côtés, par ailleurs la pubescence est noire ainsi que sur le dessus où la couleur noire paraît. Envers noir avec des bordures étroites de pubescence blanchâtre.

Pattes entièrement noires ; hanches à pubescence et tomentosité grises ; fémurs postérieurs avec des régions de pubescence blanche ; partout ailleurs la pubescence est noire. Ailes plus longues que l'abdomen, hyalines avec les nervures et le stigma brun-jaune, teintées de brun le long du bord costal, à l'extrême base et à l'apex tout entier. Cette coloration brune est cependant faible à la partie supérieure de la seconde cellule sous-marginale, un trait pâle est visible au milieu de la première cellule marginale postérieure, la bordure postérieure est parfois aussi teintée de brun et laisse des cellules discale, basilaires et apicales claires, sauf le long des nervures. Toutes les cellules postérieures largement ouvertes.

BIBLIOGRAPHIE

Tabanus quadriguttatus ♀ Ricardo : Annals mag. Nat. Hist. (8), I. p. 270 (1908).

Tabanus marmorosus ♀ Surcouf (pl. I, fig. 7)

Le type femelle provient de l'Afrique occidentale (L. Convadt 1896) et fait partie de la collection du Musée de Madrid. Deux autres femelles de la collection du Musée Royal d'Histoire naturelle de Belgique proviennent des Beni-Bendi, Sankuru, Congo (L. CLOETENS 1. 95) et Congo (DELEVAL) (fig. 9, p. 30). Longueur 21 à 23 millimètres.

Grande espèce à ailes presque hyalines très voisine du *Tabanus quadriguttatus* Ricardo.

Tête plus large que le thorax, face rougeâtre pâle entièrement recouverte d'une pubescence jaunâtre mélangée de longs poils blancs sur les joues. Palpes assez longs, cylindriques, brusquement terminés, de couleur noirâtre à pubescence noire. Antennes noires à pubescence noire. Bande frontale environ cinq fois aussi longue que large à la base, de couleur brune, ornée d'une callosité allongée brun rougeâtre qui est tangente aux yeux dans sa partie la plus large et se continue par une ligne élevée jusqu'au vertex. Yeux sans bandes.

Thorax rouge brunâtre à courte pubescence noire, éparse, sans lignes distinctes, pubescence des côtés mélangée de blanc, origine des ailes portant des touffes de poils blancs. Scutellum couvert d'une pubescence blanche.

Abdomen assez long et noir en général : premier segment complètement blanchâtre, deuxième segment couvert d'une pubescence blanc d'argent, portant à la partie supérieure une tache médiane triangulaire d'un brun rougeâtre, les cinq segments suivants sont noirs à pubescence noire ; les troisième, quatrième et cinquième portent sur leur bord postérieur une tache médiane blanche atteignant la moitié de la hauteur du segment. Flancs des premier, deuxième et quatrième segments marqués de blanc. Ventre noir, le bord postérieur de tous les segments largement bordé de blanc, une bande longitudinale médiane noire parcourt tout l'abdomen en interrompant la bordure blanche et se compose de taches semi-circulaires ayant leur base au bord antérieur de chaque segment.

Pattes brun noirâtre foncé, fémurs à pubescence blanche, tibias antérieurs blanchâtres sur leur plus grande partie et ayant une pubescence blanche, les autres tibias et les tarses ont une pubescence foncée.

Ailes plus longues que l'abdomen, hyalines, brunes à la base et le long du bord costal, portant une petite bande transverse brune à hauteur de l'extrémité apicale des cellules basilaires et une seconde bande à l'extrémité apicale de la cellule discoïdale, apex clair. Balanciers bruns à tige sombre.

BIBLIOGRAPHIE

Espèce inédite.

Tabanus Billingtoni ♂ ♀ NEWSTEAD (pl. I, fig. 6)

Le type ♀ a été pris par le Révérend et Mme BILLINGTON à Irchumbiri. Le type ♂ a été capturé par le Révérend M. AVE dans les environs de Matadi.

Cet insecte avait été désigné *in litteris* par Miss G. RICARDO sous le nom de *Tabanus splendidissimus* qui avait été employé dans une communication faite au mois de mars 1907 dans le Bulletin du Muséum d'histoire naturelle. Les exemplaires de Miss G. RICARDO provenaient de Bolengui, Congo supérieur (juillet 1903, docteur E. A. Layton) 1903-271 ; Congo (G. L. E. Andreæ) 1900-38 ; Irchumbiri près de Léopoldville (docteur Dutton, 1904) ; Le Muséum de Paris possède un exemplaire recueilli par M. H. Pobéguin au Congo en 1894. Le Muséum de Bruxelles possède de beaux spécimens pris dans le Congo équatorial par le capitaine Van Gele et M. Cammaert (fig. 8, p. 30).

Cette belle espèce noire et or, de taille moyenne est voisine de *Tabanus fasciatus* Fabricius et de *Tabanus africanus* Gray, mais la disposition de la couleur noire sur les ailes est différente, elle affecte plutôt l'aspect de traits sombres que de bandes distinctes, en outre la partie apicale de l'aile est la plus foncée (p. 30).

Longueur 18 à 20 millimètres.

Tête de taille moyenne plus large que le thorax, face et joues grisâtres avec une tomentosité jaune clairsemée, barbe blanchâtre éparse ; palpes noirs, longs et très minces de la même épaisseur de la base à l'apex, à pubescence noire ; antennes longues, noires, premier article double du second, l'un et l'autre à pubescence noire, troisième article mince à dent obtuse. Vertex de la bande frontale noir, recouvert d'une épaisse tomentosité rousse, bande frontale longue et étroite, huit fois aussi longue que large, brune ; callosité frontale brun-rougeâtre, brillante, oblongue, n'atteignant pas les yeux, prolongée en une ligne étroite presque jusqu'au vertex. Tomentosité de la bande frontale rousse. Yeux unicolores.

Thorax brun avec les traces de deux bandes jaune rougeâtre, côtés avec une pubescence fauve dorée qui se continue plus pâle autour de la base du thorax et du scutellum ; pectus grisâtre portant une pubescence et une tomentosité jaunâtres.

Abdomen noir, premier segment fauve doré recouvert d'une tomentosité fauve dorée. Segments 2, 3 et 4 étroitement bordés postérieurement de fauve ou de blanchâtre, recouvert d'une pubescence jaune d'or. Dans l'exemplaire de Miss Ricardo cette coloration est plus pâle. Envers semblable, mais les bordures des anneaux sont plus larges.

Pattes noires, minces ; tibias antérieurs pâles, noirs à l'apex et recouverts d'une pubescence jaunâtre qui s'étend jusqu'à l'apex, sur les autres parties des pattes, la pubescence est noire sauf à l'intérieur des fémurs. Ailes jaunâtres, hyalines ; l'extrême base, le bord costal, l'apex et une bande transverse qui s'étend à travers la partie proximale de la cellule discoïdale et traverse la cellule apicale, sont d'un brun sombre. La deuxième cellule basilaire, une partie de la cellule apicale, le centre de cette dernière cellule, la plus grande partie de la cellule discoïdale, la moitié basilaire de la première cellule postérieure ainsi que des cellules submarginale et marginale de même que l'extrême apex de l'aile, sont hyalines. Les ailes sont plus longues que l'abdomen.

La description du mâle est donnée par M. Newstead.

« ♂ *Tête* : Yeux d'un brun bronzé sombre (chez l'insecte desséché), cornéules
« ocreuses ; espace compris entre les yeux noir brun en dessous ; clypeus
« et joues gris, ces dernières portant une longue pubescence soyeuse, blanche ;
« partie postérieure de la tête d'un gris sombre. *Antennes* noires, segment basi-
« laire revêtu d'une pubescence grise, le reste a une pubescence brun jaunâtre.
« Trompe et labium noirs. *Thorax* d'un châtain sombre en avant de la suture
« frontale portant une ligne médiane étroite faiblement indiquée et deux lignes

« submédianes étroites, qui se terminent en avant comme deux dépressions
« noires ; bords d'un brun grisâtre obscur ; suture brun-orange en face des
« lignes submédianes et continuée en arrière comme par un court trait étroit ;
« partie postérieure du thorax légèrement plus sombre que la partie antérieure ;
« le tout est recouvert par une pollinosité grisâtre et une pubescence noire peu
« fournie ; scutellum et pleuræ gris, mais ces derniers sont plus pâles que le
« premier. *Abdomen* d'un noir enfumé portant d'étroites bandes apicales grises
« aux segments, ces bandes diminuent graduellement vers l'apex jusqu'à ce
« qu'elles disparaissent complètement sur le dernier anneau ; ventre de la même
« couleur et portant des bandes comme le dessus. *Pattes* noires ; fémurs médians
« d'un brun sombre de poix ; les deux tiers supérieurs des tibias antérieurs
« blanc sale, le tiers restant noir. *Ailes* à nervures brun sombre, toutes avec une
« large bande diffuse d'un brun orangé qui les entoure.

« Longueur 16 millimètres, longueur de l'aile 15 millimètres. »

BIBLIOGRAPHIE

Tabanus Billingtoni ♂♀ Newstead : Annals of tropical Medicine and Parasitology vol. I, n° 1, février 1907.

TROISIÈME GROUPE

Tableau dichotomique

Grande espèce noire à pubescence du thorax et de la face jaune doré ou jaune grisâtre, parfois des taches médianes arrondies, blanches, sur les deuxième, troisième et quatrième segments abdominaux.
Palpes noirâtres . . . . *T. biguttatus* Wiedemann.
Palpes jaunes (Afrique occidentale) . . . . . *T. croceus* Surcouf.
Espèce de taille moindre, pubescence du thorax et de la face blanche, palpes blancs (Sénégal) . . *T. unimaculatus* Macquart.
Espèce noire à ailes noires (description insuffisante d'un type inconnu). . . . . *T. corax* Lœw.

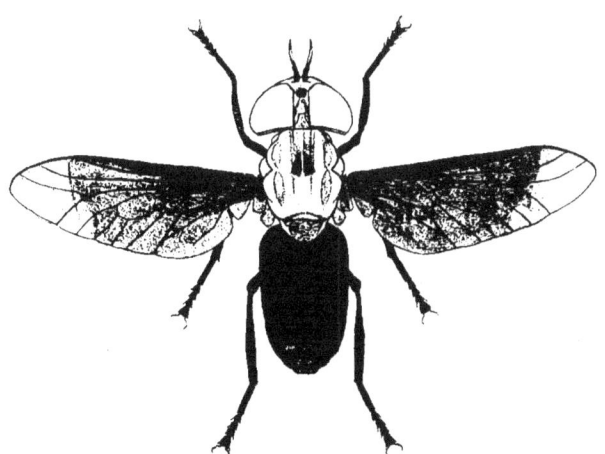

Fig. 10. — *Tabanus biguttatus* ♀ Wiedemann.

Ce groupe comporte une espèce et ses nombreuses variétés, celles-ci parfois très nettes et localisées au point de vue géographique sont parfois tellement peu différentes du type qu'on ne saurait, en l'absence d'un hiatus affirmé, élever ces variétés ou races comme on voudra les appeler au rang d'espèces distinctes. Plus tard quand nous aurons obtenu des voyageurs des observations biologiques, verrons-nous apparaître des différences nouvelles, pour le moment la morphologie de l'insecte sec ne nous permet pas de trancher la question.

Tabanus biguttatus ♂ ♀ WIEDEMANN (p. 37, fig. 10).

Le type n'existe plus, il a été décrit par l'auteur dans les termes suivants :
« *Tabanus biguttatus* ♂ ♀ noir, ailes concolores, apex cendré hyalin, tibias
« postérieurs ciliés.
« ♂ : troisième et quatrième segments de l'abdomen à tache blanche.
« ♀ : tête, dessus du thorax et scutellum à pubescence jaune.
« Longueur du corps 8 à 10 lignes, ailes à nervure transversale apicale simple non appendiculée. Du Cap. »
Le voyage scientifique de M. DE ROTSCHILD en Ethiopie a procuré au Muséum un certain nombre d'exemplaires femelles très frais qui permettent de compléter la description de WIEDEMANN.

Longueur 17 à 23 millimètres.

Noir à thorax couvert d'une pubescence dorée, ailes noires à extrémité apicale éclaircie.

Tête plus large que le thorax, yeux à cornéules égales. Bande frontale plus large au vertex qu'à la base portant contre l'épistome une callosité brune, transverse, de forme ovoïde, moins large que la bande ; cette callosité est entourée latéralement et en dessus par une pubescence couchée blanche, très courte et soyeuse qui, examinée sous un certain angle, laisse paraître la bande frontale brun sombre. Le vertex est couvert de plus longs poils noirâtres avançant en forme de V sur la bande frontale, il y a en outre deux mouchetures noirâtres obliquement situées un peu au-dessus du milieu de la bande. Epistome blanchâtre, joues et barbe d'un jaune d'or. Antennes noires avec quelques poils blancs sur le premier article. Palpes bruns revêtus d'une courte pubescence blanche analogue comme aspect et comme reflets à celle de la bande frontale.

Thorax et scutellum recouverts d'une pubescence épaisse jaune doré ou jaune blanchâtre. Le dessus du thorax est orné un peu avant son milieu de deux mouchetures noires, parallèlement disposées et très voisines. Flancs à poils marrons ; pectus à soies plus courtes et noirâtres.

Abdomen noir avec une série de taches médianes blanc jaunâtre ou rougeâtres sur la partie dorsale des cinq premiers segments, ces taches qui ont la hauteur du segment sont très fugaces mais persistent fréquemment sur les troisième et quatrième segments; pubescence générale de l'abdomen noire, sauf sur les taches où elle est jaune ainsi que sur le bord postérieur des cinquième, sixième et septième segments. Pattes noires en entier à pelotes fauves. Cuisses antérieures ciliées de noir, tibias antérieurs et médians portant quelques poils blancs sur la moitié basilaire, cuisses postérieures ciliées extérieurement de jaunâtre. Cuillerons sombres ciliés de noir.

TROISIÈME GROUPE

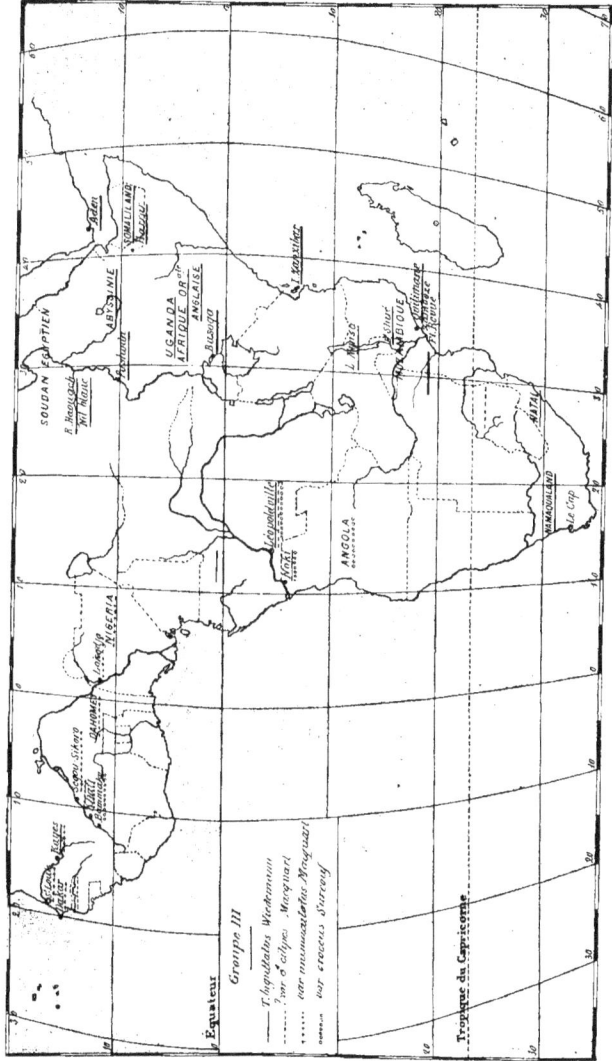

Ailes brunes éclaircies à l'extrémité apicale. Balanciers sombres.

L'habitat extrêmement étendu du *Tabanus biguttatus* Wiedemann a amené certains auteurs à décrire sous des noms différents plusieurs formes recueillies en des lieux divers. Ces formes dont les types existent au British Museum ne sont pas séparables du *Tabanus biguttatus* Wied.

Elles ont été nommées:

Tabanus cerberus ♀ Walker ;
Tabanus noctis ♂ Walker ;
Tabanus tripunctifer ♀ Walker.

Nous donnons, à titre d'indication et pour établir le lien, la description originale de ces insectes :

Tabanus cerberus ♀ Walker

« Noir ; tête et thorax ornés de poils d'un fauve doré ; antennes et jambes
« noires ; ailes noir cendré.

« Corps noir, large ; tête revêtue en dessus et plus épaissement en dessous de
« soies dorées. Yeux, bouche et antennes noirs, thorax couleur de poix, revêtu
« de soies couleur tan, poitrine recouverte de poils noirs. Abdomen brillant.
« Jambes noires, pubescentes. Ailes d'un noir grisâtre, plus pâles vers l'apex.
« Nervures des ailes couleur de poix, ainsi que les ailes qui sont légèrement
« estompées de la même couleur, balanciers noirs.

« Longueur du corps 8 lignes, des ailes 20 lignes. »

Afrique méridionale, de la collection de M. Argent.

Tabanus noctis ♂ Walker

« Corps noir sombre, recouvert de courts poils noirs. Partie de la tête teintée
« de brun, recouverte de poils noirs courts. Yeux très grands, divisés en deux
« aires distinctes, partie postérieure noire comprenant toute la partie discale à
« facettes très grandes, mais décroissant de taille vers le bord inférieur, partie
« antérieure cuivreuse beaucoup plus grande que celle du *Tabanus atratus*, sépa-
« rée de la première par une ligne droite composée de très petites facettes.
« Trompe, palpes et antennes noirs, angle du troisième article antennaire très
« peu saillant. Jambes noires revêtues de courtes soies noires à pelotes noir
« tan. Ailes noirâtres, plus sombres en dessous du bord costal vers les 3/4 de sa
« longueur, grises vers l'extrémité, une teinte brun jaunâtre à la base et le
« long des nervures. Nervures longitudinales, nervures transverses et balan-
« ciers noirs, elles sont disposées comme celles de *Tabanus atratus*. Ailerons noi-
« râtres, frangés de courtes soies tan sombre.

« Longueur du corps : 8 lignes, des ailes 18 lignes. »

Cap de Bonne Espérance.

Tabanus tripunctifer ♀ Walker

« Noir à pubescence noire, tête blanche. Thorax à pubescence fauve. Ailes
« noir brun à trois petites taches limpides, cendrées à l'apex ». Port Natal, collection Quienzius.

Les descriptions de *Tabanus cerberus* ♀ Walker et de *Tabanus noctis* ♂ Walker s'appliquent bien au *Tabanus biguttatus* Wiedemann. Tant qu'à celle du *Tabanus tripunctifer* Walker, elle se rapporte soit à un individu aberrant, soit à un insecte non africain.

Macquart a décrit, sous le nom de *Tabanus unimaculatus*, une première variété du *Tabanus biguttatus* Wiedemann.

Tabanus biguttatus sub. sp. unimaculatus Macquart

« Longueur : 8 lignes 1/2, d'un brun noirâtre, face et front brunâtres, anten-
« nes noires. Thorax à lignes blanchâtres, 3ᵉ et 4ᵉ segments de l'abdomen,
« chacun à tache dorsale presque contiguë. Pieds noirs, ailes noirâtres, extré-
« mité claire chez le mâle. » Sénégal.

Macquart a décrit également un *Tabanus cilipes* ♂, dont il donne la diagnose suivante :

« Niger. Abdomine tertio quartoque segmentis macula alba. Tibiis posticis
« ciliatis. Alis nigricantibus, apice grisea ».

« Longueur : 9 l. ♂.

« D'un noir de poix. Face et partie antérieure du front brunâtres, à poils noirs.
« Antennes noires, menues, à pointe allongée et dent fort petite. Yeux très
« grands ; partie supérieure à grandes facettes, l'inférieure à facettes très petites.
« Thorax antérieurement d'un brun noirâtre. Abdomen d'un noir luisant ; troi-
« sième segment à petite tache allongée d'un blanc jaunâtre, formée de poils ;
« quatrième à tache plus grande, rhomboidale, de la même couleur. »

Du Cap Museum, collection de M. Serville.

« Plusieurs individus ♂ du Sénégal et du Muséum ont le thorax couvert d'un
« duvet blanchâtre avec des poils noirs et quatre lignes blanchâtres peu dis-
« tinctes. Taches de l'abdomen un peu plus grandes et d'un blanc pur ; le corps
« et les ailes sont d'un noir moins foncé.

« Nous rapportons à cette espèce un individu ♀ du Muséum, rapporté
« d'Afrique par Lalande. Il ressemble au mâle, excepté : face d'un fauve clair ;
« front assez large, noir ; base et bande transversale, étroite vers le milieu,
« d'un fauve pâle. L'abdomen n'a pas de taches blanches, probablement parce
« qu'il n'a pas conservé de poils. Le thorax est revêtu de poils jaunâtres ; mais
« comme il a été couvert d'une couche de pommade arsenicale, nous ne pouvons
« déterminer exactement sa couleur. Les ailes ont l'intérieur des cellules assez
« clair.

« Un autre individu ♀, de la collection de M. Serville, et sans patrie con-
« nue, se rapporte au précédent, mais en diffère par la couleur plus brune que

« noire du corps et des ailes. Les palpes sont blanchâtres. La face et le front
« sont d'un gris jaunâtre ; ce dernier a une tache triangulaire et le vertex bruns.
« Le thorax est d un brun rougeâtre.
« Cette espèce a quelques rapports avec *T. trimaculatus* de PALISSOT B., qui
« est de l'Amérique. »

La collection du Muséum possède deux spécimens l'un mâle et l'autre femelle étiquetés *Tabanus cilipes* de la main de Macquart.

Femelle : Thorax blanchâtre, une tache de pubescence fauve sur la partie inférieure de la bande frontale, joues et barbe d'un jaune foncé, palpes bruns à pubescence sombre. Antennes brunes, le troisième article à dent saillante formant un crochet avec l'extrémité antennaire.

Mâle : Thorax blanchâtre, abdomen brun avec une tache arrondie sur le deuxième et le troisième segments abdominaux, ces taches atteignent les deux bords de chaque segment, joues et barbe d'un brun chocolat, palpes bruns, petits et renflés à pubescence sombre. Les antennes manquent.

En résumé la forme ♂ à pubescence thoracique brune, provenant du Cap, doit être considérée comme une variété ♂ du *Tabanus biguttatus* Wiedemann. Les mâles du Sénégal à thorax blanchâtre doivent se rapporter à la sous espèce *T. unimaculatus* Macquart. Cette variété *unimaculatus* de taille un peu moindre que *Tabanus biguttatus* Wiedemann, d'aspect plus faible, se distingue en outre du type par la coloration blanche de la face et du thorax et les palpes blancs au lieu d'être noirs. Elle est localisée au Sénégal. Le British museum possède un spécimen provenant de Illorin (Nord Nigéria).

La variété *cilipes* Macquart est synonyme de *unimaculatus* Macquart.

BIBLIOGRAPHIE

Tabanus unimaculatus MACQUART : Suites à Buffon., I. 204.
— WALKER : List. dipt. British. muséum., V. 233, 339.
Tabanus cilipes ♂ MACQUART : Diptères exotiques, I, 1. 120, 2.
— WALKER : List. dipt. British Muséum, V, 235, 352.

Tabanus biguttatus var. croceus SURCOUF (pl. I, fig. 8-9)

Cette variété nouvelle provient de Kati (Soudan) et a été décrite sur de nombreux exemplaires communiqués par M. le professeur LAVERAN, Membre de l'Institut La variété *croceus* présente la taille et l'aspect général du *Tabanus var. unimaculatus* Macquart, elle s'en distingue par une pubescence jaune qui s'étend sur le thorax, le scutellum, la bande frontale, les joues, l'épistome et les palpes. Cette pubescence se répand en outre éparsement sur le bord postérieur des deux segments abdominaux et sur le bord latéral des trois derniers. Cette variété a été prise avec *unimaculatus* mais elle est beaucoup plus fréquente qu'elle dans le Soudan et elle établit par sa forme et par son habitat un passage d'un grand intérêt entre le type *T. biguttatus* W. et sa variété fixée *unimaculatus* Macquart.

Si l'on reporte sur une carte d'Afrique ces différentes formes, on trouve qu'elles constituent des groupements homogènes qui établissent ainsi que ces différences offrent une certaine constance et impliquent au moins l'existence de races géographiques.

L'espèce typique se rencontre de Khartoum au Cap le long des fleuves et sur le rivage oriental de l'Afrique, on la retrouve au Congo. Un exemplaire unique a comme lieu d'origine Kayes, Sénégal, c'est vraisemblablement une erreur.

La variété *unimaculatus* s'étend de Dakar au Tchad entre le 10° et le 17° lat. N. et le 20° long. O. et 10° long. E.

La variété *croceus* a été recueillie à Kati (Soudan); Bammako (Dr BOUFFARD); Luki Mayomba (M. ENGLEBERT, Collection du MUSÉE DE BRUXELLES) ; Angola (Collection du MUSÉE DE LISBONNE). Lokoja, Rivière Niger; Zungeria, Nord Nigeria ; Gambaga, Côte de l'or (Collection du BRITISH MUSÉUM).

BIBLIOGRAPHIE

Tabanus croceus ♀ SURCOUF : Bulletin du Muséum d'histoire naturelle. 1907, n° 2. p. 143.

QUATRIÈME GROUPE

Tableau dichotomique

1	Espèces de grande taille, noirâtres ou brun-rougeâtre, sans taches ni dessins, tibias rouges ou brunâtres		2
	Espèces noirâtres ou rougeâtres, sans taches, tibias antérieurs blancs. . . .		7
	Espèce brunâtre à trois taches triangulaires médianes claires, palpes arrondis. .	*T. æneus* ♀ Surcouf.	
2	Callosité oblongue, canaliculée dans sa partie élargie, prolongée par une ligne saillante, étroite, se continuant au moins jusqu'à la moitié de la bande frontale. . .		3
	Callosité arrondie, non canaliculée, non prolongée par une ligne distincte . . .		6
	Callosité oblongue, canaliculée, non prolongée par une ligne distincte . . .		
3	Grande espèce noire de 23 à 29 mm., tibias rouges, ailes d'un beau brun sombre, plus claires à l'apex et au bord inférieur . .	*T. grandissimus* ♀ Ric.	
	Abdomen brun-marron, sans pruinosité, offrant un aspect bleuâtre vu de côté . .	*T. fusco-marginatus* ♀ Ric.	
	Abdomen noir à reflet blanchâtre vu de côté.		4
4	Tous les tibias rouge clair à pubescence fauve, ailes claires à nervures jaunes (19 à 20 mm.)	*T. Brumpti* ♀ Surcouf.	
	Tibias antérieurs brun rougeâtre ou noirâtres		5
5	Grande espèce de 22 à 25 mm. Ailes brunâtres à nervures brunes ; palpes bruns à pubescence noire très dense ; tous les tibias brun rougeâtre ou noirâtres.	*T. ruficrus* ♀ Pal. Beauv.	
	Grande espèce de 25 mm. Ailes hyalines à nervures jaunes, palpes jaune rougeâtre à pubescence brune non serrée, tous les tibias brun rougeâtre ou noirâtres. . .	*T. dilutius* ♀ Surcouf.	

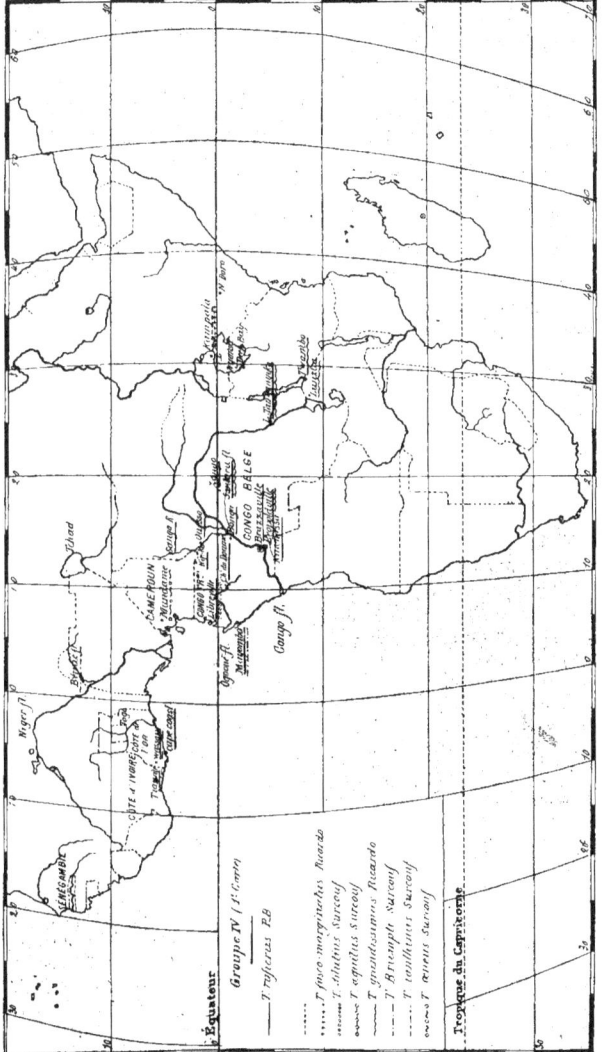

	Grande espèce de 26 mm., pattes noires en	
6	entier, ailes brun-chocolat à nervures noires, non éclaircies à l'apex	*T. aquilus* ♀ Surcouf.
7	Espèce de 18 mm., brun rougeâtre à pruinosité bleuâtre lui donnant un reflet violacé. Tibias antérieurs clairs, les autres rouges	*T. ianthinus* ♀ Surcouf.
	Couleur générale brun noirâtre, tibias antérieurs blancs dans leur moitié basilaire, les autres tibias noirs.	*T. Besti* ♀ Surcouf.
	Tous les tibias blancs dans leur moitié basilaire	*T. Boueti* ♀ Surcouf.

Ce groupe est composé de Tabanides dont les yeux sont glabres, les tibias antérieurs non dilatés, la bande frontale cinq à six fois aussi haute que large ; le corps brunâtre ou noir sans lignes ni dessins en général ; les ailes sont plus ou moins teintées de brun, sans appendice. On y rencontre les plus grands Tabanides de l'Afrique.

Tabanus ruficrus ♀ P. B. (pl. 1, fig. 14)

Palisot de Beauvois donne de cet insecte une description succincte :
« Fuscus antennis tibiisque tarsis nigris. Femoribus alis palpisque fuscanis.
« Longueur ♀ 10 lignes. Owar.
Par suite d'une erreur nous retrouvons le même Tabanus désigné sous le nom de *Tabanus rufipes* P. B.
En 1821, WIEDEMANN redécrivit le *Tabanus ruficrus* P. B. et en donne la description suivante (traduite de l'allemand) :
« Corps brun en entier, hérissé en dessus et en dessous de l'insertion des ailes-
« Antennes, fémurs, tarses, apex des tibias, noirs ; base des tibias et palpes
« roux. Front et espace interoculaire à pubescence jaunâtre ; ligne élevée glabre,
« ovale, oblongue, brillante, canaliculée en dessous, filiforme vers le bas, base
« un peu épaissie. Ailes brunes à nervures couleur de poix.
WALKER ayant reçu le *Tabanus ruficrus*, P. B. le supposa nouveau et le redécrivit sous le nom de *Tabanus pervasus*.
« Piceus, capite antico fulvo, thoraceque pectoreque rufo-fuscis, illius vittis
« tribus obscurioribus, abdomine glaucescente, antennis pedibusque nigris,
« tarsis intermediis basi tibiisque ferrugineis, alis cinereis, basi costa venarum-
« que marginibus fuscis. »
« Corps couleur de poix, tête recouverte d'une pubescence brune courte, tan
« sombre et revêtue de poils couleur tan antérieurement. Yeux couleur d'airain,
« grands, séparés sur le milieu par un très étroit intervalle, toutes les facettes
« très petites. Trompe noire, palpes couleur de tan sombre ; antennes noires,
« premier article très oblique à l'apex ; corne du troisième article courte. Thorax et
« poitrine brun rougeâtre sombre, thorax avec trois bandes sombres, étroites et

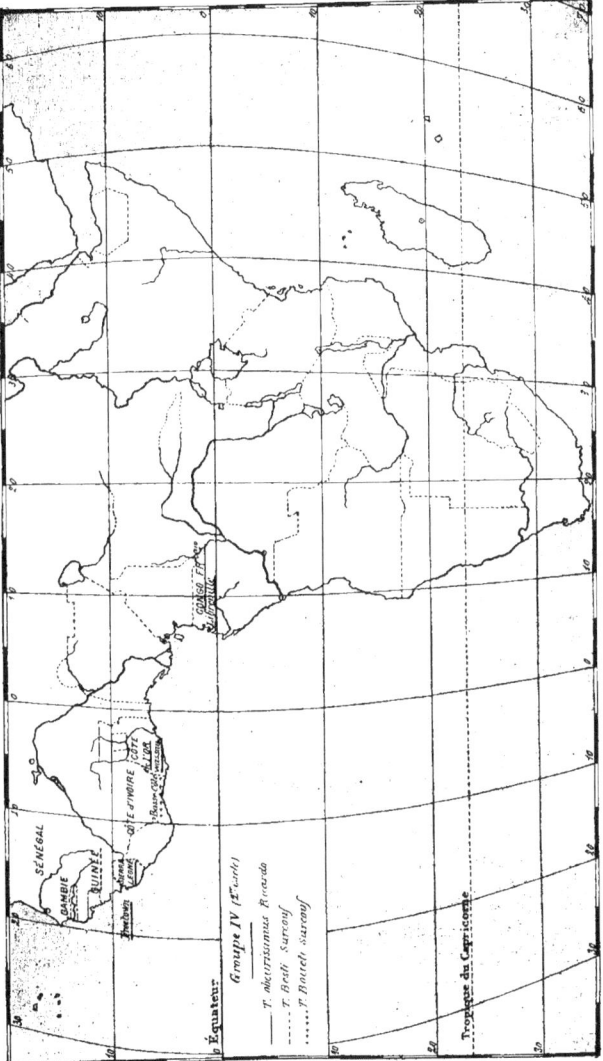

« indistinctes. Abdomen obconique couvert d'une pruinosité gris-bleu pâle, beau-
« coup plus long que le thorax. Jambes noires, tibias ferrugineux avec l'extré-
« mité apicale noire, tibia postérieurs frangés de courtes soies noires. Tarses
« médians ferrugineux à la base. Pelotes couleur tan. Ailes grises, brunes à la
« base et le long de la bordure costale jusque près de l'apex et au pourtour des
« nervures sur le disque. Cuillerons noirâtres. Balanciers couleur de poix avec
« le disque jaune pâle. Extrémité de la nervure transverse formant un angle
« obtus, sans appendice près de sa base. Longueur du corps : neuf lignes ; des
« ailes vingt-deux. Afrique occidentale.

Cette description de WALKER s'applique assez bien aux caractéristiques du *Tabanus ruficrus* P. B., il y a cependant lieu de remarquer que les bandes longi-tudinales du thorax sont très peu visibles.

Plusieurs espèces sont très voisines du *Tabanus ruficrus* P. B. mais le tableau dichotomique de cet ouvrage permettra d'arriver assez rapidement à la détermi-nation exacte de ces formes affines.

Le type de *Tabanus pervasus* Walker existe au British Museum provenant de l'Afrique occidentale. Nos connaissances actuelles limitent l'aire d'habitat du *Tabanus ruficrus* P. B. à la côte d'Ivoire et principalement au bassin du Congo, c'est donc une espèce essentiellement tropicale.

BIBLIOGRAPHIE

Tabanus ruficrus ♀ PALISOT DE BEAUVOIS : Insectes 55, tab. 4, fig. 3 (*rufipes*).
— WIEDEMANN : Aussereurop. Zweifl. Insekten I. 116-5.
— » Diptera exotica (1821) 64, 4.
Tabanus rufipes ♀ P. B. : WALKER : List of Dipteres of the British Museum V, 233-341.
— NEWSTEAD : Annals of tropical Medicine 1907. February 45, pl. 4, fig. 8).
Tabanus pervasus : ♀ WALKER : Diptera Saundersiana, 1, p. 43.
T. Deyrollei : ♀ BIGOT : Archives entomologiques II, 349-656. *in* Thomson.
— K. Grünberg : Die Blutsaugenden Dipteren 1907, p. 138.

Tabanus Brumpti ♀ SURCOUF (pl. I, fig. 10)
= *T. sanguinipes* ♀ RICARDO (*in litteris*)

Type : un exemplaire femelle, rapporté par M. le Dr BRUMPT des bords du Bénoué, Congo.

Noir, abdomen bleuâtre, ailes hyalines, tibias rouges.

Longueur 19 mm. ; envergure 38 mm.

Tête grande, plus large que le thorax. Face brune avec une tomentosité brun jaunâtre et une pubescence brune, plus dense sur les joues. Barbe noirâtre. Palpes bruns à pubescence noire, très dense sur le côté externe et leur donnant l'apparence d'être noirs, ces organes sont longs et peu renflés. Antennes lon-gues, minces et noirâtres ; premier article rougeâtre à pubescence dense d'un noir brillant ; deuxième article rouge à pubescence noire éparse ; troisième article à dent médiocre, allongé, recouvert d'une tomentosité blanchâtre. Epistome et bande frontale de même couleur que la face, callosité frontale noirâtre, étroite, non saillante, non tangente aux côtés de la bande frontale, prolongée par une ligne étroite. Bande frontale environ cinq fois aussi longue que large.

Thorax brun rougeâtre brillant, dessus glabre, côtés couverts de poils noirs ; pectus brun rougeâtre à pubescence noirâtre. Scutellum de la couleur du thorax.

Abdomen court, épais, noir avec une tomentosité gris bleuâtre, à courte et rare pubescence noire sur les côtés de l'abdomen, plus dense sur les derniers segments. Ventre noir à très courte pubescence noire.

Pattes d'un rouge brillant. Hanches noirâtres à longs poils concolores, cuisses noirâtres à extrémité apicale rouge, pubescence noire sur les parties sombres, rouge vers l'apex ; tibias rouge clair à pubescence fauve, tarses antérieurs noir rougeâtre à pubescence noire, tarses médians et postérieurs rouges un peu rembrunis à l'apex par la pubescence noire, plus dense à la partie apicale externe.

Ailes hyalines, bord costal et stigma jaune brun, extrême base brunâtre, nervures jaunes. Balanciers et cuillerons noirâtres.

Tabanus sanguinipes ♀ Ricardo

Le type et deux autres femelles proviennent de Kampala-Kiadondo (Uganda) et ont été pris par le lieutenant-colonel Bruce (17, 8, 03).

Espèce noire à tomentosité d'un bleuâtre indécis sur l'abdomen, pattes rouge brillant et ailes claires, jaunes au bord costal et noirâtres à leur extrême base.

Longueur 20 mm.

Le *Tabanus sanguinipes* R. se rapproche de *Tabanus ruficrus* P. B. mais s'en distingue aisément par ses ailes claires, ses pattes plus largement rouges et les palpes dont l'apex est beaucoup plus mince.

Tête grande, beaucoup plus large que le thorax. Face brune avec une tomentosité brun jaunâtre et une pubescence noire, plus dense sur les joues ; barbe noirâtre ; palpes jaunâtres mais si épaissement couverts de pubescence noire sur le côté externe qu'ils paraissent complètement noirs, ils sont longs avec la partie basilaire médiocrement épaisse, diminuant ensuite graduellement en une pointe longue et mince. Antennes de même forme que celles de *Tabanus pervasus* Walker, longues, minces, noirâtres, les deux premiers articles rouges à pubescence noire. Epistome et bande frontale de même couleur que la face, callosité frontale brun rougeâtre, oblongue, prolongée par une ligne étroite. Bande frontale étroite, environ cinq fois aussi longue que large.

Thorax noir brillant, brun rougeâtre sur les côtés et à la base, dessus glabre, côtés couverts de courts poils noirs ; pectus brun à pubescence sombre ; scutellum semblable à pubescence brun sombre.

Abdomen court, épais, noir avec une tomentosité gris bleuâtre, sans pubescence. Extrémité des bords latéraux des derniers segments d'un jaune transparent, ventre noire à tomentosité grise.

Pattes d'un rouge brillant, hanches et tibias antérieurs noirâtres ainsi que les extrémités apicales des tarses, tibias postérieurs à pubescence fauve sur le dessus.

Ailes hyalines, bord costal et stigma jaunâtres, l'extrême base noirâtre, nervures jaunes, pubescentes au bord costal. Toutes les cellules postérieures largement ouvertes.

BIBLIOGRAPHIE

Tabanus Brumpti Surcouf : Bulletin du Muséum d'histoire naturelle 1907, n° 1, p. 40 ;

Tabanus fusco-marginatus ♀ Ricardo (pl. II, fig. 1)

Le type femelle et deux autres femelles proviennent de Kampala-Kiadondo-Uganda, recueillis dans une plantation de bananiers le 9 mai 1903, par le lieutenant-colonel Bruce (1903, 206). Collection du British Museum.

Espèce extrêmement voisine de *Tabanus ruficrus* P. B., mais certainement distincte. Grande et robuste forme à large abdomen d'un brun-châtain, pattes rougeâtres, bande frontale étroite et antennes noires. Longueur 23 millimètres.

Elle se distingue de *Tabanus ruficrus* P. B. par son abdomen glabre ne portant aucune trace de tomentosité gris bleuâtre, le ventre de même couleur que le dessus et les palpes un peu plus allongés avec une pointe plus atténuée.

Bande frontale semblable, environ cinq fois aussi longue que large et rétrécie antérieurement ; callosité oblongue, rougeâtre, continuée par une ligne mince jusqu'à la moitié de la bande frontale et dentelée au milieu. Face brun jaunâtre avec des poils semblables en dessus et quelques poils noirs en dessous ; barbe rare et noirâtre. Palpes rougeâtres à pubescence noire, peu épais à la base et terminés par une assez longue pointe. Antennes noirâtres, les deux premiers articles rouge sombre à poils noirs, le premier épais et cyathiforme, le second très petit, le troisième brun avec la dent habituelle située très près de la base.

Thorax brun rougeâtre avec une tomentosité brune et grise et quelques poils noirs à la partie antérieure, pas de bandes visibles. Scutellum brun-châtain comme l'abdomen, couvert d'une pubescence sombre, plus noire à la base.

Abdomen d'un brun-châtain clair, presque complètement dépourvu de pubescence ; il existe sur le premier segment des traces de tomentosité brun jaunâtre ; flancs avec de courts poils noirs, bords latéraux des quatrième, cinquième et sixième segments d'un jaune transparent. Ventre de la même couleur que le dessus.

Pattes brun rougeâtre ; hanches à pubescence noire et tomentosité brune ; fémurs d'un rougeâtre sale, les antérieurs plus sombres, tous à pubescence noire ; tibias d'un rouge plus brillant, apex des tibias antérieurs noir, tarses antérieurs noirs, les autres de la couleur des tibias, tous à pubescence noire plus épaisse sur les tarses et les tibias postérieurs.

Ailes hyalines, teintées de brun, plus brunes au bord costal, un peu jaunâtres à la base ; nervures brunâtres un peu plus pâles vers l'apex de l'aile.

BIBLIOGRAPHIE

Tabanus fuscomarginatus ♀ Ricardo : Ann. Mag. Nat. Hist. (8), p. 273 (1908).

Tabanus aquilus ♀ Surcouf

Le type femelle provient de la Gambie, il a été recueilli par le docteur Best et communiqué par le professeur R. Blanchard. Longueur 25 millimètres.

Cette espèce appartient au même sous-groupe que le *Tabanus grandissimus* Ricardo. Ce groupement diffère de celui du *Tabanus ruficrus* P. B. par la forme de la callosité située sur la bande frontale.

Chez *Tabanus ruficrus* P. B. la callosité est oblongue, canaliculée dans sa partie élargie et prolongée par une ligne saillante étroite, parfois bifide dans sa partie la plus élevée et se continuant au moins jusqu'à la moitié de la hauteur de la bande frontale.

Chez *Tabanus aquilus* Surcouf, la callosité de la bande frontale est arrondie, non canaliculée et non prolongée par une ligne distincte.

On aperçoit quand la bande est complètement dépilée, un dessin en forme de V au vertex, la partie inférieure de cet angle limite une étroite saillie brillante située vers le tiers de la hauteur de la bande frontale. On voit sur la bande noire des traces de pubescence blanche. Yeux bruns, glabres ; épistome noir brunâtre. Antennes noires à pubescence noire, partie comprise entre les antennes et les palpes couverte d'une pubescence blanc jaunâtre ; joues à pubescence jaunâtre. Palpes brun-noir à courte pubescence blanche, éparse ; trompe noire à pubescence concolore.

Thorax et scutellum brun-noir à pubescence latérale brune ; pectus semblable.

Abdomen noir, obconique, généralement glabre, portant quelques poils brun-noir sur les bords latéraux et postérieurs des trois derniers segments ; flancs et bords des quatre premiers segments à pubescence jaune doré. Ventre noir à pubescence noire éparse ; bords postérieurs des segments à pubescence jaune.

Pattes noires en entier à pelotes noires ; hanches à poils blancs épars ; cuisses et tibias antérieurs et médians à pubescence blanchâtre sur la face externe, tibias postérieurs frangés de brun sombre. Tarses médians et postérieurs ornés de courts poils rouges à leur face inférieure.

Ailes d'un beau brun à nervures noires, cellule discoïdale un peu hyaline le long de la nervure supérieure. Balanciers bruns à tige noire.

BIBLIOGRAPHIE

Tabanus aquilus Surcouf : Bulletin du Muséum d'Histoire naturelle, 1907, n° 1, p. 38.

Tabanus dilutius ♀ Surcouf (pl. I, fig. 13)

Le type et une autre femelle proviennent de Libreville (Congo français) et ont été recueillis en 1899 par M. J. Baucher. Longueur 25 millimètres. Collection du Muséum de Paris.

Port et aspect de *Tabanus ruficrus* P. B.

Tête grosse, plus large que le thorax, yeux plus gros que chez les autres espèces du groupe. Bande frontale étroite à tomentosité jaune-cuir portant une callosité oblongue, non tangente aux côtés de la bande et prolongée par une ligne étroite et saillante au milieu qui s'étend jusqu'aux deux tiers de la longueur de la bande. Callosité et ligne de prolongement d'un brun clair. Joues et barbe à pubescence jaune. Epistome jaune buffle. Antennes testacées, les deux premiers articles à courts poils noirs peu denses, dent du troisième article normale. Palpes jaune rougeâtre à pubescence brune non dense.

Thorax et scutellum rougeâtres ne diffèrent pas de *Tabanus ruficrus* P. B.

Abdomen allongé, derniers segments châtains ; dessous et pattes comme chez *Tabanus ruficrus* P. B.

Ailes hyalines à nervures jaunes, bord costal et stigma jaunes de même que le long des cellules basilaires, pas de teinte brune, même à l'extrême base de l'aile.

BIBLIOGRAPHIE

Tabanus dilutius ♀ Surcouf : Bulletin du Muséum d'Histoire naturelle, 1907, nº 1, p. 39.

Tabanus grandissimus ♀ Ricardo (pl. I, fig. 15)

Le type et une autre femelle proviennent de Fwambo dans la Rhodesia près de l'extrémité sud-est du Lac Tanganyika (W. H. Nutt).

Grande et robuste espèce noire à ailes brun sombre, la plus grande de toutes les espèces africaines jusqu'ici décrites. Le type mesure 29 millimètres de longueur, les autres spécimens varient de 23 à 26 millimètres. Deux exemplaires pris sur les bords du lac Tanganyika présentent le minimum de taille. Le *Tabanus grandissimus* Ricardo ressemble à *Tabanus biguttatus* Wiedemann mais s'en distingue par sa taille beaucoup plus considérable et ses tibias rouges.

Tête grande, plus large que le thorax. Face brune à tomentosité brun jaunâtre et pubescence noire assez épaisse, barbe noirâtre ; palpes jaunes mais très densément recouverts d'une pubescence noire sur le côté externe, le côté interne est jaune et presque glabre. Antennes noires, premier article épaissement revêtu de pubescence noire, deuxième article rougeâtre avec quelques poils noirs, troisième article long mince à dent située très près de la base ; triangle frontal de même couleur que la face, glabre. Bande frontale cinq fois plus longue que large, recouverte d'une tomentosité jaunâtre épaisse ; callosité frontale brune, oblongue, n'atteignant pas les yeux, la ligne qui prolonge habituellement la callosité est ici séparée et indistincte.

Thorax noir brillant avec parfois une teinte rougeâtre, côtés à poils noirs et tomentosité grise. Pectus brun à pubescence noire. Scutellum semblable au thorax, cuillerons brun sombre.

Abdomen long, noir, recouvert d'une tomentosité gris bleuâtre, sans pubescence ; côtés à poils noirs beaucoup plus épais sur le premier segment et à l'apex. Ventre noir à pubescence noire.

Pattes noires avec les tibias rouges et le premier article tarsal entièrement rouge, tibias postérieurs noirs à leur extrémité apicale ; pubescence noire sur les tibias rouges, et plus dense sur les tibias postérieurs qui portent une pubescence rouge en dessous, cette pubescence est d'un rouge brillant sur le dessous des tarses postérieurs.

Ailes d'un beau brun sombre, pâlissant vers l'apex et au bord inférieur, partie centrale de la deuxième cellule basilaire, cellule discoïdale et cellule anale hyalines, toutes les cellules postérieures largement ouvertes.

Quelques spécimens de *Tabanus grandissimus* ♀ Ricardo ont été pris, sur les bords du lac Tanganyika (W. A. CUNNINGTON), à Lunizua, Afrique centrale anglaise (A. SHARPE) ; à Deep-Bay, côte occidentale du Lac Nyassa à 560 mètres d'altitude (R. CRAWSHAY, 26 février 1894).

BIBLIOGRAPHIE

Tabanus grandissimus ♀ RICARDO : Mag. Nat. Hist. (8) 271 (1908).

Tabanus ianthinus ♀ SURCOUF (pl. II, fig. 4)

Le type est un spécimen en très bon état, appartenant au Musée Royal et Histoire naturelle de Belgique et provenant du haut Congo.

Espèce brun rougeâtre à tomentosité d'un gris-bleu sur le thorax et l'abdomen ; bande frontale très étroite à callosité étroite et allongée, prolongée par une ligne qui atteint le vertex. Antennes d'un rouge brillant. Pattes rougeâtres, ailes hyalines teintées de brun. Longueur 17 millimètres.

Voisin de *Tabanus obscurissimus* ♀ Ricardo auquel il ressemble, il s'en distingue par la forme de la bande frontale, la callosité, la couleur des antennes, le thorax et l'abdomen rougeâtres, la couleur caractéristique de la tomentosité et la largeur de l'abdomen. Il se distingue en outre de *Tabanus ruficrus* ♀ P. B. par la couleur rouge brillant des antennes et la forme de la callosité frontale.

Face couverte d'une tomentosité jaune-brun assombrie par quelques poils noirs au milieu, des poils brun jaunâtre sur les joues et les parties inférieures de la face, barbe noire. Palpes jaune rougeâtre à pubescence noire, minces, légèrement dilatés à la base seulement. Antennes d'un rouge brillant, les deux premiers articles à pubescence noire, le troisième article long et mince à dent distincte. Bande frontale étroite, environ huit fois plus longue que large de la couleur de la face, la callosité est brun noisette, longue, étroite, n'atteignant pas les yeux, prolongée par une ligne élargie qui s'amincit presque jusqu'au vertex ; quelques poils noirs sur la bande frontale et le vertex. Yeux glabres.

Thorax, scutellum et abdomen d'un brun rougeâtre mat, revêtus d'une tomentosité grisâtre ou bleu grisâtre et d'une pubescence noire éparse ; thorax sans apparence de bandes, envers de l'abdomen d'un rouge plus sombre avec une tomentosité grise et une pubescence noire ; pectus et flancs rougeâtres à poils noirs. Pattes d'un rouge brillant avec une pubescence noire qui leur donne une apparence sombre, spécialement aux fémurs et aux tarses ; tibias antérieurs plus clairs, jaunâtres ou rougeâtres, mais avec une pubescence entièrement noire. Ailes teintées de brun-jaune au bord externe, nervures brunes, stigma brun jaunâtre. Première cellule marginale non rétrécie. Balanciers bruns à disque jaunâtre.

Le nom de *ianthinus* a été donné à cet insecte pour rappeler sa couleur violacée.

BIBLIOGRAPHIE

Tabanus ianthinus ♀ Surcouf : Bulletin du Muséum d'histoire naturelle, 1907, n° 4, p. 258.

Tabanus Boueti ♀ Surcouf

Le type a été pris par le Dr Bouet, à qui nous le dédions, dans la Basse Côte d'Ivoire. (Collection du Muséum de Paris).

Brun noirâtre, ailes brunes, tibias blancs.

Longueur : 13 millimètres.

Yeux glabres, bronzés, bande frontale étroite, cinq fois aussi haute que large, brune, portant une callosité étroite prolongée sans étranglement par une ligne mince non dilatée s'étendant jusqu'aux deux tiers de la hauteur vers le vertex. Antennes : premier et second articles courts, noirâtres à pubescence noire, troisième article très long, rouge, portant une dent très près de la base, segments extrêmes du troisième article à pubescence noirâtre très serrée. Palpes peu renflés, noirs, à pubescence noire ; barbe noire, poils des joues peu nombreux et noirs.

Thorax et scutellum d'un brun noirâtre très foncé à courte pubescence éparse noire, plus dense sur les flancs et la partie scutellaire. Pectus semblable.

Abdomen noirâtre à courte pubescence noire éparse. Hanches, fémurs, tibias dans leur quart apical et tarses d'un noir profond à pubescence noire, brillante, assez grossière, tibias dans leurs trois quarts basilaires d'un blanc pur à pubescence blanche. Ailes brunes, plus claires à l'apex. Balanciers jaunâtres à disque blanc.

BIBLIOGRAPHIE

Tabanus Boueti ♀ Surcouf : Bulletin du Muséum d'histoire naturelle, 1907, n° 5, page 333.

Tabanus æneus ♀ Surcouf (pl. I, fig. 12)

Type ♀ dans la collection du Musée d'histoire naturelle de Hambourg, où il porte comme indication : Kamerun Mukonge Farm bei Mundame am Mongo-Fluss. R. Rohde, legit, vendredi 20, XII, 1905.

Longueur : 24 millimètres.

Brun à ailes brunes et palpes jaunes.

Yeux grands, bronzés ; bande frontale à bords légèrement divergents au vertex, cinq fois plus haute que large, brune, portant une callosité d'un brun clair brillant, oblongue, arrondie à l'extrémité inférieure, non tangente aux yeux et prolongée par une ligne saillante étroite qui s'étend presque au vertex. Epistome brun jaunâtre, joues à poils jaunâtres, barbe semblable. Antennes noires : premier article rougeâtre à la base à bord apical légèrement arqué, couvert d'une épaisse pubescence d'un noir brillant, deuxième article très court à poils noirs, troisième article noir à dent bien accentuée, partie terminale recouverte d'une fine pubescence noirâtre. Palpes assez longs, à peine renflés, à pointe arrondie et non aiguë comme chez toutes les autres espèces du genre, de couleur jaunâtre à pubescence blanchâtre mélangée de noir, principalement vers l'apex et le côté externe. Trompe testacée.

Thorax rougeâtre, dénudé, portant des poils blancs sur tout le pourtour et quelques poils noirs à la partie antérieure. Scutellum rougeâtre à tomentosité jaunâtre et poils blanchâtres ainsi que les côtés du thorax et la poitrine.

Abdomen large, arrondi, brun, à courte pubescence noire éparse, portant sur les troisième, quatrième et cinquième segments une tache blanc jaunâtre au bord postérieur. La tache du troisième segment est triangulaire, l'apex atteignant presque le bord antérieur du segment, la tache triangulaire du quatrième segment est de même largeur que la précédente, les angles de la base sont ronds ; la tache du cinquième segment est arrondie. Il existe une trace peu perceptible au milieu du bord postérieur des deux premiers segments. Ventre uniformément brun à pubescence noire. Cuisses d'un noir rougeâtre à pubescence noire, les antérieures ont la pubescence mélangée de poils jaunâtres dans la moitié apicale.

Tibias antérieurs brun rougeâtre dans leur moitié basilaire, noirs dans leur moitié apicale ; tibias intermédiaires brun rougeâtre plus sombre ; tibias postérieurs brun sombre. La pubescence de la première paire est mélangée de jaune et de noir, celle des autres tibias est noire ; tarses brun rougeâtre sombre à pubescence noire. Ailes d'un brun chocolat à nervures brunes ; cellule basilaire inférieure, cellules discoïdale, cellules marginales postérieures légèrement éclaircies dans leur partie centrale. Ailerons bruns. Balanciers bruns à disque plus clair.

BIBLIOGRAPHIE

Tabanus æneus ♀ Surcouf : Bulletin du Muséum, 1907, n° 4. p. 265.

Tabanus Besti ♀ Surcouf (pl. I, fig. 11)

Le type et plusieurs autres femelles ont été pris par le docteur Best, médecin des Colonies Britanniques, en Gambie anglaise, dans la région comprise entre le 6° le 8°. Latitude Nord et le 3° et 5° longitude Est (Greenwitch). Ces insectes ont été remis au laboratoire de parasitologie de l'Ecole de médecine, et M. le professeur Raphael Blanchard en a fait don au Muséum d'Histoire naturelle de Paris, qui possède en outre une ♀ recueillie par Delafosse en 1895 sur la côte d'Ivoire.

♀ Noire, longueur du corps : 15 millimètres.

Yeux bronzés, glabres, sans bandes colorées, à cornéules égales. Bande intraoculaire étroite, brune, portant une callosité d'un brun clair brillant, de la largeur de la bande intraoculaire à la base et se prolongeant progressivement en une ligne saillante et étroite qui parcourt la bande en entier. Parties inférieures de la tête jaune chamois. Antennes noir brunâtre. Palpes noirs à pubescence noire.

Thorax d'un noir brunâtre recouvert d'une pubescence noire. Abdomen noir en entier. Pattes antérieures noires, tibias fortement ciliés au bord externe, blancs dans leur moitié basilaire. Pattes intermédiaires et postérieures noires à tibias brun rougeâtre foncé. Ailes enfumées, plus claires au bord externe. Balanciers noirs.

La collection du musée de Madrid contient plusieurs exemplaires ♀ recueillis en Afrique occidentale, par L. Convadt, en 1896.

La comparaison du type *T. Besti* et du type *T. obscurissimus* Ricardo établit l'identité de ces deux espèces. A titre documentaire nous donnons la description de miss Ricardo.

Tabanus obscurissimus ♀ Ricardo

Le type a été recueilli à Lokkoh-Creek — Sierra-Leone, en avril 1904, par le major Smith. Il fait partie de la collection du British Museum. Le docteur Bennett a constaté à Libreville que le *Tabanus obscurissimus* Ricardo suçait le sang de l'homme et des animaux.

Cette espèce de couleur acajou terne, à ailes brunâtres et abdomen étroit se distingue de *Tabanus secedens* Walker par les soies noires de la face, la barbe noire, le troisième article de l'antenne d'un rouge brillant à peine assombri à l'apex et par l'abdomen long et étroit.

Longueur 18 millimètres.

Tête plus large que le thorax ; face brune avec une tomentosité jaune mate et une pubescence noire, cette dernière consistant en de rares poils longs et noirs s'épaississant en dessous des antennes et sur les joues ; barbe brun noirâtre. Palpes brun jaunâtre avec une pubescence noire qui souvent leur donne l'aspect noirâtre, ils sont plus jaunes à leur bord interne, légèrement épaissis à leur base et terminés en une longue pointe. Antennes rouges, le troisième article rouge brillant, un peu assombri à l'apex, le premier et le second à pubescence noire, le premier épais, le second cyathiforme, très petit avec un long prolongement recouvert de soies noires, troisième article à dent médiocre. Bande frontale de même couleur que la face, brun brillant quand elle est dénudée ; plus étroite au vertex, huit fois aussi longue que large, un peu plus brune vers la partie inférieure et portant une longue callosité d'un brun-rouge brillant, tangente aux yeux et continuée par une bande élevée atteignant à peine le vertex et s'amincissant graduellement en une fine ligne.

Thorax brun mat sans bandes, un peu plus brun sur les côtés, pubescence courte sur le dessus, jaunâtre et mélangée de quelques poils noirs ; flancs portant de longues soies fines, qui, en arrière des ailes, sont fauves et courtes ; poitrine brune à pubescence noire. Scutellum comme le thorax.

Abdomen long et étroit, d'une couleur acajou terne, couvert d'une courte pubescence noire ; dessous semblable. Alulets bruns. Pattes brun rougeâtre, fémurs brunâtres, tibias rougeâtres; tibias antérieurs d'un jaune rougeâtre ou jaunes ; noirs à l'apex, tarses antérieurs noirs. Pubescence des pattes noire, longue et épaisse sur les fémurs, sur les tibias antérieurs plus clairs la pubescence est jaunâtre. Ailes d'un brun pâle, plus claires à l'apex, la deuxième cellule marginale et le bord inférieur de l'aile sont parfois complètement hyalins chez quelques spécimens. Nervures brunes.

Jusqu'à présent le *Tabanus obscurissimus* Ricardo ne s'est rencontré que dans l'Afrique occidentale tropicale, Sierra-Leone, Côte de l'Or et Congo français.

BIBLIOGRAPHIE

Tabanus obscurissimus ♀ Ricardo : Ann. mag. nat. Hist. (8) 1, p. 372, 1908.

CINQUIÈME GROUPE

Tableau dichotomique

Ailes brunes à cellules discoïdales et marginales postérieures claires au milieu. Abdomen portant une grande tache jaune soufre ou blanchâtre, recouvrant les trois premiers segments abdominaux. Palpes clairs pattes noires (22 mm.) . . . .   *T. pluto* ♂♀ Walker.

Ailes hyalines à nervures rouges, sans appendice. Face, thorax et abdomen couverts d'une épaisse pubescence blanchâtre courte. Abdomen portant au bord antérieur des segments 3, 4, 5, 6, quatre petites taches brun rougeâtre. Pattes rougeâtres (20 à 22 mm.).   *T. canus* ♀ Karsch.

Espèce plus petite, pubescence blanc grisâtre. Pattes discolores (17 à 18 mm.). . . . .   *T. canescens* ♀ Surcouf.

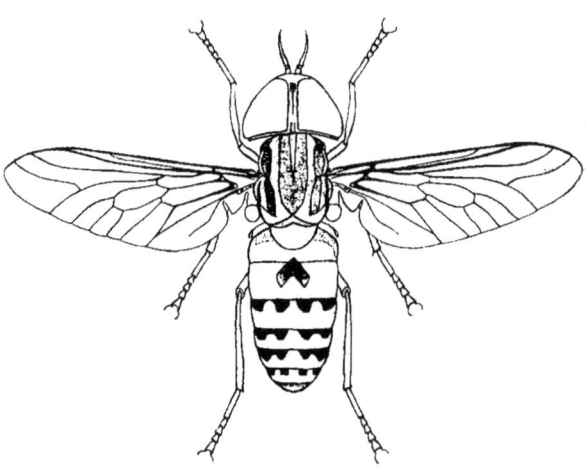

Fig. 12. — *Tabanus canus* ♀ Karsch.

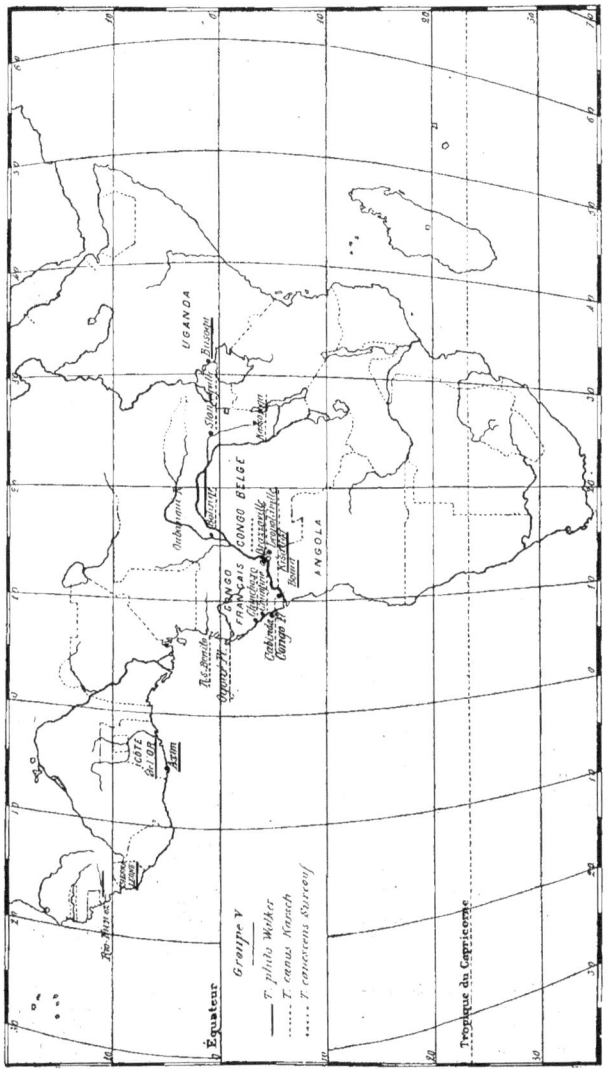

Les caractères des Tabanides de ce groupe sont les suivants :

Yeux glabres, bande frontale portant à la base une callosité oblongue ou carrée toujours prolongée vers le vertex par une ligne étroite à l'origine, dilatée ou non vers le milieu de la bande ; cette bande frontale est trois ou quatre fois aussi haute que large à la base. Ailes brunes sans appendice, abdomen portant à la base une grande tache soufrée ou blanchâtre, ou ailes hyalines à nervures rouges, sans appendice, corps blanchâtre à taches brunes au bord antérieur des segments abdominaux.

Tabanus pluto ♀ Walker (pl. II, fig. 6)

Le type ♀ pris par le Révérend D. F. Morgan dans le Sierra-Leone a été décrit par Walker qui en donne la diagnose suivante :

« Piceus, thorax nigro-fusco piceo vix vittato, abdomine fasciis duabus angustis
« vittisque totidem latissimis aureis, antennis nigris, pedibus nigro-cinereis,
« alis subnigris. »

« Corps couleur de poix, tête couverte en dessus d'une pubescence molle,
« blanchâtre et revêtue de soies blanches en dessous. Yeux couleur de bronze,
« trompe noire ; palpes blanc jaunâtre ; antennes noires, troisième article avec
« une dent peu saillante à la base.

« Thorax brun sombre avec des bandes couleur de poix très indistinctes, et
« un léger reflet blanchâtre ainsi que sur la poitrine revêtue de poils blancs.
« Côtés de l'abdomen recouverts de poils blancs ; sur le dessus de l'abdomen
« une large bande dorée ou jaune occupe les 2/5 de la largeur, de chaque côté
« et presque jusqu'à l'apex. Ces bandes sont reliées entre elles par deux bandes
« étroites de même couleur ; ailes presque noires à nervures noires, pattes
« gris sombre voilées de courtes soies blanches. Balanciers couleur de poix.
« Longueur du corps 22 mm., des ailes 44 mm. SierraLeone (Révérend D. F.
« Morgan). »

Cette description de Walker paraît basée à la fois sur le mâle et sur la femelle qui offrent cependant des caractères morphologiques différents.

♂ Un exemplaire rapporté de Brazzaville par M. Roubaud (Coll. du Muséum). Longueur 22 mm. environ.

Yeux très gros, bronzés, glabres, constituant par leur ensemble la tête presque entière ; cornéules de deux dimensions différentes, celles des parties supérieures, médianes et antérieures sont très grandes, celles de la partie inférieure sont très petites, la réunion de ces deux systèmes de cornéules s'effectue sur une ligne droite située à hauteur des antennes. Epistome à pubescence courte et brune. Antennes : premier article d'un noir rougeâtre à pubescence noire, obliquement tronqué du haut vers le bas, second article plus court débordant latéralement en deux pointes, troisième article plus long que les deux premiers ensemble, sinué en dessous, surmonté d'une dent basilaire peu saillante et arrondie ; palpes blancs à pubescence blanche.

Thorax brun noir à tomentosité cendrée et portant des traces de bandes longitudinales au bord antérieur. Pectus à touffes de poils blancs.

Abdomen brunâtre recouvert sur les trois premiers segments, d'une large bande dorée éclaircie au milieu et d'une tache médiane, ogivale, blanc jaunâtre au bord extérieur du troisième et du quatrième segment. Cette tache ne s'étend pas jusqu'au bord postérieur. Ventre brun sombre à tomentosité grisâtre et à pubescence blanche éparse, chaque segment bordé antérieurement de courts poils blancs. Ailes brunes à nervures brunes, cellule discoïdale éclaircie, première cellule postérieure légèrement rétrécie à son extrémité. Pattes d'un noir rougeâtre, tibias antérieurs rougeâtres, pubescence des pattes, blanche, empodia noirs. Balanciers à tige brune, sommet du disque jaune. Cuillerons bruns.

♀ Yeux à cornéules égales sans bandes ; bande frontale blanche assez large, plus étroite à la base qu'au vertex, portant à la partie inférieure une callosité noire demi-ovoïde, tangente aux deux côtés, prolongée par une ligne saillante noire qui s'étend jusqu'au milieu de la bande où elle se dilate un peu ; vertex à partie luisante formant une callosité mal définie, sillonnée de plissements obliques et convergents. Epistome blanc ainsi que la barbe et les joues. Saillie du troisième article antennaire plus aiguë que chez le mâle, le reste est identique.

Certains exemplaires provenant du Bas Rio Nunez (Gambie française) et communiqué par M. le professeur LAVERAN en 1904 ont toutes les cellules des ailes éclaircies dans leur partie centrale. Cette variation paraît être habituelle en Gambie.

Deux exemplaires de Uganda (British Museum) sont plus éclaircis que le type.

Le *Tabanus pluto* Walker a été redécrit par VANDER WULP sous le nom de *Tabanus leucaspis* sur un spécimen provenant de la côte de l'Or, Afrique occidentale.

Cette espèce est nettement tropicale, son point de capture le plus septentrional est en Gambie, on l'a reprise depuis dans la région de la côte de l'Or (Axim) ; au Congo et à Busoga dans l'Uganda.

BIBLIOGRAPHIE

Tabanus pluto ♀ WALKER : List. dipt. British Museum, I, 153.
— — NEWSTEAD : Annals of Tropical Medicine, 1907, p. 45, pl. 4, fig. 6.
Tabanus leucaspis ♀ VAN DER WULP : Notes Leyden Museum, VII, p. 74-28, pl. V, fig. 3.

Tabanus canus ♀ KARSCH (pl. II, fig. 7)

Le type ♀ appartient probablement à la collection de Berlin, il provient des insectes recueillis dans l'Afrique occidentale par M. STAUSARTZ et le docteur FALKENSTEIN.

La description originale que nous reproduisons *in extenso* est suffisante pour établir la priorité de sa découverte.

« Cinereus, thorace cinereo-brunneo, lineis tribus mediis longitudinalibus
« cinereis pone conjunctis, lateribus cinerascentibus. Abdomen supra et lateribus

« cinereum, segmenta 2-6 antice medio maculis binis brunneis subtriangulis,
« pone divergentibus et lateribus supra majore brunneo fusco ornata, venter
« brunneo-fuscus, pedes brunnei.
« Long. corps, 20-22 mm. »

Le *Tabanus canus* Karsch fut redécrit en 1885 par Van der Wulp sous le nom de *Tabanus multipunctatus*, sur un exemplaire recueilli à Chimfimo et apporté au Muséum de Leyde par A. B. von Medenbach de Rooy.

La description de Vander Wulp est plus précise que celle de Karsch, mais elle est encore incomplète.

« Griseus, thorace striis quatuor fuscis, abdomine maculis nigricantibus,
« quatuor in singulis segmentis ; ventre castaneo ; oculis nudis ; antennarum
« articulis basalibus rufescentibus, articulo tertio nigro ; palpis pallidis ; pedi-
« bus rufis, albido puberulis ; halteribus nigris, alis subhyalinis ♀. Long.,
« 21 mm.

Cette diagnose un peu trop succincte doit être complétée.

La femelle seule est connue (fig. 12, p. 58).

Face à coloration blanchâtre, recouverte d'une pollinosité dense sur la partie inférieure ; barbe blanche. Palpes jaune pâle, à pubescence blanche à la base, entremêlée de quelques poils noirs isolés vers l'apex. Front modérément large, gris clair ; entre les angles des yeux existe une callosité subquadrangulaire, brun rougeâtre, arrondie, prolongée par une ligne de même coloration jusqu'au milieu de la bande. Vertex portant une tache noirâtre, brillante, plus ou moins recouverte par la pubescence. Yeux glabres, cuivreux et sans bandes transverses. Antennes : les deux premiers articles rougeâtres à pubescence blanche, le troisième rouge à sa base et noir sur la partie qui porte la dent médiocre.

Thorax, pectus, scutellum, abdomen revêtus d'une pubescence compacte d'un gris clair ; sur le thorax se distinguent, sous la pubescence, quatre bandes brunes longitudinales, mal définies, les deux médianes confluentes en arrière.

Abdomen convexe et long ; premier segment blanc en entier ; second segment avec deux taches brunâtres médianes petites et mal définies ; troisième, quatrième, cinquième et sixième segments portant au bord antérieur quatre taches brunes dont les extérieures sont un peu plus grosses. Ventre uniformément châtain à courte pubescence au milieu, blanchâtre sur les côtés. Pattes rougeâtres et tarses brun rougeâtre à pubescence blanche plus ou moins dense, celle des tibias postérieurs est courte, dense et érigée. Balanciers à tige jaunâtre et disque blanc jaunâtre. Ailes hyalines avec une teinte rougeâtre, nervures jaune-brun, celle de la deuxième cellule basilaire estompée.

Le *Tabanus canus* ♀ Karsch est essentiellement d'habitat équatorial, on le rencontre jusqu'ici, uniquement sur le littoral entre l'embouchure du Congo et le Rio San Benito et à l'intérieur le long du Congo et de ses affluents.

M. Roubaud l'a recueilli le soir dans les marécages de Brazzaville.

BIBLIOGRAPHIE

Tabanus canus ♀ Karsch : Westafrikanische Dipteren, p. 377.
— Newstead : Annals of tropical Medicine, 1907, p. 44.
T. multipunctatus ♀ Vander Wulp : Notes Leyden Museum, VII, 72-27, pl. 5, fig. 2.

Tabanus canescens ♀ Surcouf (pl. II, fig. 8)

Le type ♀ a été pris dans le Chari à *Beira* par le docteur Kérandel qui, par l'intermédiaire de l'Institut Pasteur, en a fait don au Muséum d'Histoire naturelle de Paris. Un autre exemplaire en meilleur état, appartenant au Musée Royal d'Histoire naturelle de Belgique et provenant du Congo belge nous a été communiqué.

Longueur 17-18 mm. Blanchâtre, offrant l'aspect général du *Tabanus canus* Karsch, de petite taille. La tomentosité est d'un blanc grisâtre et est moins dense que l'épaisse pubescence blanche et feutrée du *T. canus*. En outre les pattes sont discolores, les tarses des trois paires de pattes et la moitié apicale des tibias de la première pair sont noirs.

SIXIÈME GROUPE

Tableau dichotomique

1. Pattes entièrement jaunes ou rouges; ailes claires, petite espèce jaune. Callosité frontale petite, oblongue, continuée par une ligne courte qui atteint la moitié de la hauteur du vertex. Troisième nervure longitudinale appendiculée ou non. . . . . *T. par* ♂♀ Walker.
   Pattes non entièrement jaunes ou rouges. Ailes teintées de jaune ou de brun 2
   Pattes noires, tous les tibias blancs ou jaunâtres. Ailes claires. Thorax noirâtre. Bande frontale large à grande callosité carrée . . . *T. claritibialis* ♀ Ric.

2. Fémurs antérieurs jaunes ou rougeâtres . . 3
   Fémurs antérieurs noirâtres. 4

3. Pattes jaunâtres, apex des tibias antérieurs et tarses antérieurs noirs. Antennes jaunes en entier ; derniers segments abdominaux parfois rembrunis . . . . *T. thoracinus* ♀ P. B.
   Pattes d'un rouge sale, tarses antérieurs noirs, apex des antennes noirâtres, ailes à nervure non appendiculée . . . . *T. combustus* ♀ Bigot.
   Espèce brun-rouge, tarses antérieurs noirs, ailes portant un long appendice . . . . . *T. impurus* ♀ Karsch.

4. Tibias antérieurs blancs à la base, apex et tarses antérieurs noirs 5
   Tibias antérieurs non blancs à la base, apex et tarses antérieurs noirs 6

5. Tibias médians et postérieurs rougeâtres, fémurs postérieurs frangés de poils noirs. Ailes teintées de brun, pas d'appendice. Espèce fauve, abdomen sans bande . . . . . *T. obscurehirtus* ♀ Ric.
   Tibias médians et postérieurs blancs dans leur moitié basilaire, le reste des pattes, noir. Ailes teintées de brun dans la région stigmatique, portant un court appendice. Abdomen avec une bande claire peu distincte . . . . *T. liventipes* ♀ Surcouf.

| | Fémurs antérieurs à pubescence blanche éparse. Ailes teintées de jaune, un appendice. | *T. obscuripes* ♀ Ric. |
|6| Fémurs antérieurs à pubescence noire. Ailes teintées de brun, pas d'appendice . . . . | *T. obscurior* ♀ Ric. |

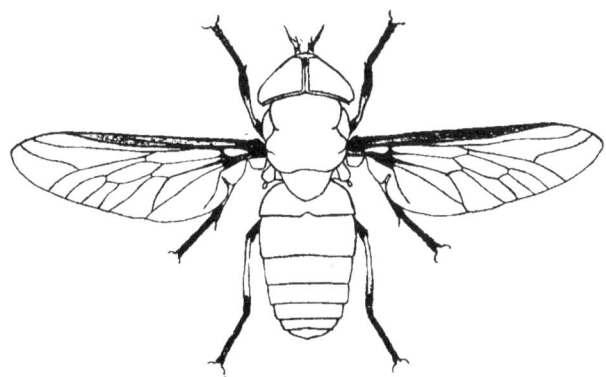

Fig. 13. — *Tabanus combustus* ♀ Bigot

Ce groupe contient les Tabanides qui correspondent aux caractères suivants :
Yeux glabres ou presque glabres. Bande frontale portant à la base une callosité oblongue ou carrée toujours prolongée vers le vertex par une ligne étroite à l'origine, dilatée ou non vers le milieu de la bande. Bande frontale souvent très étroite, quatre à sept fois plus haute que large. Espèces moyennes ou petites, unicolores, fauves ou rouges, ordinairement sans lignes ni dessins. Ailes claires ou brunâtres, avec ou sans appendice.

Tabanus par ♀ Walker

Sous cette dénomination ont été réunies plusieurs espèces des auteurs, car les différences entre elles et le *Tabanus par* étaient trop faiblement établies pour maintenir leur séparation.
Ces espèces sont :

Tabanus rufipes ♀ Macquart *nec* Meigen,
Tabanus luteolus ♀ Lœw,
Tabanus cereolus ♀ Bigot.

D'autre part Walker a assimilé le *Tabanus rufipes* ♀ Macq., au *Tabanus fulvus* ♀ Mgn., ce qui ne peut être admis.
Walker a donné de *Tabanus par* ♀ la description suivante :
« Fulvus ; oculi œnei ; palpi testacei ; antennæ rufescentes, parvæ, subarcuatæ,

« simplices, vix dilatatæ ; thorax cervino tomentosus ; pectus cano tomentosum ;
« ulœ subcineræ, venis fulvis.

« Femelle couleur tan ; tête avec une petite callosité antérieure ; yeux bronzés
« composés de très petites facettes. Palpes testacés, antennes rougeâtres, petites,
« légèrement courbes, troisième article à peine dilaté formant un angle très
« obtus. Thorax avec une tomentosité fauve. Poitrine avec une tomentosité blan-
« che. Ailes très légèrement grisâtres, nervures couleur tan ; branche supérieure
« de la nervure cubitale, variant de structure, son angle étant ou légèrement
« obtus nettement dessiné et ayant un rudiment d'appendice, ou plus obtus,
« quelque peu arrondi et complètement simple. Nervure subanale rejoignant la
« nervure anale à quelque distance du bord. Longueur du corps : 4 lignes 1/2 ;
« des ailes : 9 lignes. »

Port-Natal. Collection Queinzius.

Le *Tabanus par* ♀ Walker est le type d'un petit groupe distinct par sa taille petite ou moyenne, sa couleur uniformément jaunâtre ou rougeâtre, la bande frontale étroite, les ailes claires ou légèrement colorées. Les espèces de ce groupe diffèrent entre elles par la coloration des pattes et de leur pubescence, et par les ailes hyalines ou teintées. Leurs modifications de couleur dans les pattes sont analogues à celles du groupe de *Tabanus fasciatus* Fabricius. Toutes les espèces ont des antennes minces, de couleur jaune, à dent très faible et une callosité frontale jaunâtre ou rougeâtre souvent petite, parfois indistincte. Les ailes possèdent un appendice parfois mais ce caractère est variable dans ce groupe. Le *Tabanus claritibialis* ♀ Ricardo compris provisoirement dans le groupe de *Tabanus par* en diffère par la forme de la callosité frontale et la couleur des pattes.

Le *Tabanus par* ♀ Walker est une petite espèce jaune, aisément reconnaissable, pattes entièrement jaunes ainsi que la bande et les antennes, ailes parfois appendiculées ; il varie de taille entre 9 mm. et 13 mm.

Face à tomentosité jaune ocracé et à pubescence blanchâtre. Palpes d'un blanc jaunâtre, épais, terminés par une pointe courte et de pubescence généralement noire. Antennes jaunâtres, minces, les deux premiers articles parfois à pubescence blanchâtre, troisième long avec une saillie peu visible ou munie d'une dent située normalement. Bande frontale étroite environ cinq fois aussi haute que large, recouverte d'une tomentosité jaune ocracé sombre, callosité frontale petite, jaune, très indistincte, oblongue, n'atteignant pas les yeux, arrondie antérieurement et triangulaire postérieurement, prolongée par une courte ligne jusqu'à la moitié de la bande. Yeux sans marques mais parfois un peu velus, le plus habituellement glabres.

Thorax grisâtre, parfois paraissant plus sombre, couvert d'une tomentosité fauve et d'une pubescence jaune pâle éparse, mélangée de quelques poils noirs.

Abdomen unicolore d'un jaune terne, assombri à l'apex, pubescence composée de poils jaunâtres et noirs entremêlés, envers plus pâle à pubescence principalement blanchâtre mélangée de quelques poils noirs. Pattes jaunes ou jaune rougeâtre, fémurs à pubescence blanche, quelques poils jaunes sur les tibias et le premier article des tarses, partout ailleurs la pubescence est noire. Ailes hyalines, nervures et stigma jaunes.

L'étude de la collection des Tabanides du Muséum d'Histoire naturelle de

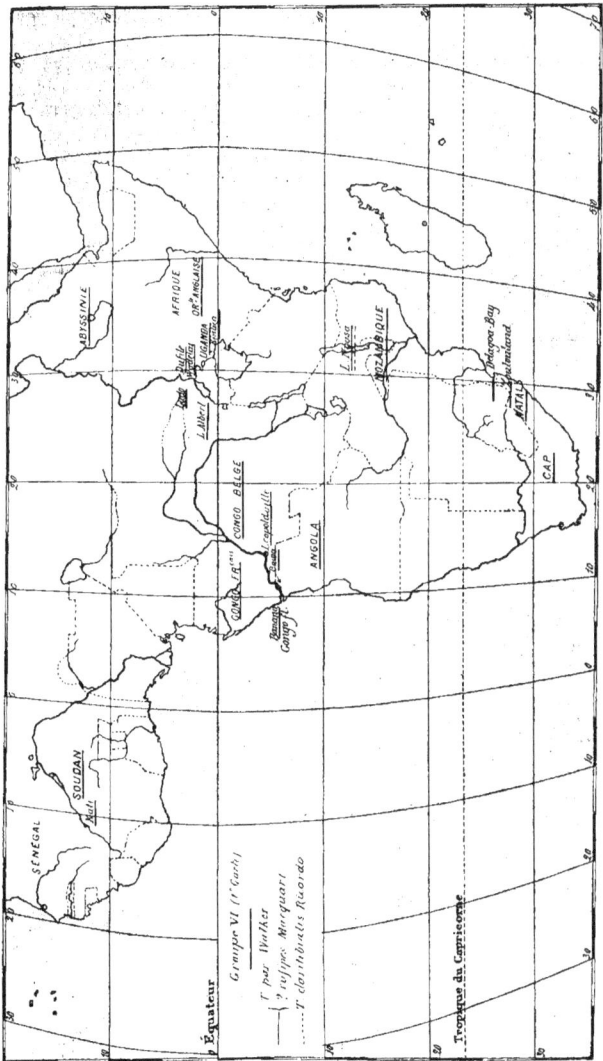

Bruxelles nous a permis d'y trouver un taon mâle que nous rapportons au *Tabanus par*.

Il a été recueilli par M. Ischoffen à Boma (Congo), un second spécimen très usé a été pris par M. Waelbrocke à Kinchassa (Congo) en 1899.

Longueur 10 mm. Tête beaucoup plus grosse que le thorax, composée d'yeux confluents, glabres. Ces yeux se divisent en deux zones de cornéules, la zone des plus grosses, de couleur brun-rouge comprend toute la partie médiane et supérieure de l'œil ; la zone des petites cornéules, de couleur foncée, se sépare nettement de la première à hauteur du sommet du triangle frontal et se dirige horizontalement presque jusqu'au bord où elle se relève pour entourer la première zone d'un anneau d'autant plus étroit qu'il se rapproche du vertex. Triangle frontal testacé ; antennes rousses ; joues et barbe jaunâtres ; palpes renflés, oblongs, jaune clair portant quelques poils brunâtres épars. Pièces buccales testacées. Thorax brunâtre hérissé d'une pubescence et d'une tomentosité jaune un peu verdâtre, flancs à poils jaunâtres, poitrine à tomentosité cendrée. Scutellum brunâtre à tomentosité jaune.

Abdomen jaune à pubescence jaune et quelques poils noirs épars, derniers segments abdominaux légèrement rembrunis ; ventre jaune clair à courte pubescence jaune. Pattes jaunes en entier à pubescence jaune. Ailes hyalines, bord costal et stigma jaunes, nervures jaunes, pas d'appendice à la troisième nervure longitudinale qui fait un angle obtus. Balanciers jaune pâle à disque un peu globuleux.

Pour être plus complets nous donnons ci-dessous la description originale des espèces que nous réunissons au *Tabanus par*.

Tabanus cereolus ♀ Bigot

« Antennes de nuance orangée, troisième segment sans échancrure et brièvement dentée en dessus. Palpes et barbe d'un blanc jaunâtre. Face et front rougeâtres. Callosité de même couleur, étroite en haut, dilatée et arrondie inférieurement. Tergum, écussons noirs, couverts d'un épais duvet jaune pâle. Abdomen d'un fauve rougeâtre. Cuillerons et balanciers jaune pâle. Pieds fauves ; ailes hyalines étroitement teintées de jaunâtre pâle vers la base et le stigmate. Longueur 11 mm. »

Afrique orientale. Un spécimen.

Tabanus luteolus ♀ Lœw

« Luteolus, pedibus concoloribus, fronte angusta unimaculata, antennis ochraceis, oculis non fasciatis. Long. corp 5 lignes 3/4. »

Cafrerie.

Ressemblant au *Tabanus fulvus* mais en différant essentiellement. Face jaune d'ocre à pubescence blanchâtre sous laquelle se trouvent épars quelques poils noirs. Palpes blanc jaunâtre, d'épaisseur moyenne recouverts sur la plus grande

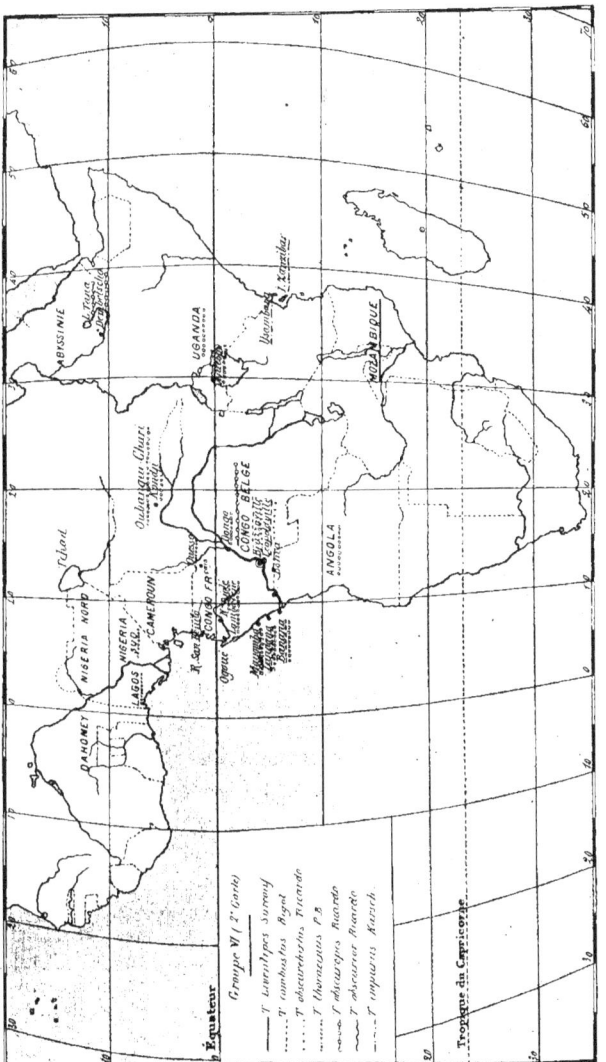

partie de poils noirs. Les deux premiers articles antennaires plus pâles que le troisième, le premier en forme de capuchon, très éparsement revêtu de courts poils noirs, troisième article antennaire assez mince, à dent peu saillante. Front très étroit à coloration générale jaune-ocre parfois obscure portant une callosité prolongée par une ligne habituellement glabre, l'une et l'autre sont habituellement de teinte brunâtre, mais peuvent être noirs. Yeux sans bandes transversales, lorsqu'ils sont ramollis ils prennent une coloration verte ou d'un violet chatoyant.

Couleur générale du thorax et de l'écusson gris pour la plus grande partie, dessus d'un jaune d'ocre plus foncé, flancs d'une coloration blanchâtre. La pubescence du dessus est principalement pâle ou jaunâtre avec quelques poils noirs sur le milieu du thorax et sur les côtés; sur les flancs la pubescence est d'un blanc jaunâtre.

La couleur principale de l'abdomen sans dessins est le jaunâtre pâle qui sur les trois derniers anneaux devient plus sombre. Le ventre est d'un jaunâtre pâle plus clair avec des poils clairs assez touffus et des poils noirs épars non visibles partout et plus abondants sur les derniers anneaux. Pattes jaune brunâtre, cuisses à pubescence prédominante blanc jaunâtre, tibias avec des poils noirs et quelques poils clairs. Ailes hyalines un peu grisâtres avec les nervures et le bord externe d'un jaune ocracé; crochet de la nervure transverse apicale très court, première et quatrième cellules marginales postérieures non resserrées. Cafrerie.

Tabanus rufipes ♀ MACQUART

« Antennis rufis. Thorace cinereo. Abdomine pedibusque rufis. Long. corps :
« 12 mm. 1/2.
« Palpes, face et front d'un jaune ferrugineux, ce dernier avec une petite cal-
« losité allongée, luisante, de la même couleur. Antennes d'un fauve rougeâtre,
« dent peu saillante. Thorax d'un gris jaunâtre. Cuillerons jaunâtres. Balanciers
« fauves. Ailes claires, base et bord extérieur jaunâtres, nervures fauves de
« forme normale. »
Du Cap, Collection DELALANDE au Muséum.
La collection du Muséum possède deux spécimens étiquetés *Tabanus rufipes* de la main de MACQUART.
Ces deux exemplaires ont respectivement 10 mm. 1/2 et 12 mm. de longueur. Face jaune ferrugineux, bande frontale large à callosité jaune n'ayant que la moitié de la largeur de la bande. Cette callosité est triangulaire et se continue par une ligne de même forme jusqu'au trois quarts de la bande. Palpes jaunes assez renflés à pubescence blanc jaunâtre assez dense, mélangée de quelques poils noirs au côté externe. Antennes jaune rougeâtre en entier (pubescence non appréciable sur les spécimens usés); barbe, joues et épistome d'un jaune plus ou moins ferrugineux.

Thorax et écusson gris jaunâtre, recouverts d'une pubescence serrée de couleur fauve.

Abdomen de forme arrondie, fauve, à pubescence fauve mélangée de quelques poils noirs au bord postérieur des trois derniers segments. Ventre fauve à pubescence fauve. Pattes d'un jaune rougeâtre clair, tarses jaune ferrugineux clair, pubescence jaune, en général, composée de poils noirs et jaunes sur les tarses ; tibias postérieurs avec une courte frange noire au bord externe. Ailes hyalines à nervures jaune clair, stigma et bord costal jaune, nervure cubitale non appendiculée. Balanciers fauves.

L'aire d'habitat des *Tabanus par* est extrêmement considérable. On le prend au Soudan, Congo français, Congo belge, Angola, Cap Natal, Zoulouland, Mozambique, Afrique anglaise orientale et centrale, Abyssinie. Il est probable que des recherches subséquentes combleront les vides et que le *Tabanus par* Walker sera rencontré dans toute l'Afrique du Cap au Tchad et de la côte des Somalis jusqu'à Serra-Leone.

Nous venons d'apprendre que le British Museum possède des spécimens de *Tabanus par* recueillis dans le Nord Nigeria et le Nyassaland.

BIBLIOGRAPHIE

Tabanus par ♀ Walker : List Dipters. British Museum, V. 235 (1854).
— Austen : Gordon Memorial College, p. 56, fig. 21.
— Newstead : Annals of tropical Medicine, vol. 1, n° 1, p. 45.
Tabanus par ♂ : Bulletin du Muséum, 1907, n° 3, p. 212.
Tabanus rufipes ♀ Macquart nec Meigen : Diptères exotiques, I. 1 (1838), p. 124 (*nomen bis lectum*).
Tabalus luteolus ♀ Low : Ofr. K. Vet. Akad. Forhandl (1857). 348, 27.
— Dipteren Faune Sud-Afrika's, I, 45, 18.
— K. Grunberg : Die Blutsaugenden Dipteren, 1907, p. 138.
Atylotus cereolus ♀ Bigot : Mémoires de la Société zoologique de France, V, p. 644.

Tabanus thoracinus ♀ Pal. Beauv. (pl. II, fig. 9)

Ce taon, un des plus anciennement décrits, avait été redécrit par Bigot sous le nom de *Tabanus notarum*, ce dernier nom devient donc un synonyme.

Le type provenant de Owar et Bénin (Afrique occidentale) fut figuré et décrit brièvement par Pal. de Beauv.; sa description fut copiée sans une grande exactitude par Wiedemann, qui semble n'avoir pas connu l'insecte qu'il décrivait. La description originale et le dessin permettent d'identifier l'espèce assez aisément. Les types du *Tabanus notarum* Bigot sont petits et mal conservés, la coloration des ailes est très légère, à peine perceptible.

Le *Tabanus thoracinus* ♀ P. B. est voisine de *Tabanus par* Walker, il s'en distingue par ses ailes légèrement teintées de brun jaunâtre, ses tibias antérieures à apex et tarses antérieures noirs, tarses postérieurs et médians bruns. En outre, *Tabanus thoracinus* P. B. est plus robuste que *Tabanus par* Walker ; il varie de 11 à 15 mm. de longueur, la couleur de l'abdomen est d'un jaune sensiblement plus rouge et le thorax est plus sombre que chez *Tabanus par* W.

Yeux d'un vert émeraude chez l'animal vivant. Bande frontale étroite, six fois aussi longue que large, brune, épaisse, recouverte d'une tomentosité fauve et de quelques poils noirs. Callosité frontale jaune, très souvent assombrie à peu de distance du bord des yeux, oblongue, prolongée par une ligne qui atteint la moitié de la distance de l'épistome au vertex. Cuisses couvertes d'une tomentosité grise, fémurs à pubescence noire sur la partie dorsale et à longs poils noirs en dessous. Parfois ces poils sont d'une coloration plus claire. Tibias antérieurs normalement d'un jaune pâle à leur base, leur pubescence est pâle.

Description de Palisot de Beauvois

« Fulvus, thorace viridi-glauco, antennis luteis, tarsis fuscis.
« Long. corp. 6 l. 1/2. Afrique centrale et Bénin. »

Description de Bigot

Tabanus notarum ♀ Bigot

« Longueur : 10 à 12 mm.
« Bande frontale très étroite sans dilatation ; yeux noirs, antennes avec le troi-
« sième segment brièvement denté, toutes les cellules postérieures de l'aile lar-
« gement ouvertes, l'anale fermée en deçà du bord, la bifurcation externe de la
« quatrième nervure longitudinale inappendiculée. Antennes, face, front et
« trompe d'un fauve très pâle ; palpes blanchâtres à villosité brune ; barbe jau-
« nâtre ; thorax, écusson (dénudés) noirs avec quelques vestiges d'un duvet
« grisâtre, flancs densément garnis d'un duvet gris blanchâtre ; cuillerons et
« balanciers livides, massue brune. Abdomen d'un fauve rougeâtre, brunâtre
« vers son extrémité, une bande dorsale, étroite et peu distincte, brunâtre.
« Hanches et pieds d'un jaune pâle, tarses avec l'extrémité brunâtre, les anté-
« rieurs noirâtres, les tibias antérieurs de cette même nuance avec la base légè-
« rement blanchâtre, couvert d'un très fin duvet blanc ; ailes grises, un peu plus
« foncées extérieurement. Cet insecte, paraît-il, tourmente cruellement les bate-
« liers du pays.
« Deux spécimens. Assinie. »

Le *Tabanus thoracinus* P. B. se rencontre dans la région équatoriale, les différentes Collections des Musées d'Europe qui nous ont été communiquées nous donnent les points suivants de dispersion : Lagos, Nigeria Sud, Congo français, Congo belge, Angola, région de l'Oubangui-Chari, région de l'Uganda.

BIBLIOGRAPHIE

Tabanus thoracinus ♀ Palisot de Beauvois : Insectes, 55, tabl. 1, fig. 4.
— Wiedemann : Diptera exotica (1821), 76, 27.
— — Wiedemann : Aussere. zweifl. Ins., I, 447, 57.
— — Walker : List dipt. British. Museum, V, 234-345.
= *Atylotus notarum* ♀ Bigot : Annales de la Société ent. de France, série 7, 1, 367, 4.

Tabanus combustus ♀ Bigot (fig. 13, p. 65)

Description de Bigot :
« Troisième segment des antennes médiocrement échancré et brièvement
« denté, les yeux sont nus, la bande frontale très étroite est un peu dilatée en
« ovale à son extrémité inférieure, toutes les cellules postérieures des ailes sont
« largement ouvertes, l'anale fermée en deçà du bord, la bifurcation externe de
« la quatrième nervure longitudinale (*Rondani*) est dénuée d'appendice. Antennes
« fauves, l'extrémité du troisième segment ainsi que la saillie dorsale du
« deuxième brune. Palpes d'un jaunâtre pâle avec un très fin duvet brun,
« trompe brune. Face et barbe d'un jaune fauve à front rougeâtre. Thorax,
« écusson rougeâtres, le premier fréquemment marqué de trois larges bandes
« longitudinales diffuses, noirâtres ; cuillerons et balanciers rougeâtres. Abdo-
« men d'un fauve rougeâtre avec son extrémité légèrement teintée de brun et
« une bande dorsale diffuse peu distincte de cette dernière nuance. Pieds d'un
« châtain obscur, tibias roussâtres. Ailes grisâtres, brunâtres au bord externe et
« le long de toutes les nervures. Longueur : 16 mm. Assinie. »

Les types sont en la possession de M. Verrall.

Bigot a en effet donné le nom de types à quatre spécimens, et il en existe un
cinquième exemplaire non étiqueté.

Les types sont d'un brun rougeâtre et mesurent 15 mm. de longueur.
Les ailes sont teintées de brun-jaunâtre, pattes d'un rouge sale, tarses
antérieurs noirs. Ces Tabanides se distinguent du *Tabanus pari* Walker par les
ailes ombrées et les tarses antérieurs noirs. Ils se différencient du *Tabanus
thoracinus* P. B. par la coloration d'un brun plus rouge, la bande frontale plus
large, la coloration plus sombre des pattes et l'apex noir des antennes. Le
Tabanus obscurehirtus Ricardo en diffère par les tibias antérieurs blancs ou jaunes,
les fémurs antérieurs frangés, les antennes jaunes en entier et la couleur plus
jaune de l'abdomen.

Tête plus large que le thorax. Face brun rougeâtre à tomentosité d'un jaunâtre
sombre et quelques poils bruns. Palpes jaune rougeâtre sombre à pubescence
noire, terminés par une pointes effilée, larges à la base. Barbe jaune sombre
entremêlée de poils bruns. Antennes rougeâtres, les quatre dernières divisions
du troisième article noires, premier et second article à pubescence noire et dent
obtuse. Bande frontale rougeâtre, environ six fois aussi large haute que large à
tomentosité jaune sombre : callosité frontale oblongue n'atteignant pas les yeux,
brune, brillante, portant un sillon médian, prolongée par une courte ligne saillante qui continue la callosité et qui se dirige vers le vertex.

Thorax brun rougeâtre sans bandes distinctes ; sur certains spécimens apparaissent trois bandes obscures, partie dorsale recouverte d'une tomentosité
jaune grisâtre et de poils jaunes en arrière des ailes, côtés à longs poils bruns,
pectus rouge à pubescence brun-jaune. Scutellum et abdomen rouge sombre, ce
dernier sans la bande brunâtre perceptible que signale Bigot, mais les segmentations sont un peu plus sombres et l'apex brunâtre ; la partie dorsale semble
dénuée de pubescence, apex à poils bruns ; envers semblables. Pattes rouge

sombre, fémurs antérieurs plus bruns, tarses antérieurs noirâtres à pubescence noire, un peu de pubescence fauve se rencontre sur les fémurs médians et postérieurs, ainsi que sur les tibias antérieurs. Ailes teintées de brun, plus claires à l'apex et au bord postérieur, nervures brun-jaune, stigma brunâtre, pas d'appendice à la troisième nervure longitudinale. Première cellule postérieure légèrement rétrécie au bord de l'aile.

Les différents spécimens de *Tabanus combustus* ♀ Bigot actuellement connus proviennent tous des bords du Congo et du rivage de l'Atlantique entre l'embouchure du Congo et la Côte d'Ivoire.

BIBLIOGRAPHIE

Tabanus combustus ♀ Bigot : Annales de la Société Entomologique de France, série 7, 1, 368-5 (Atylotus), vol. LX, 1891.

Tabanus impurus ♀ Karsch

Description de Karsch :

« *Tabanus impurus* ♀ type recueilli à Usambara (Afrique orientale), couleur
« brun-rouge avec les yeux et les tarses antérieurs noirs, yeux glabres. Branche
« supérieure de la troisième nervure longitudinale avec un long crochet appen-
« diculaire. Tibias antérieurs non dilatés. Toutes les cellules postérieures mar-
« ginales largement ouvertes. Callosité frontale antérieure large et arrondie,
« l'inférieure se terminant en pointe, d'un brun-rouge brillant. Ailes non claires
« avec une large bande brun-rouge au bord costal. Cellule anale fermée avant
« d'atteindre le bord de l'aile. Longueur du corps : 15 mm. »

Il existe une figure jointe à la description de Karsch, elle n'est pas utilisable ; il est impossible d'identifier le *Tabanus impurus* ♀ Karsch, la description étant très sommaire. On peut cependant le différencier du *Tabanus combustus* ♀ Bigot par le long appendice de l'aile. C'est en tout cas une forme du groupe de *Tabanus thoracinus* ♀ P. B.

BIBLIOGRAPHIE

Tabanus impurus ♀ Karsch : Berlin. Entom. Zeitschr., XXXI, 370-6, tab. 4, fig. 2.

Tabanus obscurehirtus ♀ Ricardo (pl. II, fig. 10)

Le type est une femelle recueillie à Lutete (Congo), le 10 novembre 1903, communiquée par l'École de Médecine Tropicale de Liverpool.

Robuste espèce jaune, aisément reconnaissable de *Tabanus* par Walker, *Tabanus thoracinus* ♀ P. B. et *Tabanus obscuripes* Ricardo par ses fémurs à pubescence noire et ses tibias antérieurs blancs. Le thorax paraît aussi plus rouge que dans les espèces mentionnées ci-dessus.

Longueur 15 mm.

Tête un peu plus large que le thorax ; face rouge, épaissement recouverte d'une tomentosité jaune et d'une pubescence jaune ; barbe jaune ; palpes jaunes, minces et longs, légèrement aplatis à l'extrémité, pubescence noire épaisse avec quelques poils jaunes en dessous. Antennes d'un rouge brillant avec l'extrême pointe noire, premier et deuxième articles jaune pâle à pubescence noire, la dent du troisième article assez proéminente, rapprochée de la base. Bande frontale étroite, six fois aussi longue que large, jaune, callosité frontale brun-rouge, brillante, n'atteignant pas les yeux, étroite, en pointe en dessus puis prolongée par une ligne étroite qui atteint presque le vertex.

Thorax fauve avec une courte tomentosité jaune sur le dessus, pectus jaune à épaisse pubescence composée de longs poils jaunes. Scutellum et abdomen fauves, les segments très étroitement jaune pâle, le dessus à courte pubescence jaune, bords latéraux des quatre derniers segments à extrémité jaune transparente, l'envers semblable, portant une courte pubescence noire.

Pattes d'un rougeâtre sombre, la moitié basilaire des tibias antérieurs blanchâtre à pubescence blanche ; la moitié basilaire des autres tibias d'un rougeâtre pâle avec une pubescence noire sur les tibias médians. Tibias postérieurs avec une pubescence noire et épaisse mélangée de quelques poils fauves qui présente la plus grande longueur sur les bords externes et internes des tibias médians et postérieurs. Fémurs antérieurs noir sale, médians et postérieurs rouge sale ; tous les fémurs sont recouverts d'une pubescence si épaisse qu'ils paraissent noirs, les médians et antérieurs portent de longues franges de poils noirs. Toutes les cuisses sont noirâtres à tomentosité grise. Tarses noirs à pubescence noire.

Ailes teintées de brun, jaunes au bord antérieur, nervures jaunes, ordinairement pas d'appendice ; toutes les cellules postérieures largement ouvertes.

Le Muséum de Paris possède plusieurs spécimens provenant de la rive gauche du Congo entre Boma et Léopoldville.

BIBLIOGRAPHIE

Tabanus obscurehirtus ♀ Ricardo : Annals Mag. Nat. Hist. (8) 1, p. 374 (1908).

Tabanus obscuripes ♀ Ricardo

Le type ♀ provient des environs du lac Zegi-Stana en Abyssinie, il a été recueilli par M. Dejen en juin 1902, ainsi que deux autres spécimens pris en avril et mai à Dembratcha-Godjam, en Abyssinie. Ces différents spécimens sont au British Museum.

Le *Tabanus obscuripes* ♀ Ricardo est très étroitement voisin de *Tabanus par* ♀ Walker et de *Tabanus thoracinus* ♀ P. B., mais il s'en distingue par ses fémurs antérieurs noirs.

Longueur 14 mm.

Bande frontale étroite, environ six fois aussi longue que large à la base. Palpes à pubescence blanche, très dense en dessous, mélangée de quelques poils noirs. Fémurs antérieurs noirs, brillants, jaune pâle à l'extrémité apicale, à pubescence noire mélangée de quelques poils blancs sur le bord externe, les autres fémurs ont aussi une pubescence blanchâtre ; tibias antérieurs à apex et tarses antérieurs noirs, les autres pattes sont d'un jaune rougeâtre et les tarses ont une pubescence noire. Ailes teintées de jaune, un très court appendice existe chez tous les exemplaires à l'exception d'un seul.

Il est possible que lorsque nous recevrons des sujets frais et nombreux nous les identifierons tous au *Tabanus par* Walker et que les autres espèces ne soient que des variétés distinguées seulement par la couleur des ailes, des pattes ou de la pubescence. L'habitat actuellement connu du *Tabanus obscurepes* ♀ Ric. comprend donc l'Abyssinie.

BIBLIOGRAPHIE

Tabanus obscuripes ♀ Ricardo : Annals Mag. Nat. Hist. (8) I, 275 (1908).

Tabanus obscurior ♀ Ricardo

Le type ♀ et trois autres spécimens proviennent de Wathen, Congo belge (R. W. H. Bentley, 1904). Collection du British Museum.

Cette espèce de l'Afrique occidentale est très étroitement alliée à *Tabanus obscuripes* ♀ Ricardo d'Abyssinie, et s'en distingue uniquement par ses ailes plus brunes sans appendice, par les fémurs antérieurs et les tibias dont la pubescence est noire au lieu de blanc jaunâtre, la pubescence des fémurs postérieurs et médians est jaune rougeâtre et non blanchâtre. Palpes légèrement plus sombres avec des poils jaunâtres en dessous. Poils de la face noirâtres, mélangés de poils jaune rougeâtre et non blancs comme chez le *Tabanus obscuripes* ♀ Ric. Longueur 14 mm.

BIBLIOGRAPHIE

Tabanus obscurior ♀ Ricardo : Annals Mag. Nat. Hist. (8) I, p. 276 (1908).

Tabanus claritibialis ♀ Ricardo

Le type ♀ a été pris dans la région située entre l'extrémité sud du Lac Nyaza et le Haut-Shiré (Afrique centrale anglaise) à 500 mètres d'altitude (14, 1, 96, E. L. Rhoades); un autre spécimen a été recueilli par E. L. Rhoades, le 20 janvier 1906, dans la même région et à la même altitude. Collection du British Museum.

Cette espèce ressemble d'une manière générale aux espèces du groupe de *Tabanus par* Walker, mais en diffère par la coloration des pattes et la forme de la bande frontale.

Abdomen jaune rougeâtre, thorax noir, ailes hyalines, pattes noires avec tous les tibias blancs.

Longueur 14 mm. 1/2.

Face couverte d'une tomentosité grisâtre et d'une pubescence blanche. Barbe blanche. Palpes un peu épaissis à la base et se terminant par une pointe obtuse, rougeâtres, couverts d'une épaisse pubescence blanche et de quelques courts poils noirs sur le bord extérieur près de l'apex. Antennes rougeâtres, plus sombres à l'apex; premier article cylindrique plus court que dans le reste du groupe; second article très petit, l'un et l'autre à pubescence noire; troisième long avec une petite dent près de la base; la première division de la partie terminale est recouverte d'une tomentosité grise. Triangle frontal brun rougeâtre brillant, échancré au milieu, voilé d'une tomentosité grise, principalement autour de la base de l'antenne.

Bande frontale plus large que dans toutes les espèces du groupe de *Tabanus par* W. et S., à bords parallèles, environ quatre fois aussi longue que large, noirâtre, couverte de tomentosité grise; callosité frontale de même couleur que le triangle frontal, carrée, n'atteignant pas les yeux, la ligne qui la prolonge est courte et épaisse, le vertex porte une petite tache oblongue d'un noir brillant; des poils blancs existent de chaque côté de la callosité frontale et à sa base. Partie postérieure de la tête blanchâtre à pubescence noire.

Thorax noir, quelque peu brillant, avec le commencement de trois bandes médianes grises et une tomentosité grise, le reste glabre, côtés rougeâtres à poils noirs. Pectus brun à tomentosité grise et pubescence blanche.

Abdomen uniformément jaune rougeâtre avec les trois derniers segments brunâtres ou noirâtres, pubescence noire, courte.

Ventre semblable à tomentosité blanchâtre.

Pattes noires à pubescence noire, tibias d'un blanc jaunâtre pâle à pubescence blanchâtre, noirs à leur extrémité apicale, tibias antérieurs plus largement noirs. Ailes hyalines à nervures brunes, stigma jaune, pas d'appendice; première cellule postérieure largement ouverte.

Le *Tabanus claritibialis* ♀ Ricardo se rencontre dans la région du lac Nyaza et vers la côte orientale d'Afrique.

BIBLIOGRAPHIE

Tabanus claritibialis ♀ Ricardo : Annals Mag. Nat. Hist. (8) I, 276 (1908).

Tabanus liventipes ♀ Surcouf

Type : une femelle récoltée par M. Guillaume Vasse, en 1906, sur la côte de Mozambique; une autre femelle de la même provenance (collection du Muséum).

Espèce voisine de *Tabanus claritibialis* ♀ Ricardo.

Abdomen rouge noirâtre à bande dorsale claire; thorax noir; ailes hyalines courtement appendiculées brunes au bord externe et dans la région apicale Pattes noires avec tous les tibias blancs.

Longueur 15 mm.

Tête plus large que le thorax. Yeux verts sans bandes. Face couverte d'une tomentosité jaune cuir à pubescence jaune. Barbe jaunâtre. Palpes blancs à pubescence blanche mélangée de quelques poils noirs isolés sur le côté externe. Antennes : premier article jaune à pubescence noire, deuxième et troisième articles d'un rouge brillant. Bande frontale jaune-cuir de la couleur de l'épistome, large, portant une callosité noire, épaisse, quadrangulaire un peu moins large que la bande et prolongée par une ligne de même couleur, étroite à l'origine puis un peu dilatée. Partie postérieure de la tête étroitement bordée de jaune.

Thorax et scutellum recouverts d'une pubescence et d'une tomentosité jaune verdâtre ; épaules à pubescence noire, flancs à poils grisâtres. Poitrine à tomentosité grise et à longs poils mous de couleur grisâtre.

Abdomen rouge fauve rembruni sur les côtés depuis le troisième segment, les trois derniers segments presque complètement noirs sauf sur la partie médiane qui reste claire avec une pubescence dorée, éparse sur les six premiers segments ; parties latérales des segments portant une courte pubescence noire éparse. Chacun des segments est étroitement bordé de poils jaunes peu visibles. Ventre fauve, à pubescence claire, les trois derniers segments noirs à poils noirs, étroitement marginés de jaunâtre. Hanches noires recouvertes d'une tomentosité grise et portant des poils blancs, fémurs noirs à pubescence blanche. Tibias antérieurs blancs dans leurs deux tiers basilaires, tibias médians et postérieurs blancs sur presque toute leur longueur ; pubescence blanchâtre sur les tibias antérieurs et médians, jaune sur les tibias postérieurs dans la partie blanche. Tiers apical des tibias antérieurs, extrémité apicale des autres tibias et tarses noirs à pubescence noire. Cuillerons brunâtres, balanciers jaunâtres, concolores. Ailes hyalines, brunes le long du bord costal et enfumées dans la région stigmatique et apicale.

BIBLIOGRAPHIE

Tabanus liventipes ♀ Surcouf : Bulletin du Muséum, 1907, n° 1, p. 38.

SEPTIEME GROUPE

Tableau dichotomique

1	Abdomen à bande médiane claire	2
	Abdomen à bande médiane noire	7
2	Ailes hyalines	3
	Ailes teintées de brun ou à nervures transverses ombrées	4

3
- Callosité frontale ovale, triangulaire au sommet. Antennes d'un rouge brillant à extrémité apicale noire; palpes minces. Abdomen rouge-brun à bande médiane blanche, segments très étroitement bordés de blanc, apex noir. Ailes hyalines à stigma jaunâtre, 13 mm. . *T. unitæniatus* ♀ Ric.
- Callosité frontale oblongue. Antennes rouge fauve à extrémité apicale concolore, palpes renflés. Abdomen rouge brun à bande médiane blanche, segments non bordés de blanc, apex concolore. Ailes hyalines à stigma jaunâtre, 11 mm. . . . . *T. Laverani* ♀ Surcouf.
- Callosité frontale oblongue, palpes nettement épaissis. Abdomen brunâtre à ligne médiane blanche. Apex noirâtre. Ailes hyalines un peu cendrées, à bord externe presque noir, 11 mm . . . . *T. unilineatus* ♀ Lœw.

4	Ailes à troisième nervure longitudinale non appendiculée	5
	Ailes à troisième nervure longitudinale appendiculée	6

5 {
Callosité grande, oblongue, moins large que la bande, prolongée par une ligne qui n'atteint pas le vertex. Pattes et antennes jaunes. Abdomen à bande médiane grise composée de taches triangulaires. Ailes hyalines ; nervures brunâtres estompées de jaune-brun, 16-19 mm. . . . . *T. conspicuus* ♀ Ricardo.

Callosité grande, presque carrée, s'étendant jusqu'aux yeux, prolongée par une ligne élargie en fuseau qui atteint presque le vertex. Abdomen d'un rouge sale clair à bande médiane large et continue. Ailes hyalines teintées de brun clair, 17 mm. . . . . *T. subangustus* ♀ Ricardo.

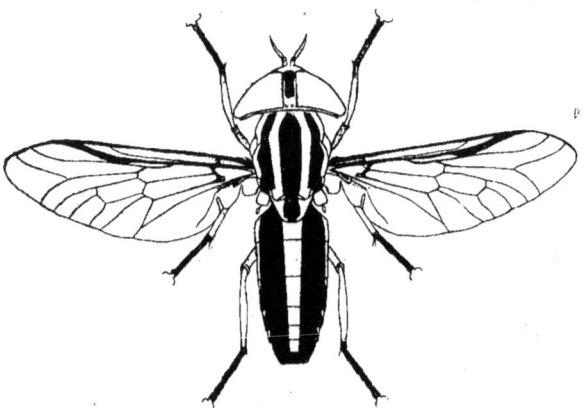

Fig. 14. — *Tabanus Laverani* ♀ Surcouf

6 {
Abdomen noirâtre ou brun rougeâtre à bande médiane continue et taches latérales. Callosité frontale et fémurs noirâtres. Yeux très légèrement pubescents, 13 mm. . . . *T. albostriatus* ♀ Ricardo.

Abdomen brunâtre à bande médiane continue sans taches latérales distinctes. Callosité frontale et fémurs rougeâtres. Yeux complètement glabres, 19 mm. . . . . *T. albilinea* ♀ Walker.

7 {
Ailes claires, appendice court et épais ; petite espèce rougeâtre à bande médiane noire, fémurs bruns à pubescence noirâtre, 12 mm. . *T. obscurestriatus* ♀ Ric.

Ailes hyalines, teintées de brun ; abdomen châtain, long et étroit à bande médiane distincte, noire ; fémurs bruns à pubescence blanchâtre, 17 mm. 1/2 . . . . *T. nigrostriatus* ♀ Ric.

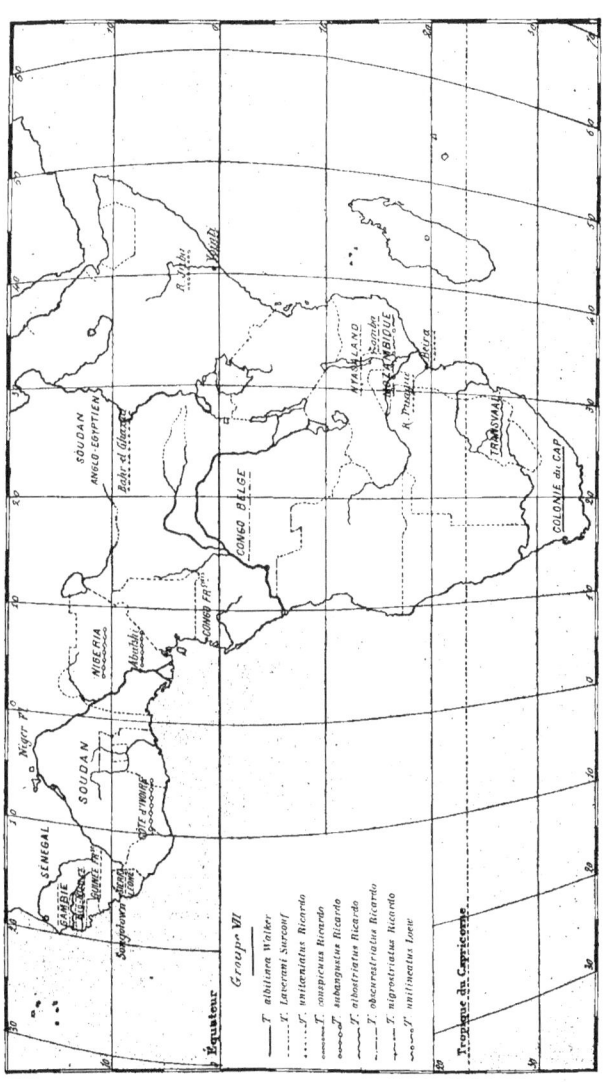

Ce groupe comprend les Tabanides qui ont les caractères génériques suivants : yeux glabres, tibias antérieurs non dilatés. Bande frontale de trois à cinq fois aussi haute que large à ligne médiane épaissie. Ailes généralement claires, abdomen rougeâtre ou brunâtre à bande médiane étroite très distincte, pas d'autres lignes ou dessins.

Tabanus albilinea ♀ Walker
= *Atylotus niveipalpis* ♀ Bigot

Walker a donné de cet insecte de patrie inconnue la diagnose suivante :

« Fuscus, capite pectore thoracisque vittis tribus fulvis, abdomine ferrugineo « albo univittato fuscoque bivittato, antennis pedibusque fulvis, alis fulvis « subcinereis ».

Longueur du corps 17 mm. 1/2, amplitude des ailes 33 mm.

Tête brune revêtue d'une tomentosité blanchâtre en dessus, blanche et surmontée de poils blancs en dessous, trompe noire ; palpes et antennes bruns. Yeux cuivreux.

Thorax brun à tomentosité blanche, portant trois bandes brunes indistinctes ; côtés et pectus brunâtres à tomentosité blanchâtre et une pubescence blanche très fine.

Abdomen ferrugineux, recouvert d'une tomentosité blanchâtre sur chaque côté et dessous, portant sur le dessus une bande médiane brune marquetée de blanc. Pattes brunâtres à tomentosité blanchâtre, tarses et extrémité des tibias ferrugineux, tarses antérieurs brun de poix. Ailes légèrement grises, teintées à la base, au bord externe et le long des nervures.

Le type de Bigot est la propriété de M. Verrall, du Cap ; un spécimen femelle de la colonie du Cap (R. Trimen, 64, 77) est identique au type ci-dessus. La redescription est faite sur ce nouveau spécimen qui est de couleur plus brune que le type de Bigot.

Espèce brunâtre à bande médiane blanche sur l'abdomen, pattes et antennes jaunâtres, nervures ombrées, un appendice.

Longueur 19 mm.

Tête grande, plus large que le thorax, face rougeâtre paraissant blanche, à cause d'une tomentosité blanchâtre et de poils blancs, ces derniers densément répandus sur la partie inférieure de la face et les joues. Barbe blanche, palpes jaunâtres, premier article à longs poils blancs, deuxième article échancré à la base puis s'atténuant graduellement en une pointe, couvert d'une courte pubescence blanche et de quelques poils noirs vers l'apex. Antennes jaunâtres, troisième article rouge brillant, brun à l'apex ; premier et second articles à pubescence noire, troisième avec une dent médiocre qui porte quelques courts poils noirs à l'apex. Bande frontale environ quatre fois aussi haute que large de même couleur que la face, couverte d'une tomentosité grise ; callosité frontale brun rougeâtre, oblongue, à sillon médian, non tangente aux yeux et prolongée par une ligne graduellement rétrécie jusqu'au delà de la moitié de la distance du vertex. Yeux glabres sans marques.

Thorax noir brunâtre à trois bandes grises très indistinctes, pubescence du notum blanchâtre, côtés gris à poils noirs, poitrine grise à poils blanchâtres, scutellum brun à bordure rougeâtre et pubescence blanche.

Abdomen brunâtre à segmentations rougeâtres, la tomentosité grise du premier segment s'étend légèrement sur les côtés de l'abdomen, une bande médiane continue composée de tomentosité blanchâtre atteint le bord postérieur du sixième segment, la coloration de sa bordure est plus sombre que celle du reste de l'abdomen, les bords latéraux des segments postérieurs sont d'un jaune transparent; la pubescence du dessus est noire et courte, mais épaisse et entremêlée de poils blancs. Côtés à pubescence blanche, envers brun clair à segmentations jaunâtres, tomentosité blanche et pubescence noire. Jambes jaune rougeâtre, fémurs antérieurs brun sombre; tibias d'un jaune plus pâle, les antérieurs assombris à l'apex, la pubescence des fémurs est blanche, elle est blanchâtre au bord externe et à la base des tibias, partout ailleurs elle est noire, tarses à pubescence noire. Balanciers jaunes à massue d'un blanc brillant. Ailes grandes, hyalines à nervures jaunes, presque toutes sont estompées d'une couleur jaune pâle, stigma jaunâtre, appendice distinct.

Un spécimen de Pirie Bush. S.-E. de la colonie du Cap (A. N. STENNING, 98, 191), mesure seulement 16 mm.

L'*Atylotus niveipalpis* ♀ Bigot, du Cap, est identique à l'espèce de Walker. L'auteur ne mentionne pas la bande médiane blanche de l'abdomen qui est cependant clairement visible dans son type quoiqu'il soit dans un mauvais état de conservation. Il mesure 17 mm. 1/2.

BIBLIOGRAPHIE

Tabanus albilinea ♀ WALKER : List. Dipt. British Museum, I, 176.
= *Atylotus niveipalpis* ♀ BIGOT : Mémoires de la Soc. zoologique de France, t. V, p. 645.

Tabanus unitæniatus ♀ RICARDO

Le type et une autre femelle proviennent de la vallée du Pungué (Afrique orientale) par le 20° lat. Sud ; ces deux spécimens ont été pris par M. G. A. K. MARSHALL en 1896 (Collection du British Museum). Capturés au quatorzième mille à partir de Beira, sur la voie ferrée. Un exemplaire a été pris à Wau dans le Bahr-el-Ghazal et communiqué par le Dr A. BALFOUR avec cette mention « pris à la lumière ».

Cette espèce est très voisine du *Tabanus unilineatus* ♀ Lœw, de Mozambique, mais s'en distingue par son abdomen plus rouge, les tibias antérieurs plus clairs, les palpes plus minces, la callosité frontale triangulaire et la taille (13 mm.).

Petite espèce à corps rougeâtre avec une bande médiane blanche sur l'abdomen et les ailes presque hyalines.

Tête petite, plus large que le thorax ; face rougeâtre couverte d'une tomentosité grise et d'une pubescence blanche, courte et éparse. Barbe blanche. Palpes jaunes, longs et étroits, légèrement épaissis à la base et terminés par une pointe obtuse, densément recouverts de poils noirs. Antennes d'un rouge brillant à extrémité apicale noire, premier article court et large, portant quelques poils noirs, second article petit, cyathiforme avec des poils noirs à l'angle supérieur, troisième article à dent obtuse. Bande frontale environ quatre fois aussi haute que large, à côtés parallèles, de couleur rougeâtre, portant un recouvrement constitué par un peu de tomentosité grise ; callosité d'un rouge brillant, convexe, ovale, rétrécie à sa partie supérieure et continuée par une ligne saillante et étroite qui s'élargit en forme de fuseau, une étroite ligne part du vertex et se bifurque, ses deux branches surmontent la callosité en fuseau. Yeux sans bandes.

Thorax brun rougeâtre avec des traces d'une tomentosité grise et les rudiments de trois bandes ; côtés rougeâtres à tomentosité grise.

Abdomen étroit, d'un rouge brun, portant une bande médiane blanc grisâtre qui atteint le cinquième segment, apex noir, segmentations très étroitement bordées de blanc, pubescence du dessus de l'abdomen presque complètement noire. Envers testacé avec l'apex plus ou moins largement noir. Pattes rougeâtres, fémurs noirâtres, spécialement les antérieurs ; tibias antérieurs noirâtres à l'apex, tarses antérieurs noirs. Ailes hyalines, stigma jaunâtre, nervures brun jaunâtre. Une des femelles a le bord antérieur légèrement bordé de jaune. Première cellule postérieure non rétrécie.

BIBLIOGRAPHIE

Tabanus unitaeniatus ♀ Ricardo : Annals Mag. Nat. Hist. (8), 1, p. 312 (1908).

Tabanus conspicuus ♀ Ricardo

Le type et deux femelles proviennent de Yoiuti, sur le fleuve Juba, à vingt milles environ de l'embouchure, sous l'Equateur, par 40° long. E. Le major L. H. R. Pope Hennessey a pris un spécimen dans la salle à manger du steamer. (Collection du British Muséum).

Belle espèce facile à reconnaître à son aspect particulier, pattes et antennes jaunes, abdomen jaune clair avec une bande médiane grise à peine bordée par une coloration plus sombre, thorax à bandes distinctes.

Longueur 19 mm. ; un autre spécimen ne mesure que 16 mm.

Tête grande, plus large que le thorax. Face rougeâtre recouverte d'une tomentosité blanche si épaisse que la face paraît blanchâtre, de longs poils blancs en dessous, barbe blanche. Palpes grands, blancs, épais à la base, prolongés en pointe, sans pubescence noire. Antennes rougeâtres, noires à l'apex ; premier article cyathiforme à tomentosité grise et pubescence noire, deuxième article plus petit à pubescence noire, troisième long pourvu d'une dent médiocre. Bande frontale modérément large, cinq fois environ aussi longue que large, à bords parallèles, de même couleur que la face, mais plus jaune en arrière ou même entièrement jaune. Callosité brun rougeâtre, luisante, grande, de forme oblongue, moins large que la bande frontale et prolongée par une ligne parfois interrompue, mais qui n'atteint pas le vertex. Yeux sans bandes ni taches.

Thorax brun avec une tomentosité jaune grisâtre formant trois bandes, la médiane plus étroite, les latérales plus grises, pubescence jaune, courte et éparse, mélangée de poils jaunes plus longs sur les côtés, bordée de poils noirs en dessus. Pectus gris à pubescence blanchâtre, scutellum de même couleur que le thorax.

Abdomen grand, jaune, portant une bande centrale de tomentosité blanche composée de taches en forme triangulaire avec un sommet allongé qui les réunit à la tache triangulaire voisine. La tache du premier segment n'est pas toujours visible; la tache triangulaire du deuxième segment est presque obsolète, la bande a une faible bordure sur chaque côté. La pubescence du dessus est courte et noire, entremêlée de pubescence jaune plus épaisse sur les côtés, les flancs des deux premiers segments ont une tomentosité grise. Envers jaune avec des segmentations très étroitement blanches qui s'assombrissent vers l'apex. Pattes jaune rougeâtre, tibias plus jaunes, hanches couvertes d'une tomentosité grise, tarses antérieurs et extrême apex des tibias noirs ; les autres tarses brunâtres. La pubescence des hanches et des fémurs antérieurs est blanc d'argent, elle est jaune et plus courte sur les autres, noirâtre sur les tarses. Les quatre derniers articles des tarses antérieurs sont assez élargis. Ailes plus longues que l'abdomen, hyalines, nervures brunâtres, estompées de jaune brun, stigma jaunâtre.

Première cellule postérieure légèrement rétrécie.

BIBLIOGRAPHIE

Tabanus conspicuus ♀ Ricardo : Annals Mag. Nat. Hist. (8), I, p. 318 (1908).

Tabanus subangustus ♀ Ricardo (pl. III, fig. 10)

Le type provient de Abutshi sur le Niger (Afrique occidentale). Cette espèce se rapproche de *Tabanus nigrohirtus* ♀ Ricardo, mais s'en distingue d'abord par la bande frontale plus large, la forme de la callosité frontale, l'abdomen long et étroit sur lequel 'se trouve une bande grise large d'un millimètre et très visible. La cellule marginale postérieure rétrécie du *Tabanus nigrohirtus* ♀ Ric. ne l'est pas ici. (Collection du British Muséum).

Longueur du corps 17 mm.

Tête à peine plus large que le thorax. Face rougeâtre couverte d'une tomentosité grise, plus jaune sur les joues où quelques soies blanches sont visibles, barbe blanc jaunâtre. Palpes jaunes couverts de pubescence noire, élargis légèrement à la base, graduellement effilés en pointe. Antennes rouge brillant, longues et minces, le premier article oblong et court ; le deuxième petit avec son angle externe prolongé, l'un et l'autre à pubescence noire ; le troisième très long et très mince, la dent, petite, est placée près de la base, l'apex extrême est noir. Bande frontale brune, assez large, environ trois fois aussi longue que large sur toute sa hauteur, à bords parallèles, callosité frontale brune et brillante, grande et presque carrée, s'étendant jusqu'aux yeux, irrégulière au bord postérieur ; prolongée par une ligne qui s'élargit en fuseau et atteint presque le vertex qui est brun, les côtés bordant la callosité sont recouverts d'une tomentosité jaune. Yeux sans bandes ni dessins.

Thorax brun rouge à tomentosité grise à travers laquelle apparaissent des bandes noirâtres ; côtés et poitrine rougeâtres, couverts d'une tomentosité grise et de soies jaunes, pubescence des côtés du thorax noire, scutellum brunâtre.

Abdomen brun rougeâtre non brillant avec une bande distincte et continue de tomentosité grise dont les côtés sont droits ; pubescence du dessus de l'abdomen noire, sauf la bande qui a une pubescence blanche et les côtés une pubescence jaune. Dessous rougeâtre, plus sombre à l'apex. Pattes brunes ; apex des fémurs jaunâtre ; tibias rouge jaunâtre, tibias antérieurs assombris à l'apex, tarses antérieurs en entier et extrémité apicale des autres tarses bruns. Pubescence blanchâtre sur les hanches, çà et là noire et courte. Ailes plus longues que le corps, hyalines, teintées de brun jaunâtre, nervures jaunes, stigma brun jaunâtre. Toutes les cellules postérieures largement ouvertes.

Quelques spécimens viennent de l'État de Nigeria et des bords du Niger. Le *Tabanus subangustus* ♀ Ric., semble être localisé dans cette région.

BIBLIOGRAPHIE

Tabanus subgustus ♀ Ricardo : Annals Mag. Nat. Hist. (8), I, p. 314 (1908).

Tabanus albostriatus ♀ Ricardo.

Le type et une autre femelle proviennent du Transvaal (Ross. 97-99) et appartiennent à la collection du British Museum.

Espèce noire portant une bande médiane blanche sur l'abdomen et des taches latérales grises. Antennes noirâtres, palpes très minces, jaune pâle. Pattes jaunes, fémurs plus sombres. Yeux très légèrement pubescents. Ailes teintées de brun portant un appendice.

Longueur 13 mm.

Tête plus large que le thorax ; face grise à rare pubescence blanche, quelques poils noirs au-dessous des antennes. Barbe blanche. Palpes d'un jaune translucide pâle, courbes, très minces et se prolongeant en une longue pointe, légèrement épaissis à la base, à pubescence composée de courts poils noirs. Antennes minces à dent très obtuse, ne formant qu'un angle obtus au lieu d'une pointe, premier article jaunâtre, couvert d'une tomentosité grise et de poils noirs, à peine cyathiforme ; second, petit, jaunâtre à pubescence noire ; troisième noir, rouge à son extrême base. Bande frontale grise, courte, environ quatre fois aussi haute que large, à côtés parallèles, portant une petite callosité étroite, triangulaire, de couleur brune et qui se continue par une ligne étroite jusqu'au vertex ; la pubescence noire de la bande frontale devient grise au vertex. Yeux sans bandes, à pubescence très légère pouvant facilement passer inaperçue, partie postérieure de la tête à poils blancs.

Thorax brun noirâtre, recouvert d'une pubescence grise, courte et modérément dense sur laquelle apparaissent trois bandes grises ; flancs gris à poils noirs plus longs ; pectus brun couvert de poils noirs ; une touffe de poils blancs au-dessus de l'origine des ailes. Scutellum de même couleur et de même vestiture que le thorax.

Abdomen brun noirâtre, à bande médiane blanche continue ayant moins de un millimètre de largeur et toujours étroitement limitée. Cette bande s'élargit légèrement à la base du deuxième segment. Sur les côtés des second, troisième et quatrième segments se voient des taches grises mal définies mais distinctes qui ne dépassent pas le flanc mais qui comprennent toute la hauteur de chacun des segments. Pubescence du dessus courte, épaisse, noire avec trois bandes de poils gris blanchâtre qui se trouvent sur la bande médiane et les taches latérales, on peut aisément s'en rendre compte en regardant l'insecte tangentiellement. Bords latéraux de l'abdomen transparents avec une pubescence gris blanchâtre. Envers brunâtre, segmentations et côtés jaunâtres, pubescence noire avec deux bandes latérales gris blanchâtre. Hanches noires couvertes d'une tomentosité grise et d'une pubescence noire et blanche, fémurs antérieurs noirâtres, fémurs intermédiaires et postérieurs d'un rougeâtre sombre, ayant une tomentosité grise et une pubescence blanchâtre ; tibias jaunes, les antérieurs rougeâtres à l'apex et jaunes à la base avec une pubescence blanche ; outre cette coloration claire des tibias antérieurs à leur base, les tibias intermédiaires ont une pubescence blanche à leur base et noire à l'apex, tibias postérieurs à pubescence noire. Tarses antérieurs et intermédiaires brunâtres, tarses postérieurs jaunes ; tous portant une pubescence noire. Ailes hyalines, légèrement teintées de brun sur les nervures longitudinales, le bord externe, l'extrémité des cellules basilaires et la nervure anale. Appendice distinct, nervures brunes, stigma petit, brun jaunâtre.

Cette espèce se distingue du *Tabanus albilinea* ♀ Walker par ses yeux légèrement pubescents, l'abdomen étroit et plus sombre, la taille moindre, les antennes plus foncées, la callosité frontale noirâtre au lieu de brun rougeâtre, les fémurs plus sombres et les palpes plus minces.

Cette espèce est localisée au Transvaal.

BIBLIOGRAPHIE

Tabanus albostriatus ♀ Ricardo : Annals Mag. Nat. Hist. (8), 1, p. 315 (1908).

Tabanus obscurestriatus ♀ Ricardo

Le type femelle provient du Congo (18 novembre 1904) et fait partie de la collection de British Muséum.

Petite espèce rougeâtre avec une bande médiane noire et les ailes claires.
Longueur 12 mm.

Tête moyenne, plus large que le thorax ; face recouverte d'une tomentosité grise et d'une pubescence d'un blanc d'argent ; palpes rougeâtres à pubescence blanche, épais à la base et graduellement atténués en une pointe. Barbe blanche. Antennes minces rougeâtres, à dent très faible, premier et deuxième articles à pubescence noire. Bande frontale environ cinq fois aussi haute que large, à côtés parallèles portant au-dessus des antennes un triangle frontal, convexe, brillant, jaune rougeâtre ; callosité frontale de même couleur, de forme presque carrée, atteignant les yeux et continuée par une large bande atteignant presque le vertex, bande frontale recouverte d'une tomentosité jaunâtre, plus sombre sur le vertex. Yeux sans bandes. Thorax brunâtre portant deux taches latérales fauves, bordées de noir, toutes indistinctes, dessus à tomentosité grise et courte pubescence fauve, côtés à poils noirs et tomentosité jaunâtre, pectus à pubescence blanche, scutellum de même couleur que le thorax.

Abdomen rougeâtre portant une bande noire qui commence au premier segment et se continue jusqu'à l'apex, ses bords ne sont pas nettement délimités, pubescence du dessus noire. Quatrième, cinquième et sixième segments jaunâtres à poils fauves sur les côtés, septième segment entièrement noir. Envers rougeâtre en entier à pubescence jaunâtre. Pattes jaune rougeâtre, fémurs antérieurs bruns à pubescence noire, tibias jaune pâle à pubescence blanche, apex des tibias antérieurs bruns. Tarses antérieurs bruns. Ailes claires, jaune pâle à leur extrémité externe, nervures et stigma jaunâtres. Appendice court et épais.

BIBLIOGRAPHIE

Tabanus obscurestriatus ♀ Ricardo : Annals Mag. Nat. Hist. (8), 1, p. 316 (1908).

Tabanus nigrostriatus ♀ Ricardo.

Le type femelle provient des plateaux de Zomba (Nyasaland). Collection du British Museum.

Espèce complètement distincte de toutes les autres espèces africaines, remarquable par un long abdomen étroit de couleur châtain portant une bande médiane noire distincte. Ailes hyalines teintées de brun, appendiculées habituellement, mais ce caractère paraît être variable.

Longueur 17 mm. 1/2.

Tête plus large que le thorax, face recouverte de poils blancs et d'une tomentosité blanc grisâtre, la couleur fondamentale est plus apparente sur les joues. Barbe jaune blanchâtre, palpes jaunes à pubescence noire, longs, à peine plus élargis à leur base, terminés par une pointe obtuse. Antennes rouges, parfois plus sombres à l'apex (dans un spécimen, la base du troisième article est rouge), dent modérément saillante ; premier article oblong, second petit, l'un et l'autre à pubescence noire Bande frontale brunâtre, quatre fois aussi haute que large à la base et légèrement rétrécie antérieurement, triangle frontal rougeâtre avec une tomentosité gris-jaune autour de la base des antennes.

Callosité frontale brun sombre, brillante, convexe, atteignant à peine les yeux, prolongée par une ligne étroite qui s'élargit en forme de fuseau et s'étend jusqu'au vertex, la tomentosité qui le borde est jaunâtre. Yeux glabres sans dessins ni bandes.

Thorax brun rougeâtre avec des traces de bandes noires, formant une bande médiane large et deux bandes latérales ; la couleur rouge du fond paraît entre les bandes en lignes étroites ; dessus à tomentosité grise ; côtés et pectus brun rougeâtre à tomentosité grise, scutellum noirâtre.

Abdomen brun rougeâtre clair, segmentations très faiblement jaunes, bande noire commençant au second segment, composée d'une tache noire oblongue sur chaque segment, ces taches offrent l'aspect d'une étroite bande noire continue ans tache ni tomentosité grise. Premier segment portant une tache médiane noire indistincte, la bande offre sa plus grande largeur sur le cinquième et le sixième segments. Septième segment entièrement noir. Bords latéraux du cinquième et du sixième segments d'un jaune transparent, pubescence du dessus noire et courte, beaucoup plus épaisse sur les flancs, parfois montrant des traces de pubescence jaune sur les segmentations ; septième segment à longs poils noirs. Envers de même couleur, sans bande, apex noir. Pattes brun noirâtre, tibias de même couleur que l'abdomen, tibias antérieurs et tarses bruns à l'apex. Pubescence des hanches et des fémurs blanchâtre, ceux-ci à tomentosité blanchâtre ; quelques poils jaunes sur les tibias antérieurs, partout ailleurs la pubescence est noire, courte et peu distincte. Ailes hyalines, teintées de brun, très sombres au bord antérieur ; appendice court, épais et peu distinct (manquant parfois), stigma et nervures brunes, toutes les cellules largement ouvertes.

Tous les spécimens connus de *Tabanus nigrostriatus* ♀ Ric. proviennent du Nyasaland (Afrique orientale).

BIBLIOGRAPHIE

Tabanus nigrostriatus ♀ Ricardo : Annals Mag. Nat. Hist. (8), 1, p. 317 (1908).

Tabanus unilineatus ♀ Löw.

« *Tabanus cinereus abdominis linea longitudinali alba, alarum stigma nigricans* (Löw). »

« Ce genre appartient au groupe qui contient *Tabanus occidentalis* Fab. et *Tabanus tœniotes* Wiedemann, quoique ces deux espèces soient américaines. Taille intermédiaire entre ces deux espèces. La callosité frontale est de même forme que dans les deux espèces précédentes, mais elle est de coloration brun clair et plus grosse que chez *Tabanus tœniotes* W.

« Il diffère en outre de ces deux espèces par les derniers segments abdominaux noirâtres et par ses ailes hyalines, un peu cendrées et à bord externe presque noir. Tibias antérieurs plus minces que dans les deux autres espèces et brun sombre presque jusqu'à la base, tandis que le *Tabanus tœniotes* et le *Tabanus occidentalis* ont leur tiers basilaire blanchâtre (La taille n'est donnée

« qu'approximativement à ceux du mauvais état de l'exemplaires). Longueur
« 11 mm., du Mozambique. »

BIBLIOGRAPHIE

Tabanus unilineatus ♀ Löw : Bericht der Königl. Preus. Akad. d. Wissench. zu
Berlin, 1852, p. 658.

Tabanus Laverani ♀ Surcouf (p. 80 fig. 14)

Type : un spécimen femelle provenant du bas Rio Nunez, Guinée française, en 1904 et communiqué par M. le Dr Laveran, Membre de l'Institut.

Trois autres femelles de la même origine. Collection du Museum. Le British Museum possède deux spécimens de cette espèce, provenant l'un de Sierra-Leone, Lingstown (4,04, Major F. Smith), le second a été recueilli en Gambie par le Dr Hopkinson D. S. O. (1906).

Le *Tabanus Laverani* ♀ Surcouf existait dans la collection du Muséum sous le nom de *Tabanus unilineatus* Lœw. Ces deux espèces, quoique voisines, sont cependant distinctes. Longueur du corps : 10 mm. 1/2 à 12 mm.

Yeux sans bandes ni dessins, glabres, bande frontale six fois aussi haute que large, blanchâtre ; portant une callosité oblongue, rougeâtre, prolongée par une ligne droite peu saillante et épaisse, de même couleur. Vertex avec quelques poils noirs. Bord postérieur de la tête cilié de courtes soies blanches, triangle frontal d'un blanc jaunâtre. Antennes rouge fauve à extrémité apicale concolore ; premier article testacé, à pubescence noire, peu dense à la partie supérieure. Palpes renflés, d'un blanc jaunâtre à pubescence blanche mélangée de poils noirs sur la face externe. Joues à poils blanchâtres, barbe blanche, face peu velue.

Thorax brun noirâtre portant deux bandes médianes et deux bandes latérales blanc jaunâtre, entières et atteignant le sommet du thorax, à pubescence rare et concolore. Scutellum bordé par une tomentosité grise ; flancs à poils épars, pectus cendré à pubescence blanchâtre et molle.

Abdomen rouge brun dans toute sa partie supérieure, portant sur les six premiers segments une bande blanche étroite de largeur constante. La pubescence de l'abdomen est noire sur les parties brunes et augmente de densité vers l'apex, elle est blanche sur la bande, les poils noirs s'étendent cependant sur cette bande dans les deux derniers segments ; les flancs portent de chaque côté une bande blanche semblable. La pubescence des deux derniers segments ventraux est blanche et mélangée de nombreux poils noirs. Pattes d'un rougeâtre pâle à pubescence blanche, tarses bruns à pubescence concolore. Ailes hyalines à stigma jaune ; disque des balanciers jaune.

Cette espèce est intermédiaire entre *Tabanus unitæniatus* ♀ Ricardo et *Tabanus unilineatus* ♀ Lœw. Elle diffère de *Tabanus unitæniatus* R. par la forme de la callosité frontale, les palpes renflés, les antennes à extrémité concolore, les segments abdominaux non bordés de blanc, l'apex non rembruni.

Le *Tabanus Laverani* ♀ Surcouf se distingue du *Tabanus unilineatus* Lœw par l'apex noirâtre et les ailes hyalines à stigma jaunâtre, tandis que le *Tabanus unilineatus* Lœw a le bord externe des ailes presque noir.

BIBLIOGRAPHIE

Tabanus Laverani ♀ Surcouf : Bulletin du Muséum, 1907, n° 5, page 331.

HUITIÈME GROUPE

Tableau dichotomique

1	Ailes hyalines	2
	Ailes teintées de brun ou estompées aux nervures transverses	5
2	Abdomen à bande médiane et taches latérales distinctes.	3
	Abdomen conique, bande médiane et taches latérales indistinctes	4
3	Bande médiane de l'abdomen droite, continue, formée de taches rectangulaires blanchâtres. Antennes testacées, 15 1/2-18 mm.	*T. tæniola* ♀ P. B.
	Antennes noires, 15 1/4 mm.	*T. sugens* ♀ Wied.
	Bande médiane composée de taches trapézoïdales. Antennes testacées, 17-19 mm.. .	*T. socius* ♀ Walker.
	Bande composée du 2ᵉ au 6ᵉ segment de taches triangulaires, atteignant le bord antérieur de chaque segment, à bases étroites, côtés du triangle un peu échancrés vers le ventre. Cuisses noires à apex rougeâtres, tarses antérieur noirs. Antennes sombres, 16 1/2-18 mm.	*T. sagittarius* ♀ Macq.
	Ailes hyalines à bord costal brun noirâtre, abdomen brun à bande médiane composée de triangles blanchâtres, palpes brunâtre pâle, 9 mm.	*T. nanus* ♀ Wied.
4	Espèce brun rougeâtre, très déliée, à abdomen pointu à l'apex; taches médianes triangulaires visibles en regardant l'insecte par derrière, taches latérales indistinctes. Apex noir. Pattes noirâtres, tibias jaune rouge, 14 mm.	*T. coniformis* ♀ Ric.
5	Bande médiane abdominale continue . .	6
	— — sectionnée en taches triangulaires	7

HUITIÈME GROUPE

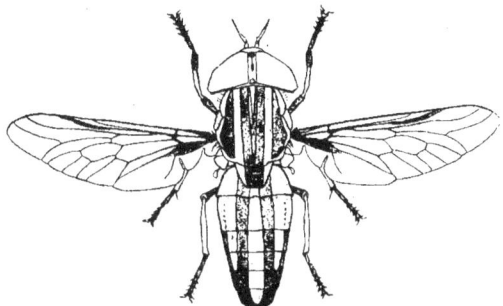

Fig. 15. — *Tabanus tæniola* ♀ Palisot de Beauvois

Fig. 16. — *Tabanus fraternus* ♀ Macquart

Fig. 17. — *Tabanus quadrisignatus* ♀ Ricardo

6	Ailes hyalines, toutes les nervures estompées de brun ; abdomen d'aspect soyeux à bande médiane étroite continue d'un jaune grisâtre, les trois derniers segments abdominaux noirâtres, 15 à 16 mm.	*T. sericiventris* ♀ Lœw.
	Ailes teintées de brun vers le bord costal, abdomen châtain clair à bande médiane étroite jaune, derniers segments non rembrunis, 12-13 mm.	*T. Ricardoæ* ♀ Surcouf.
7	Ailes hyalines estompées le long des nervures transverses et de la cinquième nervure longitudinale. Abdomen rougeâtre plus sombre vers l'apex ; 1er segment à petite tache médiane noire, 2e, 3e, 4e segments à tache médiane triangulaire blanche ; ces taches ont une base large, côtés non concaves. Antennes d'un brun rougeâtre foncé, 17 à 18 mm.	*T. fraternus* ♀ Macquart.
	Ailes hyalines légèrement teintées de brun. Abdomen brun rougeâtre avec des taches latérales gris jaunâtre en outre des taches médianes, 2e, 3e, 4e, 5e segments à tache médiane triangulaire, claire.	8
8	Quatre bandes thoraciques très distinctes, jaunâtres.	*T. quadrisignatus* ♀ Ricardo.
	Cinq bandes thoraciques très distinctes, taches latérales non réunies à la tache médiane	*T. distinctus* ♀ Ricardo.
	Cinq bandes thoraciques indistinctes, taches latérales réunies à la tache médiane le long du bord postérieur du segment . .	*T. sticticolis* ♀ Surcouf.

Tabanus tæniola ♀ PALISOT DE BEAUVOIS (p. 93, fig. 15)

Le *Tabanus tæniola* ♀ P. B. est un des taons les plus communs de l'Afrique tropicale, il a été successivement décrit sous les noms de :

Tabanus tæniola ♀ P. B.
Tabanus guinensis ♀ WIEDEMANN.
Tabanus subelongatus ♀ MACQUART.
Tabanus dorsivitta ♀ WALKER.
Tabanus macrops ♂ WALKER.
Tabanus longitudinalis ♀ Lœw.
Tabanus proximus ♀ CORTI.
Tabanus virgatus ♀ AUSTEN.

HUITIÈME GROUPE

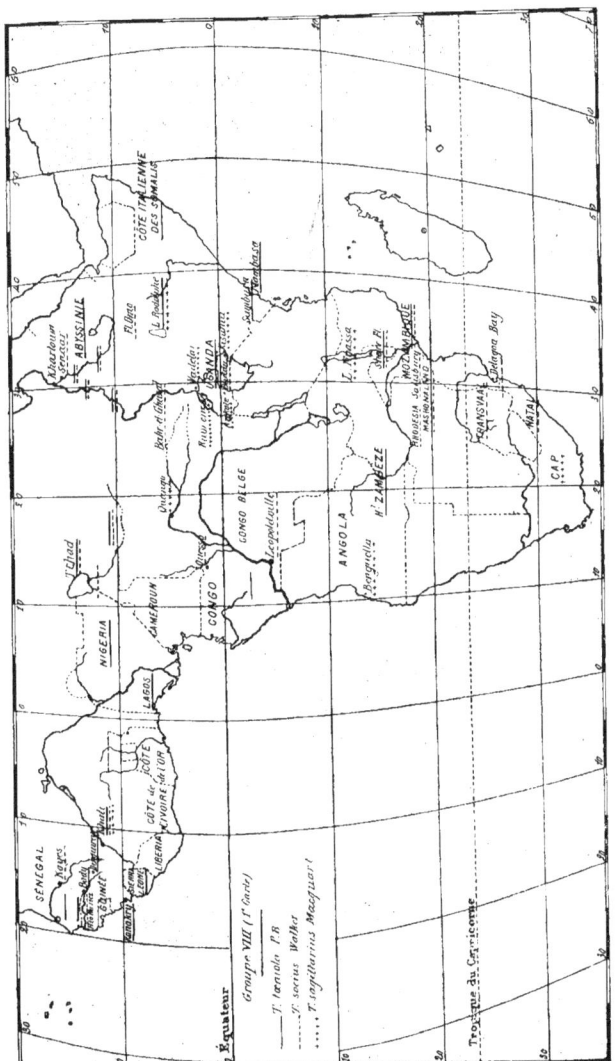

Le Muséum de Paris possède un exemplaire femelle de *Tabanus tæniola* ♀ P. B. déterminé par Macquart ; en comparant ce *Tabanus tæniola* ♀ P. B. au type de *Tabanus dorsivitta* ♀ Walker on se rend compte qu'ils sont identiques. Le dessin de Palisot de Beauvois est très inexact, l'abdomen est trop noir et les bandes latérales sont trop distinctement définies, tandis que d'après sa description l'abdomen est brun au milieu, le corps d'un gris brun et les bandes latérales grises. Wiedemann qui n'a certainement pas connu le type, copie simplement la description de P. B. Le *Tabanus dorsivitta* ♀ Walker a été renommé *Tabanus virgatus* ♀ par M. Austen dans son ouvrage *Blood Sucking Diptera from the Soudan*, dans le second mémoire du Gordon College de Khartoum en 1906, parce que Walker avait déjà employé le nom de *Tabanus dorsivitta* pour une espèce de patrie incertaine, probablement originaire de l'Amérique du Sud. L'espèce de la Cafrerie décrite par Macquart sous le nom de *Tabanus elongatus* ♀ est sans aucun doute l'espèce décrite par Palisot de Beauvois et plus tard par Walker, le type de ce dernier concorde dans toutes ses particularités avec la description de Macquart à l'exception de la callosité frontale qui est plutôt brun-rouge que noire. Le *Tabanus guineensis* ♀ de Guinée, décrit par Wiedemann peut être identique au *Tabanus tæniola* ♀ P. B.; quant au *Tabanus guineensis* ♂ Wiedemann, il doit appartenir à une autre espèce. En effet Wiedemann dit que les yeux ont deux bandes rougeâtres qui se rejoignent vers le bord extérieur, ceci peut s'appliquer au mâle seulement et non à la femelle, car aucune femelle de ce groupe ne porte de bandes, mais il arrive que des mâles possèdent des bandes oculaires lorsque les femelles en sont privées.

Wiedemann nous en donne un exemple dans le cas de *Tabanus occidentalis* Wied., espèce du Brésil (voir Aussereurop., *Zweifl. Insekten*, I, p. 171), et Macquart (in *Diptera exotica*, I, p. 117), remarque que des bandes existent parfois sur les yeux des deux sexes et parfois seulement chez les mâles. Nous pouvons citer comme exemple de ce dernier cas : *Tabanus fulvus* Meigen, *Tabanus alexandrinus* Wiedmann, *Tabanus lineola* Fabricius et *Tabanus carolinensis* Macquart, Brauer en décrivant *Tabanus paradoxus* Jœnnicke et *Tabanus miki* Brauer remarque que les bandes se rencontrent chez ces mâles seulement (Denkr. Acak. Wien. XLII, pp. 179-196 (1888).

Le *Tabanus proximus* Corti, de l'Abyssinie, que les auteurs rapportent à une variété de *Tabanus subelongatus* Macquart ne nous est pas connu, si on le maintient comme sous-espèce, ce nom doit être changé, car il a été précédemment employé par Walker pour une espèce du Mexique.

Description de Tabanus tæniola ♀ P. B. d'après l'exemplaire de Macquart (collection du Muséum)

Longueur 15 mm. 1/2.

Cette femelle prise par Heudelot au Sénégal en 1856 porte à son épingle le n° 249 *bis* et la mention : *Tabanus tæniola* de la main de Macquart.

Tête plus large que le thorax, yeux glabres, bronzés, sans bandes ; face et bande frontale recouverte d'une tomentosité blanchâtre, pubescence des joues et

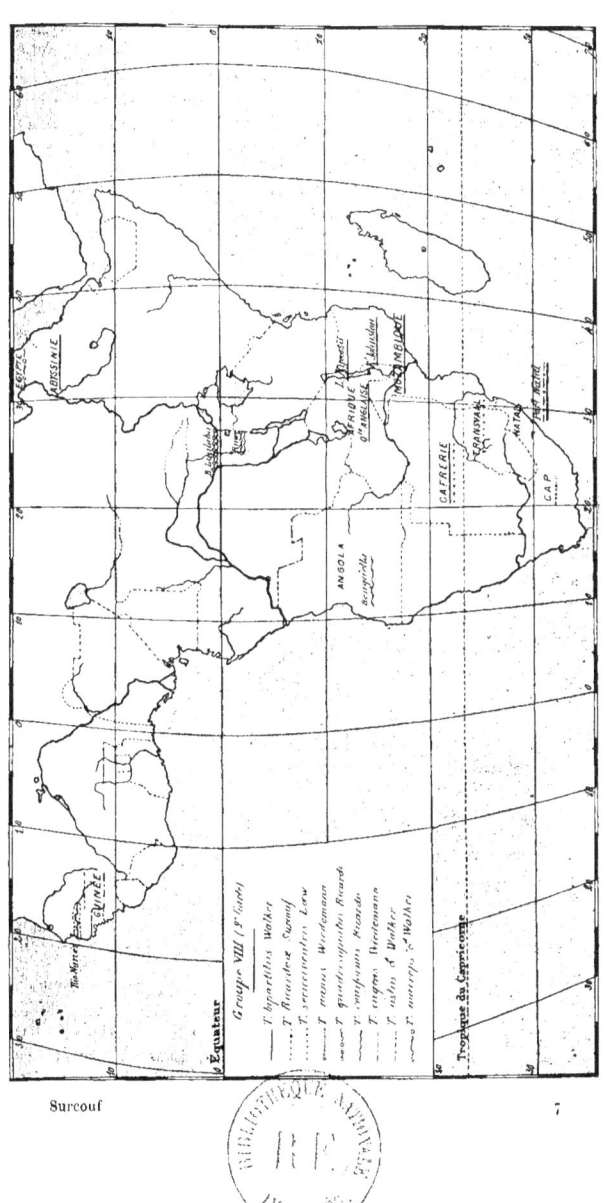

barbe blanche. Bande frontale assez large, environ quatre fois aussi haute que large, couverte d'une tomentosité gris jaunâtre, côtés de la bande légèrement divergents vers le vertex. Callosité châtain brillant en forme de trapèze isocèle, la base n'atteignant pas exactement le bord des yeux, base supérieure occupant à peu près les 3/5 de la largeur de la bande ; cette callosité est surmontée d'une ligne étroite de même couleur qui se dilate en fuseau et se termine un peu au delà de la moitié de la hauteur de la bande. Bord postérieur de la tête orné de courts poils blancs dressés. Antennes : premier article testacé à pubescence blanche, quelques poils noirs à l'angle apical externe, bord apical formant une ligne droite ; second article testacé à pubescence blanche et une couronne de poils noirs à l'extrémité apicale ; troisième article testacé à l'extrême base (le reste de l'antenne manque). Palpes jaune pâle, renflés à la base, terminés par une pointe allongée à poils noirs et quelques poils blancs à la base. Trompe brune, stylets mandibulaires testacés.

Thorax (dénudé) rougeâtre avec des bandes longitudinales très sombres et des traces de tomentosité blanche. Pectus rougeâtre à tomentosité blanche et de longs poils mous, blanchâtres, ces poils sont noirâtres sur les flancs ; une touffe de poils blancs au-dessus de l'origine des ailes. Scutellum brun rougeâtre à tomentosité blanche.

Abdomen brun-rougeâtre portant en son milieu une bande longitudinale d'un blanc jaunâtre composée d'une tache grise sur le premier segment, la tache du second segment est plus large au bord postérieur qu'au bord antérieur, les taches du troisième, quatrième et cinquième segments font suite aux taches des deux premiers segments et conservent une même largeur, le bord externe de chaque tache est légèrement convexe; sixième segment à tache très réduite. La pubescence de cette bande est d'un blanc jaunâtre. Cette bande longitudinale se trouve placée sur une bande brune à bords parallèles, de chaque côté de celle-ci dont la pubescence est noire existe une bande blanc jaunâtre qui se termine au sixième segment et atteint presque le flanc brunâtre de l'abdomen. Cette zone qui se termine en pointe au sixième segment recouvre toute la région latérale de la base de l'abdomen et porte une pubescence jaunâtre. Côtés bruns à pubescence brune. Dernier segment brun à pubescence sombre. Dessous rougeâtre à tomensité blanche et quelques poils blancs au bord postérieur des segments, les deux derniers ont une pubescence noire, on y distingue une bande médiane rougeâtre. Hanches et cuisses recouvertes d'une tomensité blanchâtre, dense, leur donnant un aspect cendré ; tibias rougeâtre clair à tomensité et pubescence blanches ; extrémité apicale des tibias antérieurs noire, tarses brun noirâtre à pubescence noire, les tarses postérieurs plus clairs. Ailes hyalines, bord externe et deuxième nervure longitudinale bruns, le stigma et les autres nervures jaunâtres. Balanciers à disque rougeâtre.

La collection du Muséum comprend de nombreux spécimens provenant de diverses localités.

Sénégal (Heudelot, 1836) ; bassin du Shiré (Foa, 1875) ; Haut-Zambèze ; Abyssinie (mission de Bonchamps, 1899) ; Guinée française, Dinguiray (Dr Laveran) ; Haut-Niger et Bénoué (Ward, 1895) ; Guinée française, Benty (Dr Laveran, 1904); Gambie, Sainte-Marie de Bathurst (E. Brumpt, 1906) ; Congo (Dybowski, 1894); lit du Dakoto, Ogaden, Pays des Somalis au sud de Harrar

(D' E. Brumpt, 1906) ; Mozambique (Vasse, 1906) ; Tchad, région du lac Fitri (L' Lebas, 1904) ; Guinée française, Konakry (D' Tautain, 1905) ; région d'Ouesso (D' Gravot) ; lac Rodolphe (D' Brumpt, 1902).

La collection du British Museum comprend le type de Walker (Gambie) ; une longue série de femelles du Lagos ; Sierra-Leone ; Nord Nigeria ; Gambie ; Mombasa (Afrique orientale), Nyasaland, Zambèze, Nil Bleu (Sennaar) et Nil Blanc. Une note épinglée à un spécimen provenant du Nord de Nigeria porte cette mention : « Pris aux lampes la nuit en essaims » W. F. G.

Une autre note de Sennaar dit : « Cette espèce aussi bien que le *Tabanus latipes* « Macquart suce le sang. Elles sont très nuisibles et gènent considérablement en « laissant une certaine irritation à l'endroit de leurs piqûres ». Captain H. H. W. Dunn. Bezzi signale cette espèce, sous le nom de *Tabanus subelongatus* Macquart, du Somaliland (*Annal. mus. civ. Genova* série 2, tome XXXII, p. 183. Roeder (1) l'indique de Quilimane, Est africain. Berthol cite *Tabanus subelongatus* de Inhambane (Est africain) (2). Le capitaine Flower remarque que le *Tabanus dorsivitta* ♀ Walker est appelé « Seroot Fly » par les naturels et qu'on le rencontre depuis Ondiurman jusqu'à Faschoda sur le Nil Blanc, le Bahr el Ghazal et le Zeraf. Il rapporte aussi qu'il pique (3).

Cette espèce a donc une large distribution en Afrique et cela rend d'autant plus surprenant l'absence de tout mâle dans les différentes collections d'Europe.

Les exemplaires de l'Uganda ainsi que ceux du Kilimandjaro et du Zambèze ont des poils noirs sur les tibias postérieurs, mélangés aux poils blancs de la pilosité normalement pâle, il y a aussi de nombreux poils noirs aux palpes.

Nous donnons les descriptions originales des espèces que nous réunissons au *Tabanus tæniola* ♀ P. B. Ces descriptions ont été traduites exactement.

Tabanus subelongatus ♀ Macquart

« Allongé, noirâtre. Thorax à lignes blanches. Abdomen à bande dorsale « blanche, côtés testacés. Antennes testacées, noires à l'apex. Pieds noirs, tibias roux.

« Longueur 7 l. ♀. Palpes d'un jaune pâle. Face et devant du front blan-« châtres ; le reste de ce dernier d'un gris roussâtre, à callosité noire. Antennes : « les deux premiers articles et la base du troisième testacés ; le reste noir. Yeux « nus. Thorax noirâtre à lignes de duvet blanchâtre. Abdomen à bande dorsale « blanchâtre, bordée d'une bande noirâtre ; côtés testacés, ventre fauve ; les « trois derniers segments noirâtres. Cuisses noires ; jambes fauves ; antérieures « à extrémité noire ; tarses noirs. Ailes grisâtres, à base jaunâtre ; nervures « normales. »

De la Cafrerie. Reçu de M. Delegorgue de Douai.

(1) Roeder : *Jahrb. Hamburg. Wissensch. Anstallt.* X, p. 2 (1893).
(2) Berthol : *Mem. Acad. Scienc. Bologna.* XII, p. 16 (1862).
(3) C. Flower : *Proceed. Zool. Soc. London.* 1900, p. 271.

Tabanus dorsivitta ♀ Walker

« Niger, subtus albido tomentosus ; caput ferrugineum ; oculi œnei ; palpi
« albidi ; antennæ ferruginæ, parvæ, arcuatæ, vix dilatatæ, apice nigræ ; thoracis
« latera fulva ; abdomen fulvum, vitta testacea ferruginea marginata basi cine-
« rea, apice piceum, tibiæ fulvæ ; alæ cinerea.

« Noir, tête ferrugineuse avec une pubescence blanche courte en avant et en
« dessous. Yeux bronzés, glabres, composés de très petites facettes. Palpes blan-
« châtres. Antennes ferrugineuses, petites, courbes, noires vers l'extrémité ;
« troisième article à peine dilaté mais formant un petit angle légèrement aigu.
« Thorax couleur de tan de chaque côté. Abdomen couleur de tan avec une
« large bande ferrugineuse qui enferme une bande testacée pâle, cette dernière
« cendrée à la base ; extrémité couleur de poix. Ailes grisâtres, nervures noires.
« Nervure cubitale simple formant un angle obtus près de sa base ; nervure
« sub-anale rejoignant l'a nale à quelque distance du bord. »

Longueur du corps : 6 lignes ; des ailes : 11 lignes.

Gambie.

Tabanus guineensis ♂♀ Wiedemann

« Brun, thorax blanchâtre, abdomen à trois bandes distinctes.
« Yeux à deux bandes.
« Longueur 6 lignes 1/2. — Guinée.
« Allié à *Tabanus striatus* Fabricius.

« Antennes ferrugineuses, apex du troisième article largement brun. Epistome
« blanc jaunâtre avec un duvet jaunâtre. Barbe blanche. Palpes jaune-chamois
« clair. Front au-dessus des antennes largement jaune ocre et brunâtre
« au-dessus vers l'angle des yeux, avec une ligne longitudinale rétuse. Yeux
« bruns avec deux bandes rougeâtres convergeant vers l'extérieur. Thorax brun
« à pubescence blanche dans une direction constante. A travers la pubescence
« s'entrevoient cinq taches en forme de bandes rougeâtres. Triangle antérieur de
« l'aile jaunâtre. Ecusson brun rougeâtre, cilié de blanchâtre. Côtés du thorax
« en entier gris cendré à pubescence blanche. Abdomen brun avec trois bandes
« et le bord des côtés blanc. La bande médiane va d'un bout à l'autre sans être
« interrompue. A la sixième segmentation soudainement elle se rétrécit et ne
« s'étend pas jusqu'à l'apex. Bandes latérales presque pas interrompues deve-
« nant coupées court au bord externe. La couleur foncière entre les bandes est
« ferrugineuse. Ventre brun-rouge, cilié de blanc sur les bords, noirâtre à l'apex.
« Dans la partie glauque blanchâtre se trouve de chaque côté sur chaque seg-
« ment une ligne diagonale de points brillants. Incisions ciliées de blanchâtre.
« Ailes entièrement hyalines avec les nervures brunes et le bord costal jau-
« nâtre. Cuisses brunes à pubescence blanche, tibias jaune brunâtre, les anté-
« rieurs avec des poils blancs, les postérieurs ciliés de brun extérieurement. Base
« des tarses brune ou en grande partie noir brunâtre.

« Femelle brun plus clair ou brunâtre. Thorax tacheté de blanchâtre. Bande
« médiane de l'abdomen non raccourcie, s'étendent jusqu'à l'apex du sixième
« segment. Bandes latérales au contraire s'arrêtant avant le milieu et se confon-
« dant avec la bordure latérale. Ventre ferrugineux, symétrique. Jambes plus
« claires. Tibias postérieurs non ciliés de brun. Muséum Impérial. »

Tabanus longitudinalis ♀ Lœw

Cet insecte a été probablement décrit par Lœw sur un spécimen unique en
1852, avant la publication de ses nouvelles espèces du sud de l'Afrique (1860).
Lœw remarque expressément que *Tabanus longitudinalis* est distinct de *Tabanus
subelongatus* Macquart, *Tabanus sugens* Wiedemann et *Tabanus guineensis* Wiedemann. Sa description semble se rapporter exactement au *Tabanus tæniola* P. B.
Löw mentionne quatre bandes brun-noir sur l'abdomen et les bandes latérales
moins distinctes et quelque peu plus pâles en avant; or ces bandes existent
sur des spécimens de *Tabanus tæniola* P. B. du British Museum de même
que la couleur foncière de l'abdomen est plus ou moins limitée par les bandes
latérales jaunes. Dans un spécimen de l'Afrique orientale ces bandes atteignent
le premier segment, habituellement elles s'arrêtent au quatrième segment, la
seule autre différence à relever dans la description est la coloration de la base
des articles antennaires, Lœw les décrit gris-noir, tandis que dans les spécimens de Paris et de Londres ces articles sont ou testacés ou d'un testacé noirâtre.

Pour le moment nous pouvons considérer *Tabanus longitudinalis* Lœw comme
une espèce extrêmement voisine de *Tabanus tæniola* si tant est qu'elle en diffère.

DESCRIPTION DE LŒW

« Tabanus cinereus. Abdomen subrufescens striis quatuor longitudinalibus
« obscure brunneis, frons feminæ callo oblongo lineaque fusiformi signata. »

Partie inférieure de la face à pubescence blanchâtre. Front d'un jaune blanchâtre jusqu'à l'angle des yeux, où commence une callosité allongée, rectangulaire en dessus de laquelle il y a une ligne plus sombre en forme de fuseau. La
couleur de la partie parallèle du front est gris jaunâtre. Premier article antennaire gris noirâtre de même que le second (troisième manque); le thorax est
gris cendré clair avec trois larges lignes longitudinales gris brunâtre dont la
médiane est partagée à sa partie antérieure par une ligne longitudinale gris
clair, pendant que dans la partie postérieure de chaque bande latérale il y a
une ligne longitudinale presque gris rougeâtre. Flancs gris cendré clair avec une
pubescence blanche. Abdomen rougeâtre avec quatre lignes longitudinales brun
sombre, les deux médianes près du bord antérieur du deuxième segment abdominal. La partie comprise entre elles est plus grise que le reste de l'abdomen.
Les bandes latérales ne sont pas si nettement délimitées et sont un peu convergentes dans la partie antérieure. Elles se réunissent aux bandes médianes
sur le sixième segment et déjà sur le cinquième elles ne sont séparées que par

une ligne longitudinale. Le dernier article de l'abdomen est brun-noir de chaque côté ; sous le ventre les deux derniers segments sont fortement colorés en brun. Cuisses noires à pubescence blanche et tomentosité grise, sur les antérieures seules il y a des poils noirs, l'extrémité apicale est jaune rougeâtre. Tibias jaune rougeâtre, l'extrémité des tibias antérieurs est noire sur un assez grand espace. Tarses noirs. Ailes hyalines avec les nervures brun sombre et le bord externe brun. Nervure transverse apicale sans crochet. Cellule anale fermée assez loin du bord.

Tabanus virgatus ♀ Austen

Ce synonyme a été donné par M. Austen à cause du double emploi du nom de *Tabanus dorsivitta*. Le *Tabanus dorsivitta* ♀ Walker synonyme de *Tabanus tæniola* ♀ P. B. n'est pas le même que le *Tabanus dorsivitta* ♀ Walker décrit dans son ouvrage *Diptera Saundersiana*, part. I (1850), p. 39.

M. Austen en donne la diagnose suivante :

« Thorax grisâtre avec des bandes plus sombres, abdomen rougeâtre, bande « médiane longitudinale gris clair, jambes jaunâtres à tarses bruns. Assez « commun dans le Soudan anglo-égyptien, sur le Nil Blanc (1900, major H. W. « Dunn), région de Sénaar sur le Nil Bleu (septembre 1902). Aire d'habitat « comprenant la Nigeria, les autres régions de l'Afrique occidentale et s'éten- « dant au protectorat Est africain et à l'Afrique centrale anglaise ».

Tabanus macrops ♂ Walker

Deux mâles ont été ainsi nommés par Walker, dont un taon sans tête provenant d'Egypte, communiqué par Sir G. Wilkinson, l'autre mâle d'une localité inconnue (Captain lord Byron) : il est impossible de savoir lequel est le type, l'un et l'autre sont probablement des cotypes, ils sont du reste identiques.

Espèce brun rougeâtre de taille moyenne. Abdomen à deux bandes distinctes brunes qui occupent toute la longueur de l'abdomen et des bandes latérales brunes indistinctes. Ailes hyalines. Pattes rougeâtres, longueur du corps 17 mm.

Mâle. — Face couverte d'une tomentosité brun rougeâtre et d'une pubescence jaune pâle. Palpes jaunes, plus pâles à l'apex, à pubescence blanche. Antennes : les deux premiers articles rougeâtres à pubescence blanche, troisième article manquant. Walker le décrit comme ferrugineux. Triangle de la bande frontale rougeâtre. Yeux glabres, les grosses cornéules occupant plus des deux tiers de la surface de l'œil, les petites cornéules occupent le tiers inférieur de l'œil qui est traversé par une large bande jaunâtre allant de la base des yeux vers le vertex, elle est bordée par une bande noire et au delà par une autre bande jaunâtre qui forme le bord externe des grandes cornéules. Thorax brunâtre à tomentosité fauve et d'indistinctes bandes noires. Scutellum rougeâtre.

Abdomen jaune rougeâtre à bandes médianes, brunes, atteignant la longueur totale de l'abdomen, tracées à distance constante l'une de l'autre, côtés bruns plus fauves vers la base de l'abdomen, sixième segment entièrement noir ; segmentations à peine plus claires, très étroites. Envers jaune rougeâtre, apex plus sombre, segmentations à poils blancs. Le dessus de l'abdomen porte une tomentosité grise qui forme des taches latérales distinctes comme celles du groupe de *Tabanus tæniola* P. B., la pubescence semble avoir été principalement noire. Pattes jaune rougeâtre, fémurs plus bruns, tarses bruns, pubescence des fémurs blanche, partout ailleurs noire, stigma et nervures brun jaunâtre.

On peut rapporter avec probabilité le *Tabanus macrops* ♂ au *Tabanus tæniola* dont il serait le mâle. Il est impossible de le savoir d'une façon certaine puisque le nombre des mâles est partout extrêmement réduit, mais cette assimilation est hautement probable.

BIBLIOGRAPHIE

Tabanus tæniola ♀ Palisot de Beauvois : Insectes 56, table 1, fig. 6.
» » Wiedemann : Diptera exotica, I, 71, 17.
» » Wiedemann : Aussereurop. zweifl. Insekten, 129, 8.
» » Walker : List Dipt. British Museum, V, 233-340.
Tabanus guineensis ♂ ♀ Wiedemann : Ann. Entomol., 21, 7.
» » Aussereurop. Zweifl. Insekten, I, 144, 54.
» Walker : List dipt. British Museum, V, 235-350.
Tabanus subelongatus ♀ Macquart : Diptères exotiques, suppl. I, 31-62.
» » Walker : List dipt. Br. Mus., V, 230-328.
» » Bezzi : Annal. Mus. Civ. Genova, série 2, XII (XXXII), 183, 2.
» » Bertol : Mem. Acad. Sc. Int. Bologna, XII, 16, 18 (1862).
Tabanus macrops ♂ Walker : List dipt. British Museum, I, 164.
Tabanus longitudinalis ♀ Lœw : Bericht. der Berlin, Akad. (1852), p. 658.
» » Poters : Reise nach Mozambique zool., V, 2.
» » Grünberg : Die Blutsaugenden Dipteren (1907), p. 136, fig. 102.
Tabanus dorsivitta ♀ Walker : List dipt. British Museum, V, 231-344, nec Insecta Saundersiana.
» » Newstead : Annals of tropical Medicine, 1907, February, p. 44.
Tabanus var. *proximus* ♀ Corti, nec *proximus* Walker : List dipt. British Museum, I, 147.
Tabanus virgatus ♀ Austen : Report of Gordon Memorial College (1906), p. 60, fig. 25.

Tabanus sugens ♀ Wiedemann

« Thorace rubido, abdomine fusco, albo-vittatis ; antennis nigris. »
Long : 7 lignes. — Guinée.
Wiedemann a donné la description suivante :
« Cette espèce est très voisine du *Tabanus striatus* Fabricius mais certaine-

« ment distincte. Les différences les plus importantes sont les suivantes :
« antennes noires, bandes de l'abdomen plus menues, cuisses très sombres
« (brun noirâtre). La bande qui descend de la callosité frontale est large en
« forme de fuseau et de chacun de ses côtés s'étend une ligne fine qui vient con-
« verger avec elle au sommet de la callosité. »
Collection du Prince Christian à Copenhague.

Wiedemann établissant que le *Tabanus sugens* ♀ Wiedemann est extrêmement voisin de *Tabanus striatus* ♀ Fabricius, espèce orientale qui a le même mode de dessins abdominaux que le groupe de *Tabanus tæniola* P. B., on peut le considérer comme très voisin de celui-ci. Il semble différer de *Tabanus guineensis* Wiedemann que nous avons assimilé à *Tabanus tæniola* ♀ P. B. par les antennes entièrement noires, mais Wiedemann n'établit pas la différence qui existe entre ces deux espèces qui ont été décrites par lui-même.

BIBLIOGRAPHIE

Tabanus sugens ♀ Wiedemann : Aussereurop. Zweifl. Insekten, 1, 140, 45.
  » » Walker : List dipt. British Museum, V, 233-343.

Tabanus socius ♀ Walker (pl. II, fig. 13)

« Fuscus, capite flavo subtus albo, thorace cinereo quinquevittato ; pectore
« fulvo nigroque vario, abdomine nigro, fulvo trivittato ; basi ventrique ferru-
« gineis, pedibus nigris, femoribus fulvis, tarsis piceis, alis subcinereis. »
Tête jaune, partie supérieure blanche à poils blancs. Yeux couleur de poix, pièces buccales jaune pâle, trompe noire, thorax brun sombre avec cinq lignes grises ; pectus varié de brun et de noir ; abdomen noir, ferrugineux vers la base à trois bandes couleur tan. Envers ferrugineux, brun pâle de chaque côté, noir à l'extrémité ; pattes noires, cuisses jaune brunâtre, tarses couleur de poix. Ailes légèrement grises, nervures brunes, balanciers jaune pâle. Longueur du corps 9 lignes, envergure des ailes 16 lignes. Sud de l'Afrique. Recueilli par le Dr A. Smith.

La synonymie donnée dans *The Annals Magaz. Nat. Histor.*, vol. VI, p. 164 (1900) est incorrecte, car en comparant le type de *Tabanus socius* ♀ Walker à *Tabanus sagittarius* ♀ Macquart dont le type existe au Muséum de Paris, on reconnaît qu'il y a deux espèces distinctes. La *Tabanus serratus* Lœw qu'on a voulu assimiler à *Tabanus socius* ♀ Walker en est également différent.

Le Muséum de Paris possède de nombreux exemplaires des provenances suivantes : Afrique occidentale (Dr Laveran, 1906) ; Fleuve Omo-Bulci (Dr E. Brumpt, 1906) ; Khati-Soudan (Dr Laveran, 1907) ; Tchad, rives inondées (D[r] J, Decorse, 1904) ; Bas-Chari, Mom, Chaomkouka (Dr Decorse, 1904) ; rives du Chari, Kiaokata, Kanem, région au sud de N'Gouri (A. Chevalier, 1904) ; Ouesso, N'Goko-Sanga (Dr Gravot, 1906) ; Mozambique (Vasse, 1906) ; Bani-Soudan (Dr Laveran, 1904) ; Tchad oriental, archipel Kouri (A. Chevalier, 1904) ; Sénégal-Sélibaby (Dr Laveran, 1906) ; région du lac Fittri (lieutenant Lebas, 1904) ; Abyssinie (mission de Bonchamps, 1899).

Le British Museum possède le type de *Tabanus socius* ♀ Walker provenant du sud de l'Afrique (Dr Smith, 44-6) ; d'autres femelles de Delagoa-Bay, Transvaal ; Umfuli River, Natal ; Salisbury, Mashonaland ; Bahr-el-Ghazal ; Sennaar, Nil Bleu ; Gebelain, Nil Blanc et une longue série nommée « Seroot fly » de Fachoda, Nil Blanc, 6-xii, 1900 (H. E. Haymes) ; d'autres exemplaires proviennent de Usoga-Uganda et un vient de Léopoldville (7 décembre 1903), adressé par l'Ecole de médecine tropicale de Liverpool.

Cette espèce se distingue du *Tabanus tæniola* ♀ P. B. dont elle est très voisine par la forme de la bande médiane grise de l'abdomen, cette bande n'est pas étroite et continue mais se compose d'étroites taches triangulaires à côtés presque droits, leurs bases reposent sur le bord postérieur du segment et se terminent par un court apex au bord antérieur ». Longueur du corps, 10 à 19 mm.

Ayant pu comparer entre eux les spécimens de presque tous les Musées d'Europe il résulte que le *Tabanus socius* ressemble en tous points au *Tabanus tæniola* P. B. sauf par la bande abdominale médiane ; les triangles de tomentosité grise qui composent la bande médiane commencent par une tache tomenteuse grise, de forme irrégulière sur le premier segment, la tache du deuxième segment est grande, triangulaire et porte un long apex qui atteint le bord antérieur du segment, côtés droits, parfois la tache est complètement oblongue, sa base est généralement plus étroite que celle de la tache du troisième segment, celle-ci et la tache du quatrième segment ont une base plus large, les côtés légèrement concaves et les apex arrondis. Sur le cinquième segment la tache est très petite à base très étroite, sur le sixième segment on voit parfois une très petite tache oblongue.

L'aire de répartition du *Tabanus socius* ♀ Walker, comprend actuellement le Sénégal, Soudan, Congo français, Tchad, Congo belge, Angola, Natal, Transvaal, Rhodésia, Mozambique, Uganda et la vallée du Nil jusqu'auprès de Kartoum, qui ainsi que Kayes (Sénégal) semble marquer la limite septentrionale de cette espèce.

BIBLIOGRAPHIE

Tabanus socius ♀ Walker : List dipt. British Museum, I, 160.
— — Austen : Report of Gordon Memorial College, 1906, 59, fig. 24.

Tabanus sagittarius ♀ Macquart (pl. II, fig. 14)

A cette espèce se rapportent les descriptions des espèces suivantes :

Tabanus variatus ♀ Walker.
Tabanus rubicundus ♀ Walker.
Tabanus serratus ♀ Lœw.
Tabanus exclamationis ♀ Girard.

qui sont des synonymes de *Tabanus sagittarius* ♀ Macquart.

Le type appartient à la collection du muséum de Paris. Il porte outre l'étiquette manuscrite de Macquart la mention : Afrique, Delalande, 306.

Macquart en donne la courte diagnose suivante :

« Antennis nigris. Abdomine lateralibus testaceis, singulo segmento macula
« dorsali nigricante. Pedibus rufis. Longueur 6 lignes ♀. »

« Palpes, face et front d'un gris jaunâtre pâle, ce dernier à callosité carrée,
« brune, prolongée d'une ligne, à l'extrémité de laquelle il y a une tache brune,
« ovale, imitant l'extrémité d'une flèche, de chaque côté. Vertex brun. Antennes
« noires ; premier article rougeâtre. Thorax noir à léger duvet blanchâtre, et
« quatre bandes d'un rougeâtre pâle, larges postérieurement, linéaires et presque
« nulles antérieurement ; épaules rougeâtres ; côtés gris ; écusson noir. Abdomen
« d'un fauve testacé sur les côtés, une grande tache dorsale noirâtre sur chaque
« segment, sur laquelle il y a une tache triangulaire de duvet grisâtre : une autre
« tache semblable sur le fauve des côtés ; incisions jaunâtres ; ventre d'un gris
« jaunâtre. Pieds d'un fauve pâle, à poils blancs ; tarses noirâtres, ainsi que
« l'extrémité des jambes antérieures. Balanciers brunâtres. Ailes claires ; bord
« extérieur un peu jaunâtre ».

Du cap. Delalande. Muséum.

La longueur indiquée est exacte mais l'état d'usure du type ne permet que
bien difficilement de l'identifier.

Tête plus large que le thorax, yeux glabres. Bande frontale à bords sensiblement parallèles, trois fois plus haute que large à la base et couverte d'une tomentosité gris jaunâtre pâle. La bande frontale porte à sa partie inférieure une callosité châtain clair tangente aux yeux, presque carrée et prolongée par une ligne
courte saillante et de même couleur qui s'étend presque jusqu'à la moitié du
vertex où elle se dilate en une figure affectant la forme d'un fer de flèche, une
autre callosité très petite et arrondie, de même couleur existe au vertex.
Antennes noires à premier article rougeâtre (d'après Macquart). Le type ne possède que les deux premiers articles qui sont rougeâtres à pubescence noire.
Palpes renflés d'un gris jaunâtre pâle à pubescence noire éparse.

Thorax noir à léger duvet blanchâtre et quatre bandes d'un rougeâtre pâle,
élargies postérieurement, linéaires et presque nulles antérieurement, épaules
rougeâtres, flancs gris, dessous à pubescence d'un blanc rougeâtre. Scutellum
noir.

Abdomen d'un fauve testacé sur les côtés avec une grande tache noirâtre
diffuse sur le milieu de chaque segment, élargie au bord postérieur ; sur cette
tache il y a une tache triangulaire de duvet gris jaunâtre bien visible depuis le
troisième segment. Une série de taches triangulaires semblables se trouve
sur tous les segments dans la partie fauve. Incisions jaunâtres : ventre d'un
gris jaunâtre. Pattes d'un fauve pâle à pubescence blanche, tarses rembrunis
ainsi que l'extrémité des tibias antérieurs. Ailes hyalines à nervures brunes,
bord costal et stigma jaunâtre. Balanciers brunâtres.

Cette espèce très voisine du *Tabanus socius* ♀ Walker en diffère surtout par le
dessin des triangles qui composent la ligne médiane de l'abdomen. Cette bande
étroite est composée de triangles comme dans *Tabanus socius* ♀ Walker, mais ils
ont tous une base plus large et leurs côtés sont très concaves de telle sorte que
ces triangles forment une véritable ligne en zig-zag, le troisième et le quatrième
ont les plus larges bases. La bande commence par une tache indéfinie sur le
premier segment sur un fond noir ; le deuxième triangle forme un tache allongée

à apex pointu qui atteint le bord antérieur du segment, la base est modérément large de telle sorte que les côtés sont très légèrement concaves, troisième et quatrième semblables mais leurs bases sont plus larges et leurs côtés plus concaves, les apex sont cachés sous le segment qui les précède ; cinquième triangle plus court et large, le sixième forme une tache allongée. Les apex du second et troisième triangle sont parfois tronqués. Longueur du corps, 11 à 18 mm.

Le type de *Tabanus variatus* décrit par Walker d'une localité inconnue est identique au type de *Tabanus rubicundus* provenant de l'intérieur de l'Afrique, ainsi que l'a constaté M. Austen. Le type de *Tabanus variatus* a été accidentellement détruit mais ce nom prend la priorité sur celui de *Tabanus rubicundus*, déjà employé par Macquart pour un taon de l'Inde et de Java. *Tabanus rubicundus* Walker n'est pas la même espèce que *Tabanus secedens* Walker comme l'indiquent les catalogues de Kertesz et de Bezzi ; cette confusion est due à une erreur commise par Lœw dans sa note sur les Diptères du Sud de l'Afrique (page 33) au sujet d'un changement de nom fait par Walker qui le premier décrivit *Tabanus secedens* sous le nom de *Tabanus tibialis* et qui postérieurement retrouva l'ancien nom alors employé (voir Dipteres of the British Museum. Supplement, 1, p. 224 (1854).

Tabanus serratus ♀ Lœw

« Brunneo cinereus, thorace albido vittato ; abdomen brunneo rufum seg-
« mentis ultimis nigricantibus ; vitta media æqualis brunnea in singulis seg-
« mentis triangulum album includet ; callus frontalis unicus inferus rufescens.
« Long. corp. 8 5/6 lin ».

Espèce très semblable à *Tabanus trisignatus* mais cependant distincte. Chez les exemplaires les plus clairs la couleur du fond du thorax et du scutellum est rouge brunâtre, assez noire sur les parties inférieures du thorax seulement et brun-noir entre les bords sombres du dessus. Dans les exemplaires plus sombres cette coloration est plus étendue, principalement au delà de la majeure partie du scutellum de sorte que les bords latéraux du thorax, les intervalles entre les bandes thoraciques sombres et les bords du scutellum restent rouge brunâtre. La couleur fondamentale de la face est habituellement noirâtre et rouge brunâtre au-dessous mais la tomentosité blanche est si dense que la couleur du fond n'est visible que par dénudation ; la pubescence fine de la face est blanchâtre. Palpes blanc jaunâtre à pubescence blanche près de la base et noire par ailleurs. Antennes noires, le premier, le deuxième et parfois aussi la base du troisième article sont brun sombre ; premier article fortement en forme de capuchon, couvert d'une tomentosité blanchâtre mélangée de poils noirs principalement denses vers l'angle supérieur saillant qui pour cela paraît noir foncé ; la pubescence noire du second article antennaire forme presque un toupet à l'extrémité de l'angle supérieur ; troisième article antennaire de moyenne largeur, son angle supérieur fortement saillant est couvert d'un assez grand nombre de très courts poils. Front à pubescence et tomentosité comme celle de la face jusqu'à l'angle antérieur des yeux, il porte une callosité quadrangulaire d'un brun luisant qui n'atteint pas tout à fait le bord des yeux et est plus haute que large, cette callosité est rejointe par une ligne brune qui remonte et semble produite seulement par le frottement car parfois elle manque tout à fait ou presque tout à fait. Dans la région ocellaire et au vertex il se forme par le frottement des taches irrégulières où la couleur brune du fond apparaît. Après le ramollissement les yeux restent très sombres et ne présentent aucune trace de bandes. Coloration et dessus du thorax comme chez *Tabanus trisignatus*, Lœw. Scutellum la plupart du temps noir seulement à la base. Le dessin de l'abdomen est très caractéristique chez cette espèce, on le voit d'autant plus clairement en regardant l'insecte par l'arrière, on aperçoit alors une très large bande médiane brun-noir dont les bords latéraux sont droits et qui devient plus noire et plus étroite vers la partie postérieure. Du deuxième au sixième segment l'abdomen porte une tache triangulaire qui atteint le bord antérieur de chaque anneau et qui a une tomentosité gris blanchâtre ou gris rougeâtre, les côtés du triangle tournés vers le vertex sont un peu échancrés de sorte que les angles postérieurs sont les plus nettement distincts. Il se forme ainsi par la réunion de tous ces triangles une ligne médiane dentée. Sur les anneaux postérieurs l'apex antérieur de la tache triangulaire est caché sous le bord postérieur des anneaux précédents; le septième segment abdominal est noir en entier. Sur le sixième segment commence une bande qui va vers le haut près du bord latéral, elle consiste en des taches qui occupent toute la hauteur des anneaux et qui sont plus larges, plus claires et moins nettement distinctes sur chaque anneau successif, on peut aisément les distinguer habituellement jusqu'au troisième anneau. La bande formée de ces taches est moins nettement limitée que la bande médiane, elle est dentée au côté interne et droite au côté externe qui est très facilement limité. Sur le sixième anneau ces bandes convergent souvent avec la bande médiane, le reste de l'abdomen plus ou moins brun rougeâtre est recouvert d'une tomentosité gris blanchâtre. La pubescence de l'abdomen est surtout noire en dessus, elle est blanchâtre sur la majeure partie des taches triangulaires de chaque côté près de la bande médiane et au bord latéral externe. Ventre rouge brique à pubescence blanchâtre longue sur les côtés, elle est noire sur la ligne médiane en grande partie et sur les anneaux postérieurs en entier. C'est pourquoi il peut arriver que la ligne médiane vue sous un certain angle semble plus brillante quoique lorsqu'on la regarde plus de côté elle prenne la coloration de la ligne latérale, les derniers segments du ventre sont noirs. Cuisses noires à apex rougeâtre, tibias jaune rougeâtre à tomentosité et pubescence blanchâtre, le tiers apical des antérieurs noir, les autres ont l'apex un peu noir. Tarses antérieurs noirs, la couleur des autres passe du brun au noir. Balanciers à pédoncule brunâtre et à bouton blanc jaunâtre. Ailes grisâtres, hyalines à nervures brun-noir, bord marginal très peu distinct, d'un jaune brunâtre clair. Première cellule marginale rétrécie, la quatrième ouverte.

Chez quelques exemplaires la tache médiane du sixième segment abdominal est très nette.

Cafrerie et Mozambique.

Tabanus rubicundus ♀ Walker

« Rufus, thorace fusco quinque vittato abdomine nigro quadrivittato pedibus
« nigris, tibiis rufis, alis limpidis.
 « Corps rouge, tête munie en dessous de soies jaunes, yeux brunâtres, pièces
« buccales jaune pâle, trompe et antennes noires. Thorax avec cinq bandes bru-
« nes, poitrine marquée aussi de brun. Abdomen avec quatre bandes noires dont
« les deux médianes se réunissent sur les bords antérieurs de plusieurs seg-
« ments. Ventre noir à l'extrémité. Jambes noires, tibias rouges recouverts
« d'une pubescence blanche et courte. Ailes sans coloration, nervures couleur
« de poix. Balanciers fauve pâle brillant. Longueur du corps 8 l. 1/2.
« Afrique du Sud. Rapporté par le Comte de Derby. »

Cette description très insuffisante pour différencier une espèce dans ce groupe très affine est heureusement complétée par la présence du type au British Museum. L'examen du *Tabanus rubicundus* ♀ Walker le rattache avec certitude au *Tabanus sagittarius* ♀ Macquart.

Le *Tabanus exclamationis* ♀ Girard a été recueilli entre 10° lat. S. et 16°19° long. E. (Greenwich). Girard dit qu'il se rapproche de *Tabanus longitudinalis* Læw, il doit d'après cette description être très voisin de *Tabanus sagittarius* Macq. et probablement appartenir à la même espèce.

L'auteur dit en outre que la callosité frontale a la forme d'un point d'exclamation, ce qui peut s'entendre de toute callosité dilatée au milieu.

Le *Tabanus sagittarius* ♀ Macquart est représenté au Muséum par le type et des exemplaires provenant de Khati-Soudan (Dr Laveran) : Kisoumou, Victoria Nyanza ; environs de Khartoum ; Abyssinie.

Le musée de Lisbonne possède deux spécimens de Quango.

Le British Museum a le type de *Tabanus rubicundus* ♀ Walker, provenant de l'intérieur de l'Afrique, collection du comte de Derby ; M. Waterhouse du British Museum nous fait savoir que cette collection provient principalement des environs du Lac Ngami ; d'autres femelles proviennent de Biké et Benguela, Angola ; Afrique Orientale ; Buddu ; Wadelai ; Ankole ; Bulamwezi, Nord d'Usoga ; Kisembara ; Junda, Uganda (S. C. Tomkins, 1903) ; quelques-uns ont été recueillis dans les plantations de bananiers près de la rivière Seziva ; d'autres dans la forêt de la rivière Lukoge ; un exemplaire de Gambie, et un autre des monts Ruwenzori à 3.500 pieds d'altitude.

BIBLIOGRAPHIE

Tabanus sagittarius ♀ Macquart : Dipteres Exotiques, I, 1. 123. 5.
— Walker : List. dipt. British Museum, 228, 330.
— Adams : Kansas Univ. Sc. Bull. III, 150.
Tabanus variatus ♀ Walker : Diptera Saundersiana, 64.
Tabanus rubicundus ♀ Walker : *nec secedens* Walker.
— — Dipteres of British Museum, I, p. 161.
Tabanus serratus ♀ Læw : Öfr. K. Vet. Akad. Forhandl. (1857) 337. 2.
— — Dipteren Fauna Sudafrika's, I. 39. 10, tab. 1, fig. 21.
Tabanus exclamationis ♀ Girard : Journal Sc. Lisboa VIII, p. 228 (1882).
— — — II, p. 367 (1884).

Tabanus fraternus ♀ Macquart

Il faut rapporter au *Tabanus fraternus* ♀ Macquart les insectes suivants qui sont des synonymes :

Tabanus bipartitus ♀ Walker
Tabanus trisignatus ♀ Lœw

Le type de Macquart provient de la Cafrerie et est en mauvais état, il fait partie de la collection du musée de Lille.

Macquart en donne la description suivante :

Tabanus fraternus ♀ Macquart (p. 93 fig. 16)

« Thorace nigro, vittis rubris. Abdomine fusco, maculis dorsalibus albis ; vittis lateralibus rufis. Antennis nigris. Pedibus nigris ; tibiis testaceis.

« Longueur 8 l. ♀, voisin du *T. autumnalis*. Palpes d'un jaune pâle. Face et barbe blanches. Front blanchâtre à callosité brune. Antennes noires. Yeux nus. Thorax à quatre bandes rougeâtres et à duvet blanc ; dessous à duvet blanc. Abdomen à taches dorsales, triangulaires, de duvet blanc, sur les premier, deuxième, troisième et quatrième segments ; une bande fauve de chaque côté des mêmes segments ; cinquième, sixième et septième noirs, avec un peu de fauve sur les bords ; ventre fauve, à léger duvet blanchâtre sur les côtés. Cuisses noirâtres à duvet blanchâtre ; postérieures testacées en dessus ; jambes fauves ; antérieures blanches, à extrémité noire ; tarses noirs. Ailes assez claires ; base et bord extérieur jaunâtres ; nervures normales.

« De la Cafrerie, reçu de M. Delegorgue de Douai.

En examinant le type de Macquart on remarque que les taches triangulaires décrites par l'auteur sur les quatre premiers segments sont en réalité situées sur le second, troisième et quatrième avec une faible tache oblongue sur le cinquième segment. Walker et Lœw ont redécrit *Tabanus fraternus* ♀ Macquart en 1856 et 1857. Lœw l'a recueilli de Cafrerie et de Mozambique. Le type de Walker, qui existe au British Museum provient du Natal (68-4). Collection Saunders ; d'autres spécimens de la même collection proviennent du Sud de l'Afrique ; une femelle vient de la rivière Lunigina, Henga, Ouest du lac Nyasa à 1.000 mètres d'altitude (R. Chawshay) ; une femelle du Sud de l'Afrique recueillie pendant l'expédition du Dr Livingstone et apportée par Lord Russell (63. 86) ; une femelle de l'Est africain prise par le Dr Speke dans son expédition aux sources du Nil, donnée par Lord Russell (1864).

Karsch rapporte que les spécimens mâles et femelles de Bondeï (Est-Africain) ont les yeux bigarrés. Bezzi remarque que les femelles d'Adi-Ugri, Erythrée, sont un peu plus petites que le type de Macquart et que le thorax est rougeâtre avec des bandes noires. Les exemplaires du Muséum de Paris proviennent de la côte de Mozambique et ont été pris par M. G. Vasse.

Espèce rougeâtre qui se distingue aisément par les trois taches triangulaires de son abdomen et par ses ailes estompées. Longueur du type 16 millimètres.

Celui de Walker a la même longueur, mais certains spécimens atteignent 20 millimètres.

Tête plus large que le thorax. Face rougeâtre mais épaissément couverte d'une tomentosité blanchâtre et de nombreux poils blancs. Barbe blanche. Palpes jaune pâle, épais à la base et couverts d'une pubescence blanche mélangée de quelques poils noirs à l'apex. Antennes brun rougeâtre, premier article jaune pâle avec une pubescence blanche et de nombreux poils noirs à l'angle supérieur, ce qui lui donne un aspect sombre, il est découpé en forme de capuchon; second très petit à poils noirs; troisième article brun sombre, rougeâtre seulement à la base, orné d'une dent distincte couverte de poils noirs. Bande frontale environ quatre fois aussi longue que large, légèrement rétrécie antérieurement, rougeâtre, couverte d'une tomentosité grise. Callosité frontale rouge, grande, presque carrée, atteignant les yeux, la ligne qui la prolonge est en forme de fuseau et atteint plus de la moitié de la bande frontale ; de chaque côté de cette ligne il y a une épaisse pubescence noire. Yeux sans bandes ni taches. Le thorax varie de couleur du noir au rougeâtre, il est habituellement noir sur sa partie antérieure et plus rougeâtre postérieurement, la couleur noire apparaît souvent en bandes ; il porte cinq bandes distinctes de tomentosité grise, la médiane est étroite (elle n'existe pas dans le type de Walker), les autres sont plus larges et ont une pubescence grisâtre ; côtés rougeâtres à pubescence grise, sur le dessus elle est principalement jaunâtre. Pectus rougeâtre à tomentosité grise et pubescence blanchâtre. Scutellum d'un noir rougeâtre.

Abdomen jaune rougeâtre, les trois derniers segments noirs, les trois taches triangulaires sont égales de dimensions et ont une large base, l'apex du premier triangle est court, lorsque ces taches ne sont pas dénudées, elles sont recouvertes de poils blanchâtres ; sur le premier segment on aperçoit une touffe de poils blancs dans les spécimens très frais. Sur le cinquième segment il y a une tache oblongue grisâtre, les triangles gris sont habituellement entourés d'une bordure noire formant une bande irrégulière de chaque côté. La pubescence du dessus est courte et jaune, noire sur les parties sombres.

Envers jaune pâle avec une tomentosité et une pubescence blanches. Pattes jaune rougeâtre; fémurs noirs; tibias antérieurs noirâtres à l'apex; tous les tarses noirâtres. Pubescence des pattes blanche sur les parties claires, noire sur les parties sombres. Ailes hyalines à nervures brunes, stigma jaunâtre, bord externe et nervures transverses légèrement ombrées de brun, première cellule postérieure rétrécie.

A titre de documentation nous joignons à notre description celles des auteurs eux-mêmes.

Tabanus bipartitus ♀ WALKER

« Fulva; caput album, vertice ferrugineo callo nigro; palpi albi; antennæ
« nigræ; thorax supra niger, cano quadrivittatus, disco postice lateribusque
« fulvis; abdomen è maculis albis univittatum, basi macula nigra, apicem ver-
« sus nigrum; femora tarsique nigra, illa apice fulva; alœ subcineræ, venis
« nonnullis nigro marginatis; halteres albi.

Couleur tan. Tête blanche ; vertex ferrugineux ; callosité noire. Yeux couleur d'airain, toutes les facettes très petites. Palpes blancs. Antennes noires : premier article formant un angle aigu en dessus et en avant ; troisième mince, légèrement courbe, sa corne très courte et petite formant un angle presque droit. Thorax noir en dessus, avec quatre bandes blanchâtres, de couleur fauve de chaque côté et sur le disque en arrière. Abdomen noir vers l'apex avec une tache noire à la base et une tache blanche triangulaire sur chacun des segments intermédiaires. Fémurs et tarses noirs, ceux-ci avec l'extrémité fauve. Ailes grisâtres à nervures noires, nervures transverses et quelques-unes des nervures longitudinales ombrées de noir. Branche antérieure de la nervure cubitale simple formant près de sa base un angle très obtus et un peu arrondi. Balanciers blancs. Longueur du corps 6 lignes, des ailes : 13 lignes.

Port Natal.

Tabanus trisignatus ♀ Lœw

« Brunneo-cinerascens thorace albido-vittato, abdomine brunneo-rufo, postice
« brunneo triangulis tribus albidis segmentorum secundo, tertii et quarti
« signato. Alæ cinereo-hyalinæ, venis transversalibus fusco-cinctis ; callus fron-
« talis inferior et linea frontis longitudinalis brunnescentes.

« Long. corp. 8-8 lin. 1/6.

Couleur du corps très variable mais l'insecte est aisément reconnaissable. Chez les exemplaires les plus clairs, la couleur foncière du thorax et du scutellum est d'un rouge brunâtre, pendant que chez les exemplaires les plus sombres, la majeure partie inférieure des flancs et du thorax est noirâtre, recouverte d'une tomentosité et d'une pubescence blanchâtre. Les bandes sombres de la partie supérieure prennent alors une coloration brun noirâtre sombre de sorte que le fond reste d'un brun-châtain. La couleur fondamentale de la face est toujours jaune rougeâtre pâle recouverte d'une pubescence blanchâtre et d'une dense tomentosité blanche. Palpes blanc jaunâtre à pubescence blanche entremêlée de quelques poils noirs épars. Antennes noires avec une coloration rouge brunâtre foncée depuis la racine jusqu'à la base du troisième article. Premier article en forme de capuchon, à pubescence et tomentosité blanchâtres, l'angle supérieur saillant porte une dense pubescence couchée qui lui donne un reflet noir foncé, les petits poils noirs de l'angle supérieur du deuxième article antennaire sont en forme de toupet ; troisième article d'une largeur moyenne, angle supérieur fortement saillant, recouvert d'un nombre assez grand de petits poils noirs tout à fait courts. Front ayant jusqu'à l'angle antérieur des yeux, la même tomentosité et la même coloration que la partie inférieure, et portant une grande callosité quadrangulaire brune qui va d'un œil à l'autre ; au-dessus se trouve une autre callosité linéaire qui semble due au frottement parce que chez les divers exemplaires elle montre un aspect différent, parfois la région ocellaire est pourvue d'un petit dessin qui commence au point où serait placée l'ocelle antérieur et va par deux branches embrasser l'emplacement ocellaire. Près de la bande longitudinale dénudée du front se trouve sur le bord de chaque œil un endroit linéaire un peu plus long et à pubescence plus dense qui est évident chez les exemplaires les plus sombres. Les yeux restent très sombres pendant le ramollissement et ne montrent aucune trace de bandes. Thorax à quatre bandes longitudinales de tomentosité blanchâtre dont les médianes seules atteignent le bord postérieur. Scutellum noir depuis sa base sur une aire variable.

Coloration et dessin de l'abdomen très caractéristiques. Couleur du fond brun rougeâtre, au milieu du bord postérieur du premier anneau se trouve une petite tache noire quadrangulaire à pubescence claire, le deuxième anneau a au milieu du bord postérieur une petite tache triangulaire à tomentosité blanchâtre et à pubescence d'un jaune pâle clair, troisième anneau à tache semblable qui finit en pointe vers le bord antérieur, une troisième tache se trouve sur le quatrième anneau et sa pointe antérieure est recouverte par le bord postérieur de l'anneau qui le précède. Sur le cinquième anneau il y a une petite tache brunâtre et quelques petits poils clairs qui montrent sur le bord postérieur un dessin semblable non défini. Les cinquième et sixième anneaux ont une coloration brun foncé et une pubescence noirâtre tandis que le bord latéral reste de coloration claire à pubescence claire. La couleur brune des derniers anneaux se continue comme une bande longitudinale près du bord latéral au-dessus des anneaux antérieurs et plus ou moins loin selon que les spécimens sont plus ou moins colorés. Ventre plus clair que le côté supérieur de l'abdomen, les deux derniers anneaux sont plus ou moins bruns ou noirs. Cuisses noirâtres en général, chez les exemplaires les plus clairs elles sont brunâtres sauf au côté externe des antérieures, les cuisses ont une tomentosité et une pubescence blanchâtre. Tibias jaune rougeâtre, le tiers apical antérieur noir, les autres tibias un peu noirs à l'apex. Balanciers à tige brunâtre claire et tête blanchâtre. Ailes grisâtres, hyalines, à nervures brun-noir ; Base et bord antérieurs un peu colorés en brun. Les nervures transversales et la base de la deuxième cellule submarginale ont une bordure estompée de brun sombre ; première cellule marginale postérieure plus étroite, la quatrième cellule élargie.

Les différents exemplaires des collections d'Europe proviennent du Natal, Cafrerie, Mozambique, Afrique centrale anglaise et Abyssinie.

BIBLIOGRAPHIE

Tabanus fraternus ♀ Macquart : Dipteres exotiques suppl. I, 31. 61.
— Walker : List dipt. British Museum. V, 232. 335.
= *Tabanus bipartitus* ♀ Walker : Insecta Saundersiana, 451.
= *Tabanus trisignatus* ♀ Lœw : Ofv. k. Iet. et Akad. Forhandl. (1857), 340. 19.
— Dipteren Fauna Sud-Afrika, I, 39. 9, tabl. I. fig. 20.
— Karsch : Berl. Entom. Zeitschr. XXXI, 370, tab. IV, fig. 3.
— Bezzi : Bull. Soc. Entom. Italia, XXXVII (1905). p. 242.

Tabanus quadrisignatus ♀ Ricardo (p. 93, fig. 17)

Le type femelle et un autre exemplaire proviennent de Ruwe, rivière Lualaba en Congo français, par 11° lat. S. et 26° long. E. (Dr A. Yale-Massey, février 1906). Collection du British Museum.

Espèce bien marquée, voisine de *Tabanus fraternus* ♀ Macquart, plus connu sous le nom de *Tabanus trisignatus* ♀ Lœw, qui lui est synonyme. Le *Tabanus quadrisignatus* ♀ Ricardo s'en distingue par ses taches médianes triangulaires au nombre de quatre au lieu de trois, son thorax à larges bandes et ses antennes d'un jaune-rouge brillant. Les bandes thoraciques le rapprochent de *Tabanus kingsleyi* ♀ Ricardo dont il s'éloigne par les taches de l'abdomen.

De taille moyenne, thorax noir à deux larges bandes grisâtres, distinctes. Abdomen brun rougeâtre avec des taches latérales gris jaunâtre en outre des taches médianes. Pattes noirâtres, tibias jaune-rouge et ailes claires très légèrement teintées de brun.

Longueur 13 1/2 à 15 mm.

Tête plus large que le thorax. Face rougeâtre (dénudée), dans l'autre spécimen elle est couverte d'une tomentosité jaune grisâtre et d'une pubescence blanche. Barbe blanche. Palpes d'un jaune très pâle à pubescence blanche, légèrement épaissis à la base, terminés par une pointe médiocre. Antennes jaune-rouge brillant ; premier article cylindrique, couvert d'une tomentosité grise et d'une pubescence noire mélangée de quelques poils blancs ; deuxième article très petit, à pubescence noire ; troisième article long, plus sombre à l'apex et portant une dent bien développée. Bande frontale rougeâtre (dénudée), couverte d'une tomentosité gris jaunâtre environ cinq fois aussi longue que large, rétrécie antérieurement, portant un callosité frontale brun-rouge, oblongue, n'atteignant pas les yeux, la ligne qui la prolonge est courte et épaisse avec des poils noirs au vertex.

Thorax brun noirâtre, ses deux larges bandes composées de tomentosité grise à pubescence jaunâtre se continuent jusqu'à sa base. Côtés à tomentosité grise ; la pubescence du dessus, noire avec des poils blanchâtres autour de la base des ailes se continue autour du thorax. Pectus et flancs rougeâtres, couverts de tomentosité grise et de pubescence blanche avec des poils noirs en dessus. Scutellum jaune rougeâtre à la base, portant sur la partie centrale une pubescence noire et quelques poils noir jaunâtre.

Abdomen brun rougeâtre portant un peu de tomentosité grise sur le premier segment, et sur les quatre suivants une tache triangulaire médiane de tomentosité grise ; toutes ces taches ont une base élargie, la première est plus allongée et toutes ont une pubescence blanchâtre. Les taches latérales sont, chez le type, plus grandes sur le second segment, et moindres sur le troisième et le quatrième ; elles sont toutes de couleur jaunâtre, revêtues d'une tomentosité grise et de quelques poils blancs, leur forme est irrégulière. Cinquième segment noir sur les côtés, sixième noir en entier, l'un et l'autre avec les angles latéraux translucides. Sur l'autre femelle il y a des traces de taches latérales sur le cinquième segment. La pubescence du dessus est noire et d'un jaune noirâtre sur les taches claires ; flancs à pubescence blanche, extrême apex noir. Envers jaune rougeâtre pâle, noirâtre à l'apex, pubescence généralement blanchâtre. Pattes brun noirâtre à tibias jaune-rouge ; elles sont semblables à celles de *Tabanus coniformis* ♀ Ricardo. Balanciers bruns à massue blanchâtre. Ailes claires très légèrement teintées autour des nervures de brun jaunâtre pâle ; la première cellule postérieure un peu rétrécie au bord, nervures brunes, stigma jaunâtre.

Le Muséum de Paris possède plusieurs spécimens envoyés de Linzolo (environs de Brazzaville) (Dr Allain, 1907).

BIBLIOGRAPHIE

Tabanus quadrisignatus ♀ Ricardo : Annals Mag. Nat. Hist. (8), I, p. 320 (1908).

Tabanus distinctus ♀ Ricardo (pl. II, fig. 15)

Le type ♀ provient de Benguela Angola, il a été recueilli par A. Yale Massey et communiqué par le colonel G. Giles ; une autre femelle a été prise sur les bords du lac Tanganyika (W. A. Cunnington, 1906). Collection du British Museum.

Espèce de taille moyenne à abdomen brun rougeâtre clair distinctement marqué de trois séries de taches triangulaires grises, thorax à bandes grises peu distinctes.

Longueur 15 mm. 1/2.

Tête plus large que le thorax. Face jaune rougeâtre couverte d'une tomentosité blanc grisâtre et d'une courte pubescence blanche, épaisse sur les joues et sur la partie inférieure de la face. Barbe blanche, longue. Palpes jaune pâle, épais à la base, légèrement arqués et terminés par une pointe allongée ; pubescence blanc jaunâtre mélangée de quelques poils noirs. Antennes rouges, premier article très légèrement en capuchon, portant des poils noirs sur l'angle extérieur et quelques poils blancs au bord externe ; second article très petit à pubescence noire ; troisième article rouge sale à dent obtuse, noir à l'extrémité apicale. Bande frontale couverte de tomentosité grise, callosité frontale d'un brun rougeâtre brillant, atteignant à peine les yeux, allongée, prolongée par une courte ligne épaisse ; vertex brun rougeâtre (dénudé) avec quelques poils noirs sur les côtés ; la bande frontale se rétrécit un peu antérieurement et est environ cinq fois plus large que haute ; partie postérieure de la tête blanchâtre à poils blancs.

Thorax rougeâtre avec cinq bandes grises indistinctes et quatre bandes noires, les bandes grises sont composées de tomentosité grise, la bande médiane est étroite, les deux bandes qu'elle sépare atteignent la suture ; les parties noires paraissent être des bandes par contraste avec la couleur fondamentale rouge du thorax. Dans les spécimens du lac Tanganyika, ces bandes ne sont pas apparentes et le thorax est noirâtre avec cinq bandes grises bien apparentes, ce doit être le cas habituel, la comparaison d'un plus grand nombre de spécimens le prouvera. Pubescence du dessus du thorax noire, elle est jaune blanchâtre sur les bandes grises ; flancs à poils noirs, des poils blancs près de la racine des ailes. Pectus et flancs rougeâtres à tomentosité grise et poils blancs. Scutellum rougeâtre à pubescence noire et quelques poils jaunes autour du bord.

Abdomen rougeâtre, plus sombre à l'apex, portant trois taches distinctes de tomentosité grise sur les deuxième, troisième, quatrième et cinquième segments, des traces sur le sixième ; dernier segment entièrement noir. Les taches médianes sont approximativement des triangles équilatéraux dont la base est appuyée au bord postérieur de chaque segment, chaque apex atteint la base de la tache précédente, toutes ces taches sont de taille égale sauf celle du sixième segment qui est plus petite. Les taches latérales sont des triangles isocèles, le côté le plus rapproché des taches médianes et la base qui repose sur le bord postérieur du segment forment un angle droit. La pubescence est noire sur les parties sombres du dessus, jaunâtre ou blanche sur les taches grises. Envers rouge jaunâtre pâle à tomentosité et pubescence grises. Jambes rouge jaunâtre, apex des cuisses et fémurs antérieurs brun rougeâtre ; tarses antérieurs et apex des tibias antérieurs noirâtres ; les autres tarses brunâtres. Hanches à longue pubescence blanche ; fémurs antérieurs et médians à pubescence noire en dessus et blanche en dessous, fémurs postérieurs à pubescence entièrement blanche ; tibias antérieurs à poils blanchâtres sur la base jaunâtre ; les autres tibias ont une pubescence principalement blanchâtre, elle est noire par ailleurs. Ailes claires, à nervures brunes, stigma brun jaunâtre ; première cellule postérieure distinctement rétrécie au bord de l'aile. Pas d'appendice.

Le spécimen du lac Tanganyika est de couleur plus brune.

BIBLIOGRAPHIE

Tabanus distinctus ♀ Ricardo : Annals Mag. Nat. Hist. (8), I, p. 326 (1908).

Tabanus sticticolis ♀ Surcouf (pl. II, fig. 16)

Type récolté par M. Chevalier dans le Fouta-Djalon en 1906, deux autres femelles de la même provenance.

Brunâtre clair, abdomen portant une bande médiane de triangles clairs et deux lignes latérales de taches imprécises. Ailes cendrées, brunâtres vers le bord costal. Longueur 14 à 15 millimètres.

Tête plus large que le thorax ; yeux bruns sans bandes, glabres. Bande frontale étroite à bords sensiblement parallèles, couverte d'une courte pubescence jaune, portant une callosité brun rougeâtre de la largeur de la bande à la base de forme semi-ovoïde et surmontée d'une ligne brune saillante qui s'étend un peu au delà du milieu du vertex. Antennes d'un testacé brunâtre, premier article à soies jaunâtres, dent du troisième article arrondie. Palpes clairs avec quelques rares poils noirs courts à la partie externe. Epistome jaune, bord postérieur de la tête blanchâtre.

Thorax et scutellum bruns recouverts d'une pruinosité cendrée à pubescence rare et courte composée de poils noirs, flancs ciliés de noir, poitrine blanchâtres avec quelques molles soies blanchâtres.

Abdomen brun marron portant sur chaque segment un triangle médian blanchâtre ayant sa base sur le bord postérieur du segment. En outre deux bandes latérales blanchâtres, mal délimitées s'étendent sur chaque côté de l'abdomen, formant une tache qui se relie sur chaque segment à la base du triangle. Pubescence claire ou noire selon la teinte des zones colorées. Flancs à pubescence jaunâtre. Ventre uniformément rougeâtre à courte pubescence blanche, noire à l'apex. Pattes unicolores brun jaunâtre clair à pubescence jaunâtre. Tibias postérieurs frangés, tarses rembrunis. Ailes cendrées plus brunes vers le bord costal, sans appendice. Balanciers jaune pâle à tige rougeâtre.

BIBLIOGRAPHIE

Tabanus sticticolis ♀ Surcouf. Bulletin du Muséum (1906) n° 7, p. 525.

Tabanus sericiventris ♀ Lœw

Le British Museum renferme dans sa collection de Tabanides six femelles provenant de Potchefstroom, Transvaal (1895).

Le type vient de la Cafrerie. Ainsi que Lœw le remarque, cette espèce est alliée à *Tabanus tæniola* ♀ Palissot de Beauvois, mais elle s'en distingue aisément par plusieurs caractères et entre autres ceux des ailes.

Espèce jaune rougeâtre à thorax noir recouvert d'une tomentosité grise. Abdomen rougeâtre avec un reflet gris soyeux et une étroite bande médiane grise bordée de noir. Apex noir. Ailes teintées de brun. Longueur 15 mm.

Tête plus large que le thorax. Face couverte de tomentosité grise et d'une pubescence blanche éparse. Barbe blanche. Palpes minces d'un blanc jaunâtre pâle à pubescence blanche. Antennes jaune rougeâtre, troisième article noir, jaune à la base; le premier article est en forme de capuchon et à pubescence noire, second très petit à poils noirs, troisième mince à dent distincte. Bande frontale de même couleur que la face, environ trois fois aussi haute que large, d'égale largeur sur toute son étendue ; callosité frontale, grande, de forme triangulaire, n'atteignant pas les yeux et prolongée par une ligne courte un peu plus longue que la callosité elle-même. Yeux sans marques ni dessins.

Thorax couvert d'une tomentosité grise et d'une pubescence jaunâtre pâle. Lœw dit qu'il n'y a pas de bandes visibles mais dans certains spécimens il y a les traces de trois bandes grises indistinctes qui probablement n'apparaissent que lorsque le thorax n'est pas du tout frotté; côtés rougeâtre clair et pectus gris, tous les deux revêtus d'une pubescence blanchâtre. Scutellum semblable au thorax.

Abdomen jaune rougeâtre sur les côtés des quatre premiers segments, les trois derniers noirs, la bande médiane grise continue et bordée de chaque côte par une bande noire ; tout le dessus de l'abdomen revêtu d'une tomentosité jaune grisâtre ou grise offre une apparence soyeuse ; la pubescence est jaune sur les parties claires et noire sur les parties sombres ; envers d'un jaunâtre pâle à pubescence et tomentosité grisâtre. Pattes jaune rougeâtre, fémurs noirs sauf à l'apex, tibias antérieurs noirs à l'apex ; pubescence blanchâtre ; sur les parties sombres des tibias et des tarses elle est noire. Ailes hyalines, toutes les nervures teintées de brun pâle aussi bien que le bord externe ; première cellule marginale postérieure non rétrécie ; nervures transverses et stigma brun jaunâtre.

Description de Lœw :

« Flavido-cinereus, thorace non striato ; abdomen rufescens, cinereo-seri-
« ceum, stria-longitudinali medià-pallidà-duabusque hanc includentibus nigri-

« cantibus pictum ; alæ cinereæ, venis omnibus brunneo-cinctis. Long. corp.
7 1/3 lignes.

Assez mince, trompe noire, palpes blancs à pubescence blanche. Tête revêtue d'une tomentosité blanchâtre qui passe au jaunâtre sur le front assez large. Premier article antennaire jaunâtre, un peu en forme de capuchon, orné de courts poils noirs, troisième article rouge à l'extrême base, le reste de l'article est noir et assez large, angle supérieur assez aigu. Yeux sans bandes, d'un beau vert après ramollissement, les parties laissées dans l'ombre sont d'un bleu-violet. Callosité de la bande frontale petite, d'un brun brillant, n'atteignant pas le bord des yeux, prolongée dans une ligne étroite. Couleur foncière du thorax noirâtre sur le dessus et rouge brunâtre sur les côtés, mais cette coloration est masquée par une tomentosité dense d'un gris cendré jaunâtre qui ne forme ni ligne ni bande longitudinale nette. Pubescence du thorax d'un jaunâtre pâle. Scutellum semblable au thorax.

Abdomen rougeâtre sur les côtés, noirâtre sur les trois derniers anneaux, tomentosité de l'abdomen d'un gris jaunâtre offrant un aspect soyeux vu de biais. La partie dorsale de l'abdomen porte une bande médiane droite d'un jaune grisâtre, formée par une tomentosité et une pubescence claire qui s'arrête au dernier segment. Cette zone est entourée de chaque côté par une bande noire, étroite, de même largeur, de tomentosité claire et de pubescence noire, bien visible en regardant l'insecte tangentiellement par derrière. L'ensemble de ces trois bandes occupe le tiers de la largeur de l'abdomen. Ventre sans dessins, la tomentosité qui est de même couleur que celle du dessus masque presque complètement la couleur foncière. Cuisses à tomentosité gris clair et à pubescence jaune grisâtre claire. Tibias jaune rougeâtre, les antérieurs à moitié apicale noire et à pubescence noire sur cette partie. La pubescence des tibias est blanchâtre, les tibias postérieurs ont vers l'apex quelques poils noirs. Balanciers brun clair, massue jaunâtre à l'apex. Ailes teintées de gris, toutes les nervures estompées de brun, bord antérieur brun. Première et quatrième cellules postérieures marginales non rétrécies. — Cafrerie.

BIBLIOGRAPHIE

Tabanus sericiventris ♀ Lœw : Ofversigt of. K. V. Akad. Forh. (857), 335, 17.
    —   —   Dipteren Fauna Sudafrikâs, 1, 38, 7.

Tabanus nanus ♀ Wiedemann

« Nigellus; abdomine fusco trifariam maculato, maculis mediis incisurisque
« albidis ; Tibiis tarsisque ochraceis.
« Longueur 4 lignes, du Cap. »

Il est très voisin de la forme *Tabanus borealis*, d'Europe. Base des antennes brune, article terminal ferrugineux vif avec l'apex noir. Epistome gris glauque. Barbe blanchâtre. Palpes brunâtre pâle. Front parfois avec une pubescence grise, portant une bandelette unie s'élargissant graduellement en dessous. Thorax noirâtre ayant au milieu une tache linéaire brune et des taches latérales blanchâtres et délicates. Bord des côtés brunâtre, côtés du thorax gris ardoise, à pubescence blanchâtre. Abdomen brun. Bande médiane composée de triangles blanchâtres, bandes latérales composées de taches quadrangulaires à pubescence grise. Bord des segments brun jaunâtre clair. Ailes hyalines avec le bord costal brun noirâtre. Tige des balanciers jaune, disque brun, blanchâtre en dessus. Cuisses antérieures brun noirâtre. Collection WESTERMANN.

Nous ne connaissons pas ce *Tabanus* qui appartient probablement au groupe de *Tabanus tæniola* ♀ P. B.

BIBLIOGRAPHIE

Tabanus nanus ♀ WIEDEMAN nec Macquart : Diptera Exotica, I, 95, 57.
— — AUSSEREEUROP : Zweifl. Insekten, 1, 187, 114.
— — WALKER : List. dipt. British Museum, V, 232, 336.

Tabanus Ricardoæ ♀ SURCOUF

Le type provient du bas Rio Nunez en Guinée française et a été communiqué par M. le Dr LAVERAN en 1904. Une autre femelle de même provenance.

Je dédie cette espèce à Miss G. Ricardo, ma distinguée collaboratrice.

Longueur 13-14 mm.

Aspect général d'un *Tabanus tæniola* ♀ P. B., mais de taille un peu moindre, d'apparence plus légère. Ailes teintées de brun au bord costal.

Tête plus large que le thorax, yeux bruns à cornéules égales, glabres. Bande frontale plus large au vertex qu'à la base, jaune soufre, portant une callosité brune, de forme trapézoïdale, légèrement sillonnée au milieu, surmontée d'un prolongement peu saillant, étroit, s'étendant jusque vers le vertex. Antennes testacées, premier article portant de courtes soies noires,, troisième article à dent obtuse, noir dans toute la partie apicale. Palpes minces, longs, blanchâtres, avec une pubescence mélangée de noir. Joues et épistome d'un jaune très pâle, barbe blanche, partie postérieure de la tête à pubescence très courte.

Thorax brunâtre, orné de quatre lignes longitudinales de pollinosité blanchâtre et d'une cinquième ligne médiane abrégée. Scutellum brun, recouvert d'une pollinosité jaunâtre. Flancs et pectus d'un cendré jaunâtre à pubescence blanche.

Abdomen châtain, orné d'une bande médiane étroite et de deux bandes latérales plus larges, se terminant au cinquième segment inclus. Pubescence de l'abdomen jaune mélangée de poils noirs, sur les côtés et les parties les plus sombres. Ventre rougeâtre à pubescence jaune, quelques poils noirs à partir du cinquième segment. Segment anal bordé de soies noires. Pattes unicolores d'un jaune rougeâtre ; tibias antérieurs clairs dans leur moitié basilaire, tarses un peu plus sombres ; pubescence généralement blanche avec quelques poils noirs sur les tibias au bord externe. Ailes grandes, hyalines, brunâtres vers le bord costal et la cellule stigmatique. Cuillerons brunâtres. Balanciers jaune clair à tige concolore.

BIBLIOGRAPHIE

Tabanus Ricardoæ Surcouf : Bulletin du Muséum (1906), n° 7, p. 522.

Tabanus coniformis ♀ Ricardo

Le type et un autre exemplaire femelle proviennent de Ruwe, rivière Lualaba (Congo Belge) par 11° latitude Sud et 26° longitude Est, ils ont été recueillis par le Dr A. Yale Massey (1906), « dans une toile d'araignée près du campement. » (Collection du British Museum). Le musée de Lisbonne possède deux spécimens provenant de Benguella-Angola.

Espèce brun rougeâtre, très déliée, avec l'abdomen très pointu à l'apex. Taches médianes et taches latérales indistinctes, apex noir. Longueur 14 mm.

Tête plus large que le thorax. Face couverte d'une tomentosité grise qui devient brun jaunâtre sur le triangle frontal et le bord extrême des joues, pubescence blanche. Barbe blanche. Palpes d'un rouge jaunâtre à courte pubescence blanche, modérément épais, apex court. Antennes rougeâtres, premier article en forme de capuchon, à pubescence blanche et des poils noirs sur l'angle supérieur ; second article petit à pubescence blanchâtre, troisième long à dent moyenne, les quatre dernières divisions de cet article presque aussi longues que la première, l'extrémité apicale noire. Bande frontale rouge, couverte de la même tomentosité colorée que le triangle frontal ; callosité frontale brun rougeâtre, atteignant à peine les yeux, ovale, prolongée par une ligne épaisse, canaliculée en son milieu et atteignant presque le vertex. La bande frontale est environ quatre fois aussi longue que large, très légèrement rétrécie antérieurement. Yeux sans taches.

Thorax brun rougeâtre avec des bandes indistinctes, les unes sombres, les autres grises, dessus à tomentosité grisâtre et pubescence noire, il y a des traces de pubescence blanchâtre autour de la racine de l'aile et à la base du thorax. Côtés et pectus recouverts d'une tomentosité grisâtre à poils blancs. Scutellum rougeâtre, noir vers la base, couvert d'une tomentosité grisâtre mélangée de quelques poils blancs ou noirs.

Abdomen brun rougeâtre portant trois étroites taches médianes, triangulaires, grises, visibles seulement en regardant par derrière, sur les deuxième, troisième et quatrième segments ; côtés avec des taches oblongues irrégulières, jaune rougeâtre, couverts d'une tomentosité grisâtre sur les quatre premiers segments, les trois derniers sont noirs en entier. Le cinquième et le sixième segments ont les incisions plus claires. Pubescence du dessus noire, les bords postérieurs du cinquième et du sixième segments ont des poils mélangés blancs et noirs ; côtés à pubescence blanche, sombre à l'apex. Dessous jaune rougeâtre, à apex noir, les incisions très étroitement blanches, pubescence blanche, noire à l'apex. Pattes brun noirâtre, tibias antérieurs jaune-rouge sur la moitié basilaire, les autres tibias entièrement jaune-rouge, tarses médians et postérieurs de même couleur mais plus sombres à l'apex. Pubescence des hanches et des fémurs blanche avec une tomentosité grise, blanche sur les tibias antérieurs dans leur partie basilaire, noire par ailleurs. Balanciers à tige sombre et massue jaunâtre. Ailes claires, nervures brunes, stigma jaunâtre, première cellule postérieure non rétrécie.

Dans les exemplaires de l'Angola, les taches de l'abdomen sont distinctes et il y a des marques médianes noirâtres sur le second, troisième et quatrième segments. L'espèce sera toujours aisément reconnue à son abdomen conique, noir à l'apex, en outre le thorax et le scutellum sont un peu plus sombres que chez le *Tabanus tæniola* ♀ P. B.

BIBLIOGRAPHIE

Tabanus coniformis ♀ Ricardo : Annals Mag. Nat. Hist. (8), p. 324 (1908).

NEUVIÈME GROUPE

Tableau dichotomique

1 { Fémurs antérieurs brun noirâtre. . . . 2
  { Fémurs antérieurs rouges. 3

2 { Abdomen brun rougeâtre ou brun-rouge à bande médiane grise, peu distincte, habituellement continue, parfois réduite à de petits triangles grisâtres au bord postérieur des segments et des taches latérales mal définies en général, 20 à 21 mm. . . . *T. secedens* ♀ Walker.
  { Petite espèce brun rougeâtre à bandes latérales continues s'étendant jusqu'au quatrième segment, 13 à 16 mm. . . *T. Kingsleyi* ♀ Ricardo.

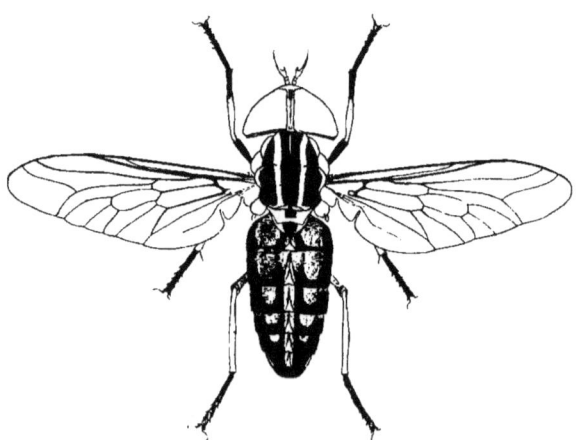

Fig. 18. — *Tabanus claripes* ♀ Ricardo

NEUVIÈME GROUPE

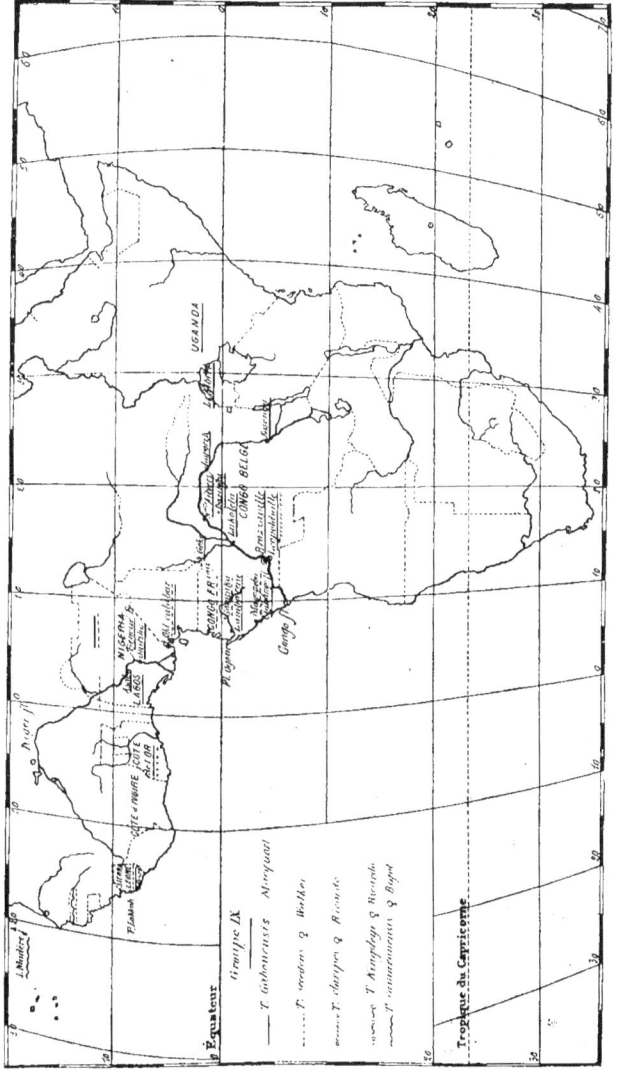

	Grande espèce brun rougeâtre à taches médianes triangulaires grises sur l'abdomen, taches latérales indistinctes rouges, 24 mm	*T. claripes* ♀ Ricardo.
3	Espèce indécise de l'île Madère, près de *T. secedens*.	*T. camaronensis* ♀ Bigot.

Tabanus secedens ♀ WALKER (pl. III, fig. 2)
= *Tabanus gabonensis* ♀ MACQUART
= *Tabanus Blanchardi* ♀ SURCOUF
= *Tabanus brunnescens* ♀ RICARDO

Le *Tabanus secedens* est un des insectes les plus repandus sur la côte occidentale d'Afrique et au Congo. Il a été décrit par WALKER en 1848 sous le nom de *Tabanus tibialis*, mais ce nom avait déjà été employé par MACQUART en 1846. WALKER changea le nom de son insecte en 1854 et le nomma *Tabanus secedens*. Pendant ce temps, MACQUART lui avait donné le nom de *Tabanus gabonensis* en 1855. Les différences qui avaient été constatées entre le *Tabanus gabonensis* ♀ Macquart et le *Tabanus secedens* ♀ Walker ne semblent pas suffisantes pour maintenir les deux espèces distinctes. Le nom de *Tabanus gabonensis* ♀ Macquart devient alors synonyme de *Tabanus secedens* ♀ Walker.

Le *Tabanus rubicundus* ♀ Walker n'est pas d'ailleurs le synonyme de *Tabanus secedens* ♀ Walker, mais de *Tabanus sagittarius* ♀ Macquart.

La femelle du *Tabanus secedens* Walker était seule connue lorsque le Muséum de Paris reçut en 1906, deux spécimens mâles qu'on peut rapporter avec certitude à cette espèce. Ces deux insectes ont été recueillis par le docteur E. HAUG en 1906 à N'Gomo, sur les bords de l'Ogooué.

Longueur 17 1/2 à 19 mm.

♂ Tête grande, yeux confluents sur tout leur bord interne et atteignant 4 mm. 1/2 de longueur, composés de deux champs de cornéules nettement distincts dont une zone médiane de grosses cornéules qui comprend toute la partie médiane et interne et qui est entourée par un anneau étroit de petites cornéules ; au vertex cet anneau est très étroit et il augmente très peu de largeur jusque vers le bord externe de l'œil où il s'élargit pour former toute la partie inférieure de l'œil, la ligne de séparation est courbe et atteint presque le sommet du triangle frontal, elle est nette et brusque partout. Triangle frontal marron vers l'apex sur les 2/5 de sa hauteur, le reste est d'un jaune doré brillant ; joues d'un blanc jaunâtre à longue pubescence jaune. Barbe blanchâtre. Antennes petites, rouges ; premier article noir, en capuchon, portant de nombreux poils noirs, courts et plus denses vers l'angle supérieur ; deuxième article à pointe saillante, cilié de courts poils noirs ; troisième article à dent basilaire externe de taille normale, ornée de quelques poils noirs, bord inférieur sinué ; extrémité annelée couverte d'une courte pubescence serrée donnant une coloration noire à cette partie de l'antenne. Palpes petits, vésiculeux ; dernier article oblong d'un jaune grisâtre pâle à longs poils noirs et blanchâtres.

Thorax brun à quatre larges bandes de pubescence roussâtre, les deux médianes se prolongent sur le scutellum qu'elles entourent ; dessous du thorax cendré à longue pubescence jaunâtre.

Abdomen long, brun rougeâtre, à rare pubescence noire, portant une ligne médiane testacée, continue, commençant au premier segment et se terminant au bord postérieur du cinquième. Sur les deuxième, troisième et quatrième segments il y a en outre une tache latérale très peu visible.

Dessous de l'abdomen brun à courte pubescence d'un jaune doré, bord des segments frangé de poils jaunes. Hanches cendrées, fémurs brun rougeâtre foncé à pubescence noire en dessus et quelques poils blancs sur la partie inférieure. Tibias et tarses comme la femelle. Ailes hyalines, teintées au bord costal, stigma brun formant une tache nébuleuse étendue, nervures brunes très légèrement estompées de jaunâtre. Balanciers à tige rougeâtre, base du bouton noirâtre, partie terminale testacée jaunâtre.

Cette espèce varie considérablement de coloration et passe du rougeâtre au brun.

♀ Tête plus large que le thorax, face gris jaunâtre densément couverte d'une tomentosité grise, qui est plus jaunâtre sur la partie supérieure des joues et sur le triangle frontal ; pubescence d'un blanc d'argent assez longue et mélangée de quelques poils noirs sur le milieu de la bande frontale. Palpes jaunes couverts de courts poils noirs, grands et nettement épaissis à la base, arqués et terminés en une pointe allongée. Antennes d'un brun rougeâtre, premier article rougeâtre à épaisse pubescence noire, en forme de capuchon ; second article très petit, rouge avec quelques poils noirs ; troisième article d'un brun noirâtre, parfois rougeâtre à la base, la première division de cet article porte une tomentosité grisâtre ou jaunâtre, les dernières sont complètement noires et glabres, la dent située près de la base est nettement marquée. Bande frontale brune, couverte d'une tomentosité jaunâtre ou fauve, étroite, environ huit fois aussi haute que large, rétrécie antérieurement ; callosité frontale brillante, allongée, d'un brun noisette, atteignant presque les yeux et surmontée vers le vertex par une ligne saillante jusqu'au delà du milieu de la bande frontale. Yeux glabres, sans marques ni dessins.

Thorax brunâtre portant quatre larges bandes équidistantes, formées de tomentosité jaunâtre, parfois les bandes sont plus grises que jaunes ; la pubescence du pronotum dans les exemplaires bien conservés est courte, noire avec quelques poils jaunes antérieurement et sur les côtés ; poitrine et flancs d'un brun grisâtre à pubescence noire sur les côtés avec quelques poils gris épars. Scutellum brun rougeâtre, plus sombre au centre.

Abdomen brun rougeâtre, noirâtre sur les segmentations et vers l'apex ; la bande médiane très étroite, continue dans la forme typique se compose souvent de petites taches arrondies sur le premier segment et d'une tache triangulaire allongée sur chacun des segments suivants, l'apex de chacune de ces taches atteint le bord du segment précédent ; il y a seulement une trace de tache sur le sixième segment. Lorsque les spécimens sont frais, ces taches sont recouvertes à leur base d'une courte pubescence jaune. Dans un certain nombre d'exemplaires il existe des taches latérales arrondies parfois très nettes, la présence de ces taches avait servi de base pour séparer *Tabanus secedens* Walker de *Tabanus gabonensis*, celui-ci comprenant les spécimens n'ayant pas de taches latérales. Dans quelques exemplaires du Vieux Calabar et de Nigeria, la bande médiane est formée des mêmes taches mais elles sont plus élargies à la base, courtes et de forme triangulaire, les apex de ces triangles ne dépassent pas généralement la moitié de la hauteur des segments sauf sur le deuxième segment où la tache habituellement longue atteint le bord du premier segment. Envers jaunâtre ou rouge jaunâtre, brun sombre au milieu ; segmentations très étroitement jaunâtres ou blanchâtres. Pattes rougeâtres, fémurs antérieurs brun noirâtre, les autres fémurs sont brun rougeâtre ; les fémurs ont une tomentosité grisâtre en dessous et des poils noirs en dessus. Chez quelques spécimens de l'Uganda, tous les fémurs sont rougeâtres. Tibias rougeâtres ; antérieurs rougeâtres ou d'un jaunâtre pâle, noirs à l'apex ; la pubescence est souvent blanchâtre à la base et revêt parfois les tibias antérieurs en leur donnant une apparence blanchâtre quoique sa coloration soit plus jaunâtre que blanche, la pubescence des autres tibias est noirâtre. Tarses antérieurs noirâtres, les autres brun noirâtre, tous à pubescence noire en dessus, mélangée de quelques poils rouge brillant en dessus, plus épais aux tarses postérieurs et médians. Ailes grisâtres teintées de brun pâle, jaunes à la base et au bord costal, nervures brunes, stigma jaunâtre, cuillerons bruns.

Le Muséum de Londres possède de nombreux exemplaires qui ont été pris en pirogue ou en steamers (voir *Annals tropical Medicine and Parasitology*, vol. I, p. 45 (1907).

L'aire d'extension du *Tabanus secedens* Walker comprend Sierra Leone, Côte de l'Or, Lagos, Nigeria, Old Calabar, le Congo, la région des Lacs et l'Uganda.

BIBLIOGRAPHIE

Tabanus secedens ♀ Walker : List. dipt. British Museum, V, 234-301.
    nec *Tabanus rubicundus* ♀ Walker : List. dipt. Br. Museum, I, 161.
= *Tabanus tibialis* Walker : List. dipt. British Museum, I, 162.
= *Tabanus gabonensis* ♀ Macquart : Dipt. Exotiques. Supplément, V, 23-110 (garonensis).
= *Tabanus Blanchardi* Surcouf : Archives de Parasitologie, tome XI, n° 3, 1907, p. 439, figure planche IX, 3 et 4.
= *Tabanus brunnescens* ♀ Ricardo : Annals Mag. Nat. Hist. (8) I, 322 (1908).

Tabanus claripes ♀ Ricardo (v. fig p. 122)

Le type provient de Léopoldville (Congo indépendant), recueilli le 18 janvier 1904 par les docteurs Dutton, Todd et Christy et communiqué par l'école de médecine tropicale de Liverpool (1904). (Collection du British Museum).

Cette grande espèce brun rougeâtre à ailes brunâtres et bandes thoraciques distinctes se distingue aisément par ses hanches d'un jaune rougeâtre clair de *Tabanus secedens* Walker ainsi que par sa plus grande taille, les pattes plus rouges, les fémurs antérieurs rouges et non noirâtres, les marques de l'abdomen qui consistent en taches médianes triangulaires, grises, non continues et les taches latérales d'un jaune rougeâtre indistinct.

Longueur 24 mm.

Tête grande, plus large que le thorax. Face recouverte de tomentosité grisâtre, elle est jaunâtre sur les côtés des joues et sur le triangle frontal au-dessus des antennes; les parties inférieures de la face ont une pubescence blanchâtre et plus longue.

Barbe blanchâtre. Antennes brun rougeâtre sombre, noirâtres à l'apex; premier article grand, en forme de capuchon, à pubescence noire extrêmement épaissie à l'angle supérieur; deuxième article petit à pubescence noire; troisième article plus grand, muni d'une petite dent très aiguë, première division du troisième article couverte d'une tomentosité brunâtre. Bande frontale longue, étroite, environ sept fois aussi haute que large, rétrécie antérieurement, de couleur jaune comme le triangle frontal; callosité frontale brun rougeâtre brillant, longue, atteignant les yeux, sillonnée au milieu et prolongée par une ligne épaisse au delà du milieu de la bande frontale. La pubescence de cette bande frontale consiste en quelques courts poils noirs vers la base et quelques poils jaunâtres au delà. Palpes jaunes, longs et arqués, pas très épais à la base et terminés en une pointe allongée, recouverte d'une courte pubescence noire.

Thorax brun portant deux larges bandes et deux plus étroites, composées de tomentosité jaunâtre pâle. Pubescence de dessus courte et noire, jaunâtre sur les bandes; des touffes de longs poils blancs à la base des ailes; côtés et poitrine couverts d'une tomentosité grisâtre et de poils blancs. Scutellum brun à tomentosité jaunâtre, plus rouge à l'apex, portant une pubescence courte et noire.

Abdomen long, épais, brun, la couleur rougeâtre apparaît sur les deux premiers segments et sur les côtés, sur le premier segment il y a une trace de tache grise, sur le second segment cette tache est oblongue et à peine plus large à la base, sur le troisième la tache triangulaire est longue et atteint le bord antérieur, le quatrième segment porte une large tache triangulaire qui n'atteint pas le bord antérieur, le sixième segment porte une courte tache triangulaire; toutes ces taches sont d'un jaune grisâtre avec une pubescence de même couleur. La couleur foncière rougeâtre de l'abdomen paraît sous forme de taches indistinctement irrégulières sur les côtés. Pubescence de dessus courte, noire et épaisse, elle est blanche sur les flancs. Les bords latéraux des derniers segments sont d'un jaune transparent. Envers d'un rougeâtre pâle à large bande médiane plus sombre recouverte d'une courte pubescence blanche. Pattes d'un rouge brillant. Hanches antérieures et postérieures à leur extrémité apicale et hanches médianes noires en entier; genoux, apex des tibias antérieurs et tarses antérieurs noirâtres; tibias antérieurs d'un jaunâtre pâle sur leur surface externe. Pubescence des hanches antérieures longue et blanche, sur les autres hanches elle est éparse et courte; blanche sur les fémurs, plus longue et plus épaisse sur la paire antérieure et mélangée de quelques poils noirs. Pubescence des tibias antérieurs blanche sur la zone pâle, noire à l'apex; noire sur les autres tibias et sur les tarses. Ailes brunâtre pâle; bord extérieur brun jaunâtre avec quelques espaces clairs au milieu des cellules; nervures et stigma bruns, première cellule postérieure un peu rétrécie. — Pas d'appendice.

BIBLIOGRAPHIE

Tabanus claripes ♀ Ricardo : Annals Mag. Nat. Hist. (8), 1, p. 323 (1908).

Tabanus Kingsleyi ♀ Ricardo

Le type et plusieurs femelles proviennent de Port Lokkoh, Sierra-Leone (1904) et ont été pris par le major F. Smith en 1904 et le Dr Conyngham en juin 1903 à Baiwalla (Sierra-Leone).

Cette espèce diffère de *Tabanus secedens* Walker par la présence de bandes latérales composées de taches contiguës les unes aux autres et formant une bande distincte tandis que chez *Tabanus secedens* Walker, les taches latérales sont isolées et l'abdomen est en entier d'une teinte brun rougeâtre, les quelques dégradations de teinte qui apparaissent les unes près des autres ne forment pas de bandes noires bien marquées comme dans le groupe de *Tabanus tæniola* ♀ P. B. Le *Tabanus Kingsleyi* ♀ Ricardo se distingue encore de *Tabanus tæniola* par son thorax à bandes épaisses semblables à celles de *Tabanus secedens* Walker, et ses ailes teintées de brun, estompées sur la plus grande partie des nervures.

Longueur de 13 à 16 mm.

Face couverte d'une tomentosité grisâtre qui devient brun jaunâtre au dessus des antennes, et revêtue d'une courte pubescence blanche. Barbe blanche. Palpes peu épais à la base et obtusément terminés, jaune pâle à pubescence blanche à la base puis courte et noire partout ailleurs.

Antennes rougeâtres, premier article beaucoup plus court que d'habitude, couvert d'une pubescence noire; second article petit, à pubescence noire, troisième article long avec une petite dent près de la base, brun rougeâtre au delà de la base, les quatre dernières divisions complètement noires. Bande frontale environ six fois aussi haute que large, légèrement atténuée antérieurement couverte d'une tomentosité brun jaune Callosité frontale brun sombre, oblongue, canaliculée au milieu, atteignant complètement ou à peine les yeux, prolongée par une longue ligne mince.

Thorax noirâtre, portant deux larges bandes de tomentosité grise recouvertes d'une pubescence jaune, côtés grisâtres avec un peu de pubescence jaune qui se continue autour de la base du thorax, noire partout ailleurs. Flancs et pectus couverts d'une tomentosité grisâtre et d'une pubescence blanche. Scutellum noirâtre à tomentosité grisâtre, sauf sur le centre.

Abdomen brun rougeâtre, noir sur les trois derniers segments, portant une bande médiane, continue et distincte de tomentosité grise jusqu'au sixième segment, bordée de bandes brun sombre ou noirâtres, auxquels sont contiguës des taches latérales jaunâtres qui forment une bande aisément distincte qui s'étend jusqu'au quatrième segment, la pubescence de la bande médiane et des taches latérales est principalement jaunâtre, elle est noire par ailleurs. Envers jaunâtre avec une large bande médiane noire, recouverte de pubescence blanche. Pattes noirâtres ; tibias jaunâtres à apex noir ; fémurs médians et postérieurs souvent largement rouge jaunâtre, revêtus d'une tomentosité grise et d'une pubescence blanche ; tibias à pubescence blanchâtre, partout ailleurs elle est noire. Ailes hyalines, teintées de brun, coloration plus intense au bord antérieur, stigma brun rougeâtre, nervures brunes.

BIBLIOGRAPHIE

Tabanus Kingsleyi ♀ RICARDO : Annals Mag. Nat. Hist. (8) I, p. 318 (1908).

Tabanus camaronensis ♂ BIGOT

Le type de BIGOT provient de Madère et il est en très mauvais état. Il paraît identique au *Tabanus secedens* Walker, mais les fémurs antérieurs sont rouges et non noirâtres, le reste des pattes est complètement noirâtre à l'exception des tarses qui sont bruns. Pour le moment nous maintenons *Tabanus camaronensis* ♂ Bigot comme espèce distincte, la capture de nouveaux spécimens dans cette cette région pourra seule trancher la question.

BIBLIOGRAPHIE

Tabanus camaronensis ♀ BIGOT : Mémoires de la Société zoologique de France, V, p. 644 (*atylotus*).

DIXIÈME GROUPE

Tableau dichotomique

Bande abdominale étroite, indistincte. Abdomen brun rougeâtre. Fémurs antérieurs jaunes ou brun-rougeâtre. Ailes légèrement teintées de brun, 16 à 20 mm. . . . . *T. socialis* ♀ Walker.

Callosité frontale pointue, noirâtre, vers le vertex. Abdomen jaunâtre, parfois à bande médiane indistincte. Ailes presque claires 18 à 19 mm. . . . . *T. conformis* ♀ Walker.

Bande abdominale obsolète. Abdomen rougeâtre à segmentations noirâtres ; fémurs antérieurs noirs, 18 à 21 mm. . . . . . . *T. testaceiventris* ♀ Macquart

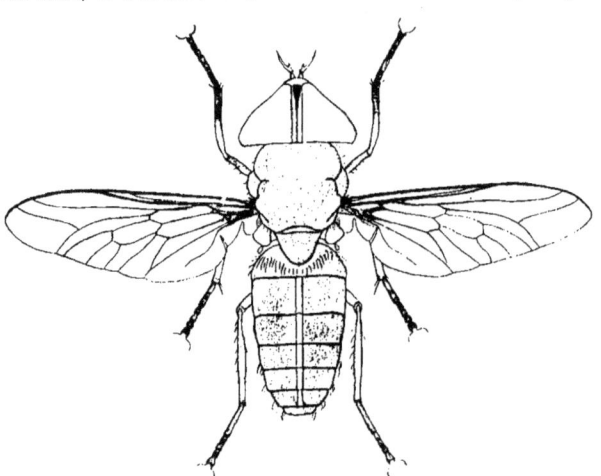

Fig. 19. — *Tabanus conformis* ♀ Walker

Ce groupe comprend les insectes qui réunissent les caractères suivants :
Yeux glabres, tibias antérieurs non dilatés, bande frontale de cinq à sept fois plus

DIXIÈME GROUPE

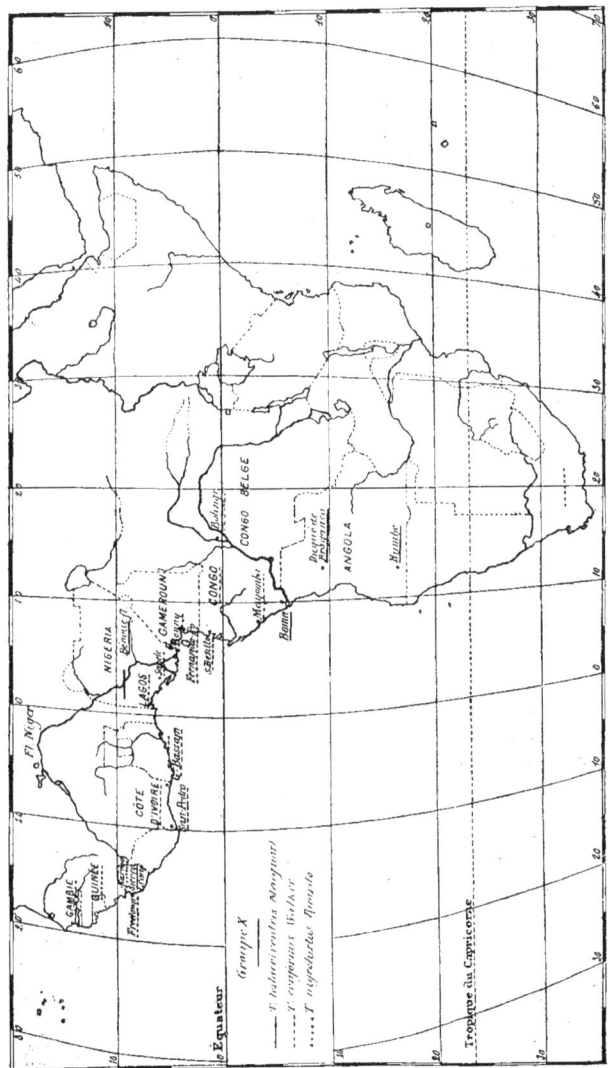

haute que large, callosité longue et étroite, ligne médiane non dilatée, palpes clairs à pubescence noire, ailes plus ou moins brunes. Pas de bandes visibles sur le thorax. Abdomen fauve ou brunâtre à ligne médiane obsolète ou très peu distincte.

Tabanus testaceiventris ♀ Macquart

Le type de Macquart ne porte pas d'indications de localité.

T. testaceiventris ♀ Macquart

« Thorax noir bleuâtre. Abdomen testacé. Antennes noires, testacées à la
« base. Pieds noirs, tibias testacés.
« Longueur 9 lignes = 20 mm. 1/4.
« Palpes jaunâtres. Face d'un gris un peu jaunâtre. Front assez étroit,
« fauve, à callosité allongée ; vertex testacé.
« Antennes noires, premier article testacé, dent ordinaire. Thorax noir à
« reflets bleus ; des vestiges de duvet jaunâtre ; épaules d'un testacé brunâtre.
« Côtés noirs, à taches testacées et duvet gris. Abdomen d'un testacé un peu
« brunâtre, sans duvet ; ventre de même. Cuisses et tarses d'un noir brunâtre.
« Ailes brunâtres, assez claires au bord intérieur, nervures normales.
Nous ne connaissons pas cette espèce (Afrique).

BIBLIOGRAPHIE

Tabanus testaceiventris ♀ Macquart : Diptères exotiques suppl., 2. 46-92.
— Walker : List Dipt. British Museum, V, 232, 337.

Tabanus socialis ♀ Walker
= *Atylotus hypoleucus* ♀ Bigot
= *Tabanus leonum* ♀ Bigot
= *Tabanus nigrohirtus* ♀ Ricardo

Le type de Bigot porte : « *Atylotus albotomentosus* de l'Assinie », nous pensons que c'est en réalité le type de *Atylotus hypoleucus* ♀ Bigot. M. Collins a attiré notre attention sur ce que l'*Atylotus hypoleucus* ♀ Bigot identifié par nous à *Atylotus albotomentosus* porte seulement un nom manuscrit et il remarque que fréquemment Bigot donnait un nom à ses types et le modifiait ensuite en oubliant la première étiquette, nous ne doutons pas de la valeur de cette explication. Le type de *Atylotus leonum* Bigot est un exemplaire mal conservé provenant de Leone. Nous trouvons que le *Tabanus nigrohirtus* Ricardo est le même que *Tabanus socialis*. Cette espèce est assez variable et difficile à identifier. La couleur des pattes semble variable chez *Tabanus socialis* ♀ Walker ; les fémurs antérieurs du type de *nigrohirtus* ♀ Ricardo, et de quelques autres spécimens sont d'un jaune rougeâtre, chez d'autres exemplaires ils sont brun rougeâtre ou brunâtres, chez les femelles de Karina ils sont complètement noirs et les antennes sont très sombres, le troisième article est entièrement d'un noir brunâtre.

Description du type de *nigrohirtus* Ricardo

Longueur 16 à 20 millimètres.

Brun-rouge. Face rougeâtre, recouverte d'une tomentosité blanche qui devient graduellement brun jaunâtre sur les côtés supérieurs des joues et au-dessus des antennes, pubescence blanche clairsemée. Barbe blanche. Palpes jaunes à pubescence noire, minces et un peu dilatés à la base, légèrement arqués et terminés par une pointe allongée. Bande frontale grise, couverte d'une tomentosité brun jaunâtre et d'une courte pubescence noire, la forme de la bande est étroite, beaucoup rétrécie antérieurement, environ huit fois aussi haute que large. Callosité frontale brun-rouge, étroite et longue, atteignant les yeux à sa partie inférieure, puis s'amincissant graduellement, s'écartant du bord des yeux et se terminant en une ligne mince ; chez quelques spécimens la callosité n'atteint pas le bord des yeux, même à la base. Antennes rouges, apex du troisième article noir, le premier article un peu en capuchon, second très petit, l'un et l'autre à pubescence noire ; troisième article long, mince et muni d'une petite dent.

Thorax brun rougeâtre portant deux lignes étroites, grises, très indistinctes, le dessus du thorax est revêtu d'une tomentosité glauque et d'une courte pubescence noire ; pectus rougeâtre à pubescence et tomentosité grises. Scutellum rougeâtre à tomentosité glauque.

Abdomen brun rougeâtre, devenant un peu plus sombre à l'apex, portant une étroite bande médiane grise, continue, s'étendant du premier au cinquième segment ; dessus de l'abdomen couverte d'une courte pubescente noire, segmentations de l'abdomen parfois très étroitement blanchâtres ; chez quelques spécimens la bande médiane se divise en courtes taches triangulaires du second au sixième segments qui sont couverts de poils d'un jaune grisâtre, la bande médiane, même dans ce cas, paraît continue, en regardant l'insecte par derrière ; parfois il y a à peine une trace de bande. Côtés de l'abdomen à poils noirs et quelques poils blancs vers l'apex. Envers d'un rouge brillant, luisant, avec moins de pubescence noire et un peu de pubescence blanche sur les côtés, segmentations à tomentosité blanche distincte, il y a la trace d'une large bande noirâtre longitudinale, les deux derniers segments sont largement noirs. Pattes jaune rougeâtre, hanches à pubescence grise, fémurs antérieurs parfois brun rougeâtre, apex des tibias antérieurs et tarses antérieurs noirs, tibias antérieurs d'un jaunâtre clair sur la moitié basilaire, tarses médians et postérieurs brunâtres. Pubescence des fémurs noire mélangée de poils blancs en dessous et au bord externe, noire partout ailleurs. Ailes grises à bord costal jaunâtre, très légèrement teintées de brun. Nervures brun-jaune, stigma jaunâtre, pas d'appendice. Première cellule marginale postérieure très légèrement rétrécie.

Nous donnons les descriptions de *Tabanus hypoleucus* ♀ Bigot et de *Tabanus socialis* ♀ Walker pour que l'on puisse les comparer à celle de *Tabanus nigrohirtus* ♀ Ricardo.

Tabanus hypoleucus ♀ Bigot

« Antennes rougeâtres, avec le dessus des deux premiers segments et l'extré-
« mité du troisième noirâtres, ce dernier profondément échancré en dessus avec
« une dent notablement saillante ; palpes blanchâtres, parsemés de petits poils
« noirs ; front et face rougeâtres. Callosité frontale d'un châtain rougeâtre,
« allongée et fort étroite en haut, légèrement et graduellement dilatée en bas ;
« barbe épaisse, blanche. Thorax noirâtre, une callosité roussâtre au-dessus de
« la base des ailes ; flancs et poitrine couverts de duvet blanc. Écusson noirâtre.
« Cuillerons et balanciers d'un châtain pâle. Abdomen brun foncé, avec une
« bande diffuse, étroite, et le bord des segments teinté de rougeâtre obscur ;
« ventre rougeâtre. Ailes grisâtres avec le bord externe étroitement teint de
« roussâtre pâle. Pieds rougeâtres ; base des fémurs, extrémité des tibias, les
« postérieurs plus largement et tous les tarses noirâtres. Hanches couvertes
« d'une villosité blanche. Les nervures claires et tout le reste comme chez les
« deux précédentes espèces (*T. combustus*). 1 spécimen ».
Assinie.

Tabanus socialis ♀ Walker

« Cinereus, pectore cano, abdomine ferrugine, antennis basi pedibusque
« fulvis, alis subcinereis basi et ad costam fulvis ».

Corps gris, tête brune en dessus, couleur fauve en avant avec des soies blanches en dessous. Yeux rouges séparés en dessus par un intervalle étroit. Toutes les facettes très petites. Trompe noire, stylets ferrugineux ; palpes jaunes ; antennes brun-noir à la base. Une teinte brunâtre sur chaque côté du thorax. Pectus blanchâtre. Abdomen ferrugineux pâle, obconique à pubescence courte couleur tan, beaucoup plus long que le thorax. Jambes fauves, tarses noirs, pelotes brun pâle. Tibias postérieurs avec une très courte pubescence noire. Ailes légèrement grises, fauves à leur base et sur les trois quarts de la longueur du bord costal. Nervures ferrugineuses, une courbe près de la base de la nervure transverse du sommet, mais ni angle ni appendice. Cuillerons fauve sombre. Balanciers ferrugineux pâle.

Longueur du corps : 8 lignes, des ailes : 16 lignes (Congo).

Les exemplaires de *Tabanus socialis* ♀ Walker se trouvent répartis sur la Côte occidentale d'Afrique et proviennent des régions suivantes : Gambie, Sierra-Leone, Lagos, Nigeria du Sud, Cameroun, Fernando-Po, Congo belge (région équatoriale).

BIBLIOGRAPHIE

Tabanus socialis ♀ WALKER : Diptera Saundersiana, p. 45.
= *Atylotus hypoleucus* ♀ BIGOT : Annales Soc. Entomol. France, série 7, 1, 368, 6, vol. LX (1891).
= *Atylotus leonum* ♀ BIGOT : Mém. Soc. zool. de France, V, p. 680 (1892).
= *Tabanus nigrohirtus* RICARDO : Annals Mag. Nat. Hist. (7), I, p. 465 (1900).

Tabanus conformis ♀ WALKER (p. 130)

Le type femelle vient du Congo (1868). Collection Saunders, quoique vieux et en mauvais état il offre une grande ressemblance avec le *Tabanus socialis* Walker (que nous identifions au *Tabanus nigrohirtus* ♀ Ricardo), mais il paraît cependant distinct par la forme de la callosité frontale qui se termine postérieurement en une pointe prolongée par une courte ligne étroite. Ailes presque transparentes, à peine aussi teintées que celles de *Tabanus socialis* ♀ Walker, seuls le bord externe et les nervures transverses de la base sont jaunâtres ; fémurs antérieurs brun rougeâtre. Abdomen étroit, jaunâtre, apparemment recouvert d'une tomentosité grise à la base et sur les côtés ; pubescence du dessus noire.
Longueur 18 mm.

« Ferrugineus, capite subtus albo, thoracis disco fusco ferrugineoque bivit-
« tato, abdominis lateribus fasciisque fulvis, apice fusco, pedibus fulvis, tar-
« sis piceis, alis subcinereis fulvis ».

« Tête ferrugineuse blanche en dessous. Yeux couleur de bronze ; palpes et
« antennes fauves (ces dernières manquent, sauf leur base). Trompe brune. Tho-
« rax ferrugineux, le disque avec une étroite bande ferrugineuse sur chaque
« côté. Poitrine plus pâle avec une pruinosité blanchâtre et une vestiture
« de soies jaunes. Abdomen ferrugineux, brun à l'extrémité. Bordures posté-
« rieures et côtés des segments fauves, jambes fauves, hanches plus pâles
« avec une pruinosité blanchâtre, tarses bruns. Ailes avec une légère teinte
« fauve grisâtre. Nervures brunes plus sombres vers le bord antérieur, fauves
« vers la base. Balanciers jaunes. Longueur 19 mm. Envergure 38 mm.

Le *Tabanus terminatus* Walker indiqué de l'Amérique du Sud et le *Tabanus Janus* ♀ Walker de localité inconnue semblent tous les deux être de même espèce que *Tabanus conformis* ♀ Walker. Le *Tabanus terminatus* a une bande médiane grise assez distincte qui ne se voit pas sur les autres, probablement à cause de leur état de dénudation, tous ont une tomentosité grise sur l'abdomen jaunâtre avec une pubescence noire et la callosité de la bande frontale est pointue.

Le *Tabanus fervidus* ♀ Walker de l'Asie avec une note de doute est le même que *Tabanus conformis*.

BIBLIOGRAPHIE

Tabanus conformis ♀ Walker : List. Dipt. British Museum, I, 150 (1848).
Tabanus terminatus ♀ Walker : Dipter. Saundersiana, p. 41 (1850).
Tabanus fervidus ♀ Walker : — p. 55 (1850).
Tabanus Janus ♀ Walker : — p. 60 (1850).

ONZIÈME GROUPE

Tableau dichotomique

1. { Ailes claires ou rembrunies seulement au bord costal 2
    Ailes teintées de brun ou brun jaunâtre 3

2. { Taches latérales grisâtres, distinctes, triangulaires; taches médianes non reliées entre elles, taches latérales non reliées à la tache médiane. Espèce brune, 20 mm. *T. disjunctus* ♀ Ricardo.
   Taches latérales blanches, très distinctes, taches médianes des segments 2 et 3 n'atteignant que la moitié de la hauteur du segment. Taches latérales du second segment non reliées à la tache médiane. Espèce noire à taches blanches, 14 mm. *T. Martini* ♀ Surcouf.
   Premier segment à tache blanche arrondie, deuxième à triangle médian de la hauteur du segment, troisième, quatrième, cinquième à trois courts triangles. Taches entourées d'une coloration plus sombre. Espèce noirâtre de Mozambique, 18 mm. . . . . *T. Inhambanensis* ♀ Bertol.

3. { Callosité frontale longue, rétrécie à l'apex et prolongée par une ligne étroite. 4
    Callosité frontale large et courte, prolongée par une ligne dilatée en fuseau. Triangles médians formant une bande irrégulière. Taches latérales, oblongues, indistinctes. Face à longs poils blancs épais ; pattes brun rougeâtre sombre, 20 à 22 mm. . . . . *T. Nyassæ* ♀ Ricardo.

4	Grande espèce puissante ; triangles médians de l'abdomen ayant toute la hauteur des segments, larges à la base ; taches latérales distinctes, grandes, 19 à 23 mm.	*T. ustus* ♂ ♀ Walker.
	Espèce plus fine, moins robuste ; base du second triangle médian étroite, taches latérales plus petites ; face à courte pubescence blanche éparse ; pattes rougeâtres, 16 à 18 mm.	*T. congoiensis* ♀ Ricardo.
	Triangles médians reliés aux taches latérales, arrondies, de la hauteur du segment ; pattes brunâtres à pubescence blanchâtre ; 18 mm.	*T. Lemairei* ♀ Surcouf.

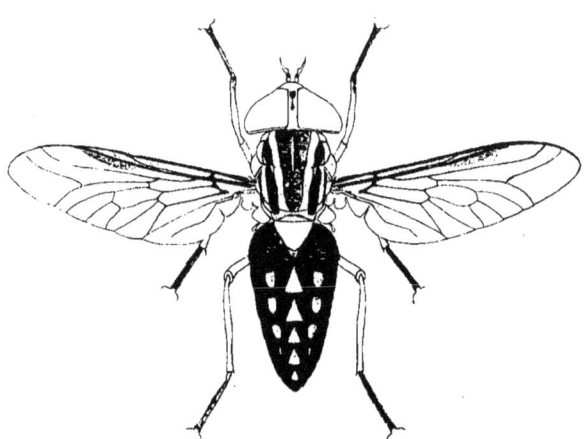

Fig. 20. — *Tabanus disjunctus* ♀ Ricardo

Ce groupe contient les insectes réunissant les caractères suivants : Yeux glabres ; tibias antérieurs non dilatés ; bande frontale de cinq à sept fois plus haute que large à ligne médiane non dilatée, palpes clairs à pubescence noire. Ailes plus ou moins teintées de brun, sans appendice. Thorax à bandes plus ou moins visibles. Abdomen portant des triangles clairs sur la région médiane et des taches latérales très distinctes, généralement triangulaires.

ONZIÈME GROUPE

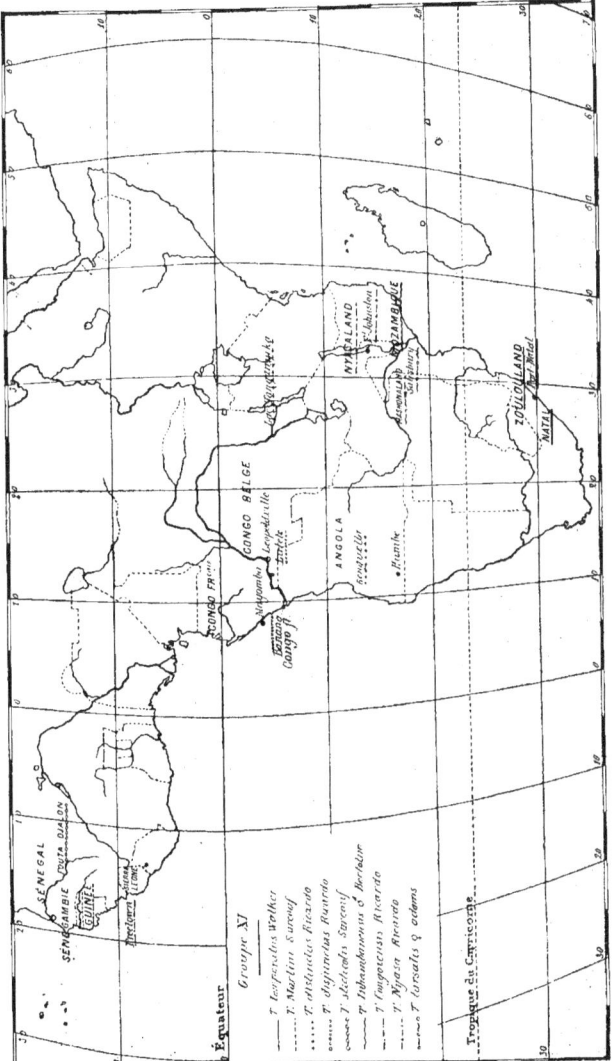

Tabanus ustus ♂ WALKER (pl. III, fig. 13)
= *Tabanus temperatus* ♀ WALKER
= *Tabanus bovinus* ♀ LŒW
= *Tabanus namaquinus* ♀ BIGOT

Le type provenant de Port-Natal (49. 27). Collection Quienzius, fait partie de la collection du British Museum.

« Piceus ; caput flavum ; antennæ rufæ, basi nigræ ; thorax fulvoquinquevit-
« tattus ; abdomen ferrugineum, apice piceum, maculis trigonis fulvis orna-
« tum ; pedes ferruginei, tarsis piceis ; alæ cineræ, ad costam fuscæ, venarum
« marginibus subfuscis. »

Couleur de poix ; tête jaune, antennes rousses, noires à leur base. Thorax à cinq bandes fauves. Abdomen ferrugineux, apex couleur de poix, orné de taches triangulaires fauves ; pieds ferrugineux, tarses couleur de poix, ailes cendrées, brunes à la côte ; bord des nervures presque brun.

Port-Natal.

Ce taon est évidemment le mâle de l'espèce dont la femelle a été nommée par Walker *T. temperatus*.

Il a de grands yeux, les cornéules des deux tiers de la partie supérieure des yeux sont grandes, la face porte des poils jaunes. Il a l'abdomen d'un rouge un peu plus brillant que les femelles, avec des taches médianes moindres, les taches latérales sont indistinctes ; l'abdomen est aussi plus court, les palpes sont jaunes avec des poils noirs.

Longueur : 20 mm.

Le type femelle provient du Natal (collection SAUNDERS) et appartient au British Museum ainsi que d'autres femelles du Natal, Kosi-Bay, Zululand (février et mars 1906), recueillis sur les troupeaux (F. TOPPIN) et communiquées par E. WARREN en 1907. Le type de *Tabanus namaquinus* ♀ Bigot provient du Natal. Le muséum de Bruxelles possède un spécimen déterminé *Tabanus bovinus* par VAN DER WUP et que l'on doit rapporter au *Tabanus temperatus* ♀ Walker. Le type de WALKER est sans conteste l'espèce que LŒW range sous le nom de *Tabanus bovinus* quoiqu'il remarque que les spécimens qu'il possède diffèrent un peu de la forme européenne et qu'il en spécifie les différences. Nous conserverons le nom de WALKER parce qu'on peut considérer cette forme sud-africaine de *Tabanus bovinus* comme assez dissemblable du type pour en faire une espèce distincte. Le type de Walker mesure 23 mm., les autres spécimens varient de 20 à 23 mm.

Callosité frontale plus longue et plus étroite que chez *Tabanus bovinus* ; abdomen de coloration plus sombre surtout les côtés du second et du troisième segment dont la couleur jaune est moins prédominante, mais les grandes taches latérales grisâtres ou jaune rougeâtre sont beaucoup plus distinctes, de forme irrégulière et toujours visible sur chaque segment quoiqu'elles décroissent graduellement de taille. Antennes d'un rouge brillant ; dans le type de Walker, noires seulement à l'apex ; dans quelques-uns des spécimens, cependant, la couleur rouge du troisième article est confinée à la base où elle est obscurcie par une tomentosité sombre ; le troisième article est plus étroit à la base que celui de *Tabanus bovinus* L. Thorax à bandes grises plus distinctes.

Abdomen brun sombre noirâtre, les taches grises triangulaires touchent par leur apex le bord antérieur de chaque segment, les plus longs triangles sont ceux des deux premiers segments. Taches latérales grisâtres, grandes et de forme irrégulière, atteignant leur maximum sur le second segment et décroissant graduellement de taille. Côtés à poils blancs ; envers à bande médiane noire ; segmentations étroitement brillantes. Pattes rougeâtres, fémurs antérieurs noirâtres, médians et postérieurs parfois brunâtres ; tous à pubescence blanche et tomentosité grise. Apex des tibias antérieurs noirs, tous les tarses d'un brun noirâtre. Pubescence des tibias blanche, entremêlée de poils noirs, par ailleurs elle est noire. Ailes teintées de brun. Tous les exemplaires connus proviennent du Sud africain.

Description de Walker : *Tabanus temperatus* ♀ Walker

« Piceus, cinereo tomentosus ; caput supra ferrugineum, apud oculos luteum,
« callo piceo ; antennæ rufæ, basi nigræ ; thorax ferrugineo quinque vittatus,
« scapulis testaceis. Abdomen vittis tribus macularibus testaceis, lateribus basi
« ferrugineus, segmentorum marginibus posticis subtus testaceis ; pedes fulvi,
« tarsis, tibiis anticis antice femoribusque anticis nigris. Alæ cinereæ, basi
« costa et apud venas discales fusca, halteres fulvi, apice albidi. »

De couleur brune avec une pubescence cendrée. Tête tomenteuse, ferrugineuse en dessus, jaune vers les yeux, testacée en arrière et en dessous ; callosité brune. Yeux brillants, toutes les facettes très petites. Palpes cendrés. Antennes noires, premier article prolongé à sa base en un angle aigu en dessus, second article rouge, formant en dessus une mince corne aiguë ; troisième article rouge, courbe, sa corne est petite, courte et forme un angle presque droit. Thorax avec cinq bandes ferrugineuses indistinctes, épaules testacées.

Abdomen brun, ferrugineux de chaque côté vers la base et portant trois petites taches en forme de bande testacé pâle, des taches latérales diffuses et des taches triangulaires dorsales, décroissant successivement de taille. Bord postérieur des segments testacé en dessous. Jambes fauves ; tarses, fémurs antérieurs sauf l'apex et apex des tibias antérieurs noirs. Ailes grises, brunes à la base, le long du bord costal et vers les nervures discales. Nervures noires, branche antérieure de la nervure cubitale simple, formant un angle obtus, arrondi près de sa base. Balanciers fauves avec l'extrémité blanchâtre. Longueur du corps 9 lignes, des ailes 18 lignes.

Port-Natal.

Tabanus bovinus ♀ Lœw
Note de Lœw

« On ne peut pas le séparer de notre *Tabanus bovinus* L. quoiqu'il diffère un peu
« de tous les exemplaires que je peux lui comparer. Il se rapproche des spéci-

« mens chez lesquels la coloration noirâtre est largement étendue sur les deux
« faces de l'abdomen. Les petites différences sont les suivantes :

« 1° Le troisième article antennaire est un peu plus étroit que chez quelques
« femelles de ma collection et rouge à la base ;

« 2° La tomentosité du thorax forme des lignes claires un peu plus nettes ;

« 3° La tache triangulaire du deuxième segment va jusqu'au bord antérieur ;

« 4° La pubescence noire s'élargit sur l'abdomen, principalement sur le der-
« nier anneau et sur les côtés plus que dans les exemplaires européens ;

« 5° La tomentosité forme des deux côtés de chaque anneau une tache plus
« nette et plus grise ;

« 6° L'ouverture de la première cellule marginale postérieure est un peu plus
« large que chez quelques femelles d'Europe, quoiques ces dernières varient assez
« fortement entre elles ;

« 7° Les cuisses médianes et postérieures ont sur leurs côtés inférieurs et pos-
« térieurs la même couleur rouge brunâtre que les tibias et ne sont colorés en
« brunâtre que sur leurs côtés antérieurs et supérieurs.

« La seule différence un peu évidente réside dans la forme des antennes, en
« effet cela m'a fait douter si je n'avais pas affaire à une espèce très proche de
« *Tabanus bovinus* L. La ressemblance des autres parties ne permet pas de faire
« de l'unique spécimen femelle recueilli par Wahlberg une variété de *Tabanus*
« *bovinus* L. Seul un plus grand nombre d'exemplaires concordants justifierait
« peut-être la création d'une nouvelle espèce. Les yeux ne montrent aucune dif-
« férence après le ramollissement. »

Cafrerie (Wahlberg).

Tabanus namaquinus ♀ Bigot

« Une femelle, longueur 20 mm.

« Antennes noires, troisième segment à base rougeâtre, notablement concave
« et denté en dessus. Palpes d'un fauve pâle. Face, front et barbe jaunâtres ; le
« milieu du front teinté de brunâtre. Callosité brunâtre, élargie et presque car-
« rée inférieurement, terminée en dessus par une ligne fort étroite. Thorax d'un
« brun rougeâtre avec deux bandes plus pâles et peu distinctes. Écusson rou-
« geâtre. Flancs avec une villosité d'un gris foncé. Abdomen d'un brun foncé
« avec une rangée dorsale de macules trigonales, grisâtres, et de chaque côté
« une large bande diffuse, rougeâtre, interrompue aux sutures. Cuillerons
« bruns. Balanciers jaunâtres avec la massue blanchâtre. Pieds d'un fauve rou-
« geâtre avec l'extrémité des tibias et des tarses antérieurs brunâtre. Ailes grises,
« la base et le bord externe jusqu'auprès de l'extrémité et les nervures transver-
« sales bordées de brun pâle.

Port-Natal, un spécimen.

BIBLIOGRAPHIE

Tabanus ustus ♂ Walker : In Newmann Zool. VIII. App. XCV (1850).
— Walker : List dipt. V, 234-344.
= *Tabanus temperatus* ♀ Walker : Diptera Saundersiana, 451.
= *Tabanus bovinus* ♀ Lœw : Dipteren Fauna Sud-Afrika's, 38, 8.
= *Tabanus namaquinus* ♀ Bigot : Mém. Soc. Zool. de France, V. 646.

Tabanus disjunctus ♀ Ricardo (pl. III, fig. 6)

Le type et une autre femelle proviennent de Lutete, Congo (19 novembre 1903 et ont été communiqués en 1904 par l'Ecole de médecine tropicale de Liverpool.

Espèce à trois séries de taches abdominales grises semblables à celles de *Tabanus distinctus* ♀ Ricardo, mais les taches médianes ne se relient pas entre elles et les pattes sont plus complètement rougeâtres, fémurs antérieurs brunâtres, taille plus grande et couleur plus brune. Le *Tabanus disjunctus* ♀ Ricardo se distingue du *Tabanus sticticolis* Surcouf par sa taille plus grande et ses taches latérales plus distinctement définies. Le *Tabanus disjunctus* ♀ R. (p. 138) diffère *Tabanus distinctus* ♀ Ricardo par les particularités suivantes :

Face couverte d'une tomentosité brun-jaune et de courts poils épais et blancs. Palpes jaune clair plus grands et plus épais. Antennes plus sombres, letroisième) article noirâtre, rouge seulement à la base. Bande frontale à tomentosité jaunâtre, vertex non rougeâtre mais avec une tomentosité semblable à celle de la bande qui est environ six fois aussi haute que large, rétrécie légèrement vers le vertex.

Thorax brunâtre avec cinq bandes grises indistinctes, scutellum de même couleur.

Abdomen brun, tache médiane du second segment avec un long apex qui cependant n'atteint pas le bord postérieur du premier segment ; la seconde tache située sur le troisième segment est triangulaire et atteint à peine la moitié de la hauteur du segment, troisième tache avec un apex un peu plus long ; la quatrième tache placée sur le cinquième segment est presque triangulaire et arrive près du bord postérieur du segment précédent. Pas de taches sur le sixième et et le septième segments. Les taches latérales sont au nombre de quatre sur chaque côté et complètement semblables à celles de *Tabanus distinctus* ♀ Ricardo, mais elles sont moins bien définies et irrégulières. Envers rougeâtre, segmentations à poils blancs. Pattes rougeâtres ; extrémité apicale des cuisses antérieures, apex des tibias antérieurs et tarses noirâtres. Hanches à longue pubescence blanche ; fémurs antérieurs à courte pubescence noire vers le haut et une longue pubescence blanche vers le bas ; il y a aussi une pubescence blanche moins longue sur le bord externe des autres fémurs. Tibias antérieurs couverts d'une épaisse pubescence blanche sur leur moitié basilaire, les autres tibias ont une pubescence blanche moins dense, elle est noire sur les tarses. Ailes claires, jaunâtres au bord antérieur, stigma jaunâtre ; nervures brunes, première cellule marginale postérieure légèrement rétrécie.

Longueur 20 mm.

Le *Tabanus disjunctus* ♀ Ricardo est connu du Congo, de la Rhodesia et de l'Uganda.

De nouveaux matériaux de *Tabanus ustus* Walker et de *Tabanus disjunctus* Ricardo, reçus par le British Museum depuis la description de *Tabanus disjunctus* permettent de voir de nouvelles relations entre ces deux espèces, et il est possible que plus tard il faille les réunir.

Dans *Tabanus disjunctus* les triangles médians sont séparés les uns des autres, les taches latérales triangulaires dans le type de *disjunctus* sont parfois plus irrégulières et plus rondes, comme celles de *T. temperatus*.

Les ailes sont habituellement claires.

BIBLIOGRAPHIE

Tabanus disjunctus ♀ Ricardo : Annals Mag. Nat. Hist. (8) I, 325 (1908).

Tabanus Inhambanensis ♂ Bertolini

Type de Inhambane, Mozambique. Cette espèce doit appartenir au groupe de *Tabanus bovinus* L. et être voisine de *Tabanus disjunctus* ♀ Ricardo mais son sexe ne permet pas de l'identifier avec certitude. D'après la figure de l'auteur, l'abdomen porte les taches suivantes : sur le premier segment une tache blanche arrondie ; le second segment porte un triangle médian large à la base dont l'apex atteint le bord antérieur du segment, chacun des trois segments suivants porte trois courts triangles, sur le sixième segment se trouve la tache médiane oblongue habituelle. La description ne donne aucun détail sur ces taches mais elle indique qu'elles sont entourées d'une coloration plus sombre. L'auteur décrit son insecte comme une espèce noirâtre, allongée, le thorax a trois bandes blanches de même que les côtés ; fémurs et tibias rouges, tarses bruns. Antennes d'un jaune rougeâtre, sombres à la base et noires à l'apex. Face couverte d'une épaisse pubescence blanche. Palpes rougeâtres à pubescence noire. Abdomen et thorax d'un marron noirâtre, l'abdomen est plus rouge. Ailes complètement claires. Longueur 18 mm. environ.

BIBLIOGRAPHIE

Tabanus Inhambanensis ♂ Bertolini : Mém. Acad. Sc. Instit. Bologna, XII, 16, 19, tab. 1, fig. 7 (1862).

Tabanus congoiensis ♀ Ricardo

Le type femelle provient de Wathen, Congo français (Rev. W.-H. Bentley 1904). Deux autres femelles de Wathen, une de Tumbo (Congo).

Espèce brun sombre à taches abdominales médianes et latérales grises bien marquées ; thorax brun à bandes grises, pattes rougeâtres, ailes grisâtres teintées de brun jaunâtre autour des nervures et sur le bord antérieur.

Longueur 16 mm.

Cette espèce se distingue du *Tabanus ustus* ♀ Walker par sa taille moindre et par son abdomen plus étroit, la tache médiane triangulaire du second segment est plus étroite à sa base et de contour plus oblong ; la couleur de l'abdomen est plus largement d'un brun sombre uniforme avec des taches latérales petites mais bien distinctes.

Tête plus large que le thorax. Face rougeâtre densément recouverte de tomentosité grisâtre ; couleur du fond visible à la partie supérieure de la face et vers la callosité inférieure où la tomentosité est aussi plus jaune. Pubescence blanche consistant en de longs poils blancs sur le milieu de la face et au-dessous des antennes, d'autres poils plus courts sur les joues. Barbe blanche, rare. Palpes jaunes à épaisse pubescence noire, longs, larges à la base, terminés en une pointe obtuse. Antennes rougeâtre sombre, noires à l'apex, premier article allongé à pubescence noire ; second article court, muni de poils noirs vers le prolongement extérieur et le bord externe ; troisième article allongé, large à la base et porteur d'une dent obtuse. Bande frontale environ six fois aussi longue que large rétrécie vers le haut, rouge avec une tomentosité brune et jaune ; callosité frontale brun rougeâtre, oblongue, convexe, atteignant complètement les yeux et prolongée par une ligne épaisse jusqu'à la moitié de la hauteur de la bande frontale. Yeux sans marques ni dessins.

Thorax brunâtre avec deux bandes de tomentosité grise continuant jusqu'à la base, côtés et bordure antérieure gris, pubescence formée de longs poils noirs mélangés de quelques poils jaunes ; côtés du thorax plus rouge à pubescence noire, poitrine rouge à tomentosité grise, pubescence noire et quelques poils blancs. Scutellum rougeâtre à pubescence noire et jaunâtre et des traces de tomentosité grise.

Abdomen brunâtre, passant au brun rougeâtre sur le second segment ; premier segment recouvert d'une tomentosité grise au bord antérieur, sur le bord postérieur se trouve une petite tache médiane jaunâtre à poils fauves, divisée en deux par un trait ou un sillon. Sur le deuxième segment la tache grise triangulaire est longue, atteignant le bord antérieur, étroite à sa base ; sur les trois segments suivants les taches sont plus larges, plus courtes et n'atteignent pas le bord antérieur. Sur les côtés des second, troisième et quatrième segments une tache grise, arrondie et isolée est visible. Dans une des femelles de Wathen ces taches sont plus distinctes et allongées et une petite tache est perceptible sur le cinquième segment. Les segmentations à partir du troisième anneau sont étroitement blanchâtres, le dessus est densément couvert de courts poils noirs, quelques poils jaunes sont visibles à la base des triangles gris. Envers d'un rougeâtre transparent à pubescence et segmentations blanches. Chez l'un des spécimens les taches latérales sont presque indistinctes, le triangle du second segment n'atteint pas le bord antérieur et l'abdomen est plus sombre sans incisions claires. Pattes rougeâtres, cuisses antérieures noirâtres à longs poils blancs, pubescence noire sur les fémurs ; blanche sur les tibias antérieurs, noire sur les tibias médians et postérieurs. Apex des tibias antérieurs et tous les tarses noirâtres avec un peu de tomentosité grise sur les fémurs. Ailes grisâtres teintées de brun jaunâtre sur toutes les nervures et sur le bord antérieur, stigma de même couleur, nervures transverses brunes.

Un autre spécimen de Wathen a les taches latérales indistinctes, le triangle du second segment n'atteint pas le bord antérieur et l'abdomen est plus large sans segmentations claires.

Le *Tabanus congoiensis* ♀ Ricardo se rencontre sur la côte occidentale d'Afrique, plusieurs exemplaires proviennent à notre connaissance de Sierra-Leone, Congo français, et Huilla-Angola (Campana, 1886).

BIBLIOGRAPHIE

Tabanus congoiensis ♀ Ricardo : Annals Mag. Nat. Hist. (8), 1, p. 328 (1908).

Tabanus nyassæ ♀ Ricardo (1900)
= *Tabanus tarsalis* ♀ Adams (1905)

Le type femelle appartient à la collection de M. Distant et provient du fort Johnston, Nyassaland (Rendall). Une femelle de Salisbury, Mashonaland (R. H. Thomas).

Espèce d'un brun rougeâtre obscur ; abdomen à taches médianes triangulaires formant une bande et à taches latérales indistinctes. Thorax à bandes longitudinales indistinctes. Ailes très légèrement rembrunies. Longueur 20 millimètres.

Face recouverte d'une tomentosité jaune grisâtre et d'une épaisse pubescence blanche sur la partie inférieure. Barbe blanche. Palpes jaunâtres à pubescence noire, modérément épais à leur base. Antennes d'un noir brunâtre, premier article rouge, angle supérieur noirâtre recouvert d'une pubescence noire ; second article rouge à pubescence noire sur l'angle supérieur ; troisième article rouge à son extrême base portant une dent distincte. Bande frontale couverte d'une tomentosité gris jaunâtre, environ cinq fois aussi haute que large à la base, légèrement rétrécie antérieurement. Callosité frontale, brillante, brun rougeâtre, n'atteignant pas les yeux et prolongée par une ligne longue et épaisse qui s'élargit en fuseau ; parfois un peu de pubescence noire sur la bande frontale.

Thorax noirâtre portant cinq bandes grises très indistinctes et une tomentosité grise ; scutellum rougeâtre à tomentosité grise.

Abdomen d'un brun rougeâtre obscur à taches médianes triangulaires grises formant du second au cinquième segment une bande irrégulière ; sur le côté de chaque segment paraît une tache oblongue, grisâtre, qui n'atteint pas le bord antérieur ; le bord postérieur des segments est étroitement gris ; angles postérieurs du cinquième et du sixième segments fauves ; dessus de l'abdomen couvert d'une courte pubescence noire et d'une tomentosité grise. Envers rougeâtre portant une bande médiane indistincte noire. Pattes rougeâtres ; tarses antérieurs noirs, les autres brun rougeâtre ; pubescence des fémurs et des tibias blanche, avec des poils noirs mélangés sur les tibias postérieurs et l'apex des autres tibias. Pubescence des tarses noire. Ailes hyalines faiblement teintées de brun jaunâtre, au bord costal et autour des nervures basilaires, stigma brun jaunâtre, nervures brunes, première cellule postérieure légèrement rétrécie. M. Newstead a cité dans les *Annales de médecine tropicale et de parasitologie* (1) sous le nom de *Tabanus tarsalis* ♀ Adams, un exemplaire de *Tabanus disjunctus* ♀ Ricardo. Le type de M. Adams provenant de Salisbury « Mashonaland » et communiqué par le Dr Snow, est semblable au type de *T. Nyasæ* ♀ Ricardo.

Le *Tabanus nyassæ* ♀ Ricardo a une aire limitée qui comprend le Nyassaland et le Mashonaland (Est africain).

BIBLIOGRAPHIE

Tabanus nyassæ ♀ Ricardo : Annals Mag. Nat. Hist. (7) I, p. 164 (1900).
= *Tabanus tarsalis* ♀ Adams : Kansas Univ. Sc. Bullet. III, 151 (1905).

Tabanus Martini ♀ Surcouf (pl. III, fig. 4)

Le type femelle provient de la Guinée et a été recueilli par le docteur Martin à qui nous le dédions (1907). Cinq autres femelles de la même provenance (collection de Muséum de Paris). Noir à taches médianes et latérales triangulaires, blanches.

Longueur 14 millimètres.

Yeux sans bandes ni dessins, bande frontale cinq fois plus haute que large, recouverte par une courte tomentosité blanchâtre et portant une callosité ogivale non tangente aux yeux et prolongée par une ligne étroite un peu épaissie jusqu'au delà du milieu de la bande. Antennes noires, premier article à pubescence blanche ; palpes allongés d'un blanc jaunâtre à pubescence blanche et portant sur toute la partie externe des poils noirs rares et régulièrement distribués, triangle frontal d'un blanc jaunâtre brillant, barbe blanche, joues hérissées d'une pubescence blanche.

Thorax noir à cinq bandes blanches, la médiane étroite et courte, deux latérales et deux externes qui se rejoignent au sommet du thorax au-dessus du scutellum ; pubescence du thorax rare et concolore. Flancs à poils noirs, pectus à pubescence cendrée et à quelques touffes de poils jaunes Scutellum à tomentosité blanchâtre, bordé de poils blanchâtres.

Abdomen brun noirâtre sombre portant un triangle médian blanc sur les segments deux à six inclus, des triangles latéraux blancs nettement visibles sur les segments deux, trois, quatre et deux taches de forme indistincte sur le cinquième segment. Le triangle médian équilatéral du second segment atteint la moitié de la hauteur du segment, et n'est pas relié aux triangles latéraux ; le triangle médian du troisième segment n'atteint que le tiers de la hauteur du segment ; sa base est plus large que celle du triangle précédent et se relie aux taches latérales triangulaires le long du bord postérieur ; le triangle médian du quatrième segment occupe la hauteur totale et est relié aux taches latérales ; celui du cinquième segment atteint la hauteur entière et ne conflue pas avec les

(1) I (1), p. 45 (1907).

taches latérales de forme indistincte. Pubescence rare de la couleur des différentes régions colorées, ventre cendré à pubescence blanchâtre. Pattes d'un rougeâtre pâle à pubescence blanche, tarses rembrunis à pubescence noire. Ailes hyalines un peu grises, stigma jaunâtre, cinquième nervure longitudinale légèrement estompée de brun. Balanciers à disque jaunâtre.

BIBLIOGRAPHIE

Tabanus Martini ♀ Surcouf : Bulletin du Muséum (1907), n° 5, p. 331.

Tabanus Lemairei ♀ Surcouf

Type : un exemplaire femelle provenant de *Katanga*, Congo, recueilli par la mission Lemaire et appartenant au Musée royal d'histoire naturelle de Belgique.

Un second exemplaire femelle porte la mention *Weyns, Bas-Congo* (musée Treveren).

Nous dédions à M. Lemaire ce nouveau *Tabanus*.

Il appartient au groupe de *T. temperatus* Walker et est très voisin du *T. Martini* ♀ Surcouf (*Bulletin du Muséum*, n° 5, p. 532, 1907).

Longueur, 18 millimètres.

Noirâtre avec une bande abdominale composée de triangles gris et de chaque côté une bande composée de taches grises, arrondies et non reliées entre elles.

Tête grande, plus large que le thorax ; yeux sans bandes colorées ; bande frontale cinq fois aussi haute que large à la base, d'un brun jaunâtre ; portant à la base une callosité brun noirâtre, étroite, allongée, prolongée par une étroite ligne noirâtre, saillante, s'étendant jusque vers le milieu de la bande. Triangle frontal d'un blanc grisâtre. Joues ornées d'un poil blanchâtre, partie supérieure de la tête peu velue. Antennes brunes, premier article obliquement tronqué du dessus vers le dessous, couvert de poils blancs ; deuxième article court, glabrescent ; troisième article de même coloration que le précédent, portant une dent peu saillante mais nettement visible. Palpes allongés, d'un gris brunâtre, portant quelques courts poils noirs.

Thorax noirâtre portant les traces de cinq bandes grises au bord antérieur. Scutellum noir, recouvert d'une pollinosité grisâtre. Abdomen brun noirâtre, portant sur le milieu de chaque segment, le premier compris, un triangle de pollinosité grisâtre, dont la base à partir du deuxième segment limite le bord de l'anneau et se relie aux taches latérales. Celles-ci existent sur chaque segment sous la forme d'une tache blanchâtre arrondie, occupant toute la hauteur du segment. Dessous du corps grisâtre.

Pattes brunes recouvertes d'une tomentosité blanchâtre et d'une pubescence de même couleur, tarses d'un noir rougeâtre à pubescence noire. Ailes rembrunies à nervures brunes, bord costal et stigma d'un brun foncé.

BILIOGRAPHIE

Tabanus Lemairei ♀ Surcouf : Bulletin du Muséum, 1908, n° 2, p. 122.

DOUZIÈME GROUPE

Tableau dichotomique

1
- Espèces portant une tache médiane sur les seuls segments abdominaux 3 et 4; tarses antérieurs dilatés 2
- Espèces à dessins abdominaux différents, tarses antérieurs non dilatés 5

2
- Taches du deuxième et du quatrième segment, transverses, argentées; ailes teintées . *T. argenteus* ♀ Surcouf.
- Taches du deuxième et du quatrième segment plus hautes que larges 3

3
- Ailes hyalines, à stigma presque invisible; taches du troisième et du quatrième segment grises ou argentées; bandes thoraciques bien visibles . . . . *T. Sharpei* ♀ Austen.
- Ailes teintées à stigma très visible . . . 4

4
- Taches du troisième et du quatrième segment grises ou argentées, bandes thoraciques gris perle, visibles seulement par réflexion; scutellum à pollinosité gris bleuâtre . . . *T. Wellmani* ♀ Austen.
- Taches du troisième et du quatrième segment jaune d'or, triangulaires, bandes thoraciques jaune d'or, très visibles; scutellum à longue pilosité jaune d'or . . . . *T. Roubaudi* ♀ Surcouf.

5
- Des triangles et de grandes taches latérales sur chaque segment, ventre jaune d'or . . *T. sulcipalpus* ♀ Lœw.
- Dessins différents, ventre jamais jaune d'or 6

6
- Ailes hyalines 7
- Ailes teintées, au moins au bord costal . . 8

7 {
Abdomen portant six taches blanches sur le second segment . . . . *T. insignis* ♀ Lœw.
Abdomen portant deux taches blanches sur le second segment. Abdomen noir. 11 mm. *T. diversus* ♀ Ricardo.
Abdomen à taches latérales blanches sur le second segment et une tache triangulaire blanche sur chaque segment; une rangée latérale de points blancs sur les segments 3, 4, 5, 6. Abdomen brun. 13 mm. . . . . *T. atrimanus* ♀ Lœw.

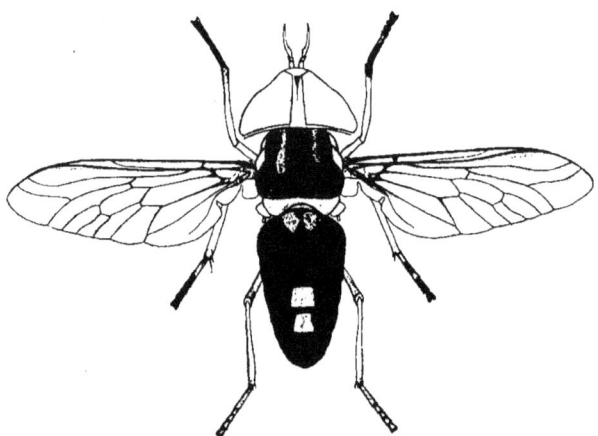

Fig. 21. — *Tabanus Roubaudi* ♀ Surcouf.

8 {
Abdomen portant des triangles médians sur les segments 3, 4 et 5 9
Abdomen ne portant pas de triangles médians sur les segments 3, 4 et 5 10

9 {
Abdomen rougeâtre portant sur le deuxième segment deux taches orbiculaires tangentes au bord antérieur et une tache médiane triangulaire sur les anneaux 3, 4, 5 . . . *T. velutinus* ♀ Surcouf.
Abdomen brun portant une tache médiane triangulaire sur les segments 3, 4, 5, ces triangles atteignent la moitié de la hauteur du segment . . . . *T. Severini* ♀ Surcouf.

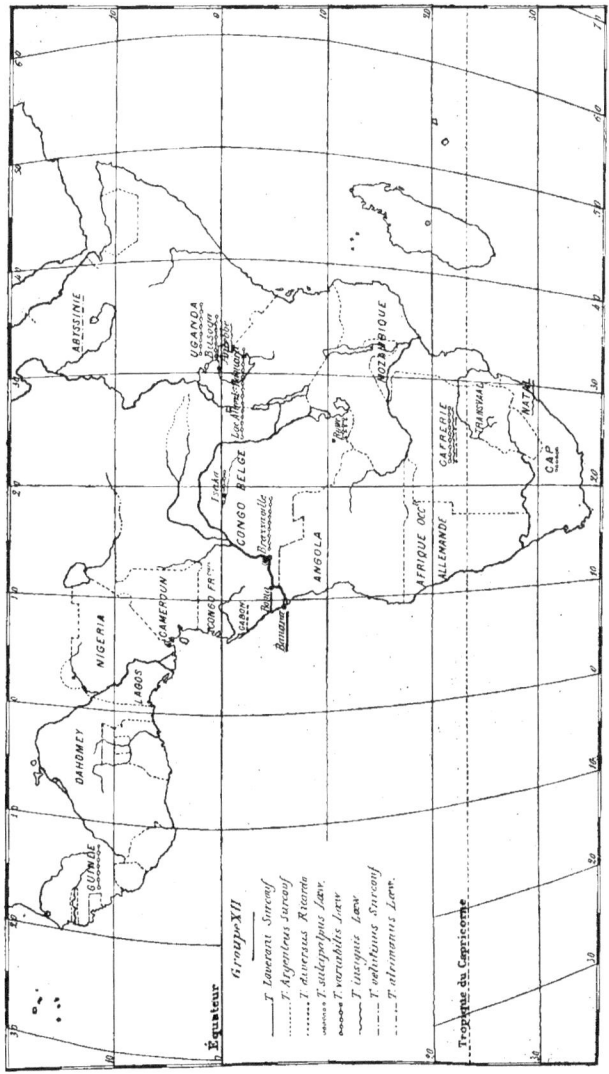

| | Deuxième segment abdominal portant une grande tache claire interrompue seulement au milieu par une tache du fond, palpes blanchâtres . . . . *T. varians* ♀ Surcouf.
10 |
| | Deuxième segment abdominal portant une grande tache claire interrompue par la tache médiane foncière et deux semblables taches latérales ; palpes noirs. . . . . . . *T. variabilis* ♀ Lœw.

Ce groupe comprend des insectes de taille moyenne ou petite répartis dans toute l'Afrique et présentant les caractères suivants : yeux non pubescents ; tibias antérieurs non dilatés ; bandes frontales de dimensions diverses. Abdomen portant une grande tache sur le second segment ou deux taches sur les troisième et quatrième segments. Ailes hyalines ou légèrement rembrunies.

Tabanus argenteus ♀ Surcouf (pl. III, fig. 7)

Le type femelle est dans la collection du musée de Hambourg, recueilli par M. Soyaux en 1881 au Gabon, il portait la mention : *Tabanus guttatus* Wiedemann.

Le *Tabanus argenteus* ♀ Surcouf est voisin du *Tabanus diversus* ♀ Ricardo, mais il s'en distingue par l'absence de toutes taches latérales et de bandes sur le thorax. Les antennes et la bande frontales sont par ailleurs complètement différentes.

Longueur 11 millimètres 5.

Brun à ailes hyalines, thorax à bande transverse blanche, troisième et quatrième segments abdominaux à tache blanche arrondie.

Tête un peu plus large que le thorax ; yeux bronzés, glabres ; bande frontale cinq fois plus haute que large, élargie au vertex, d'un noir luisant, portant une callosité noire, quadrangulaire, saillant en arc concave au sommet et prolongée par une ligne saillante, noir rougeâtre, non dilatée, s'étendant jusqu'à mi-hauteur de la bande ; celle-ci est revêtue depuis la callosité jusqu'au vertex, par une pubescence blanc d'argent, couchée, très fine, visible en regardant l'insecte par-dessus. Triangle frontal noir à pubescence blanche analogue à celle de la bande. Antennes noir brunâtre ; premier article à tomentosité grise et pubescence hérissée blanche ; deuxième article très court ; troisième article court à dent peu marquée, extrémité de l'article recouverte d'une tomentosité jaunâtre. Joues à tomentosité cendrée, recouvertes sur la partie inférieure de poils d'un blanc argenté ; barbe de même couleur. Partie postérieure de la tête frangée de courts poils noirs qui s'étendent un peu sur le vertex. Palpes normaux, noirâtres, recouverts d'une fine pubescence argentée.

Thorax gris cendré dans son tiers antérieur à pubescence cendrée, tiers médian brun à pubescence noire, tiers apical à tomentosité cendrée et pubescence d'un blanc argenté qui s'étend sur la moitié basilaire du scutellum. Moitié apicale du scutellum brunâtre à poils jaunâtres puis noirs à l'apex. Côtés du thorax et poitrine à tomentosité cendrée et pubescence blanc d'argent.

Abdomen brun à pubescence noire, troisième et quatrième segments étroitement marginés de blanc, portant au milieu de chaque segment une large tache semi-lunaire d'un blanc argenté à pubescence blanche. Ventre brun, premier segment à tomentosité cendrée et pubescence blanche ; les quatre segments suivants marginés de blanc, dernier segment à poils noirs. Hanches à tomentosité cendrée ; cuisses noires à pubescence noire en dessus, argentée en dessous. Tibias antérieurs blancs à pubescence blanche jusqu'à l'apex sur la face antérieure et jusqu'à la moitié sur la face interne ; tibias médians et postérieurs blancs à apex rembruni ; tarses bruns à pubescence noire sur la face externe et jaunâtre sur la face interne. Ailes hyalines très légèrement teintées de brun, nervures et stigma bruns.

La collection du Muséum de Paris possède un exemplaire femelle, donné par l'Institut Pasteur et recueilli par le docteur Bouet, en Basse Côte d'Ivoire (1907).

BIBLIOGRAPHIE

Tabanus argenteus ♀ Surcouf : Bulletin du Muséum (1907), n° 4, p. 263.

Tabanus Sharpei ♀ Austen

♀ (spécimen), 11 mm. 5 ; largeur de la tête, 4 mm., largeur du front au vertex, 0 mm. 6 ; longueur de l'aile, 9 mm. 25.

Ressemblant étroitement à *Tabanus Wellmani* ♀ Austen mais distinct par ses marques abdominales et sa face plus large. Brun, bande frontale gris-perle ; thorax orné d'une paire de bandes étroites, gris-perle, bien délimitées, terminées juste à la suture transverse, et d'une bande postérieure gris-perle, revêtue d'une pilosité argentée. Abdomen portant une grande tache carrée gris clair sur les angles postérieurs du second segment et une double bande transverse émarginée au bord postérieur des troisième et quatrième segments, cette bande est plus épaisse au centre ; les côtés du premier segment sont gris clair.

Tête à pollinosité grise, face et joues revêtues de poils blancs ; bande frontale rétrécie antérieurement ; callosité frontale un peu allongée, tangente aux yeux à sa partie inférieure, plus étroite en dessus ; palpes fortement élargis à la base, puis s'aplatissant rapidement, jaunâtres, revêtus de poils blanchâtres. Les deux premiers articles des antennes sont grisâtres, leurs angles supérieurs sont noirâtres, premier article revêtu de poils blanchâtres sur la plus grande partie de sa surface, troisième article brun, sa portion basilaire est élargie.

Thorax : quelques poils jaunâtres près du bord antérieur du dessus, entre les bandes ; pubescence du reste, blanchâtre ; pectus et flancs à pollinosité grisâtre et à poils blanchâtres. Scutellum brun, plus pâle à son extrême base.

Abdomen : les marques grises sont revêtues de poils blanchâtres, couleur foncière surmontée d'une pilosité noirâtre ou brun sombre. Ventre gris avec une bande transverse brune à la base de chaque segment, sauf le premier et le second, qui sont entièrement gris et le dernier segment qui est entièrement brun ; une longue pubescence noire, érigée et dense se montre sur le côté inférieur du dernier segment.

Ailes hyalines, stigma invisible. Alulæ brunâtres. Balanciers brun-noisette. Pattes : fémurs d'un brun grisâtre sombre; tibias, sauf l'extrémité, jaunâtres ; tarses antérieurs et extrémité des tibias antérieurs noirs ; tarses médians et postérieurs, extrémité des tibias médians et postérieurs bruns. Tarses antérieurs dilatés ; fémurs et tibias couverts d'une pilosité jaunâtre ou jaune blanchâtre ; on rencontre aussi des poils blanchâtres sur le côté externe des trois premiers articles tarsaux.

Protectorat du Nyasaland (Afrique Centrale anglaise) : un seul spécimen de Katumbe, Nyasa Nord. 6. 12. 1906 (Dr J.-E.-S. OLD).

Le carnet de notes du D^r OLD porte la mention suivante : « Contrée marécageuse avec de très grands roseaux et une forêt d'arbrisseaux.

Le *Tabanus Sharpei* ♀ Austen a reçu son nom de sir Alfred Sharpe, K. C. M. G.; C. B., gouverneur et commandant en chef du protectorat de Nyasaland, dont les efforts pour la conservation du gros gibier dans le territoire de son administration ont mérité la gratitude de tous ceux qui ont au cœur le souci du « meilleur devenir » de la faune africaine.

Outre les différences ici mentionnées entre le *Tabanus Wellmani* ♀ Austen et le *Tabanus Sharpei* ♀ Austen, ce dernier peut être distingué du premier par ses ailes hyalines, l'absence presque totale de stigma, les tarses antérieurs plus étroits dont les angles des parties saillantes sont plus arrondis et beaucoup moins dilatés.

Il se sépare du *Tabanus argenteus* ♀ Surcouf entre autres choses par la bande frontale plus élargie, la région basilaire du troisième article de l'antenne plus courte et plus large, les palpes plus courts, les bandes grises visibles à la partie antérieure du dessus du thorax, le contour des dessins abdominaux et les ailes hyalines.

BIBLIOGRAPHIE

Tabanus Sharpei ♀ AUSTEN : Annals and Magazine of Natural History, sér. 8, vol. I, mars 1908, page 226.

Tabanus Wellmani ♀ AUSTEN

♀ Longueur (6 specimens), 11 mm. 1/2 à 12 mm. 1/3 ; largeur de la tête, 4 mm. à 4 mm. 1/3 ; du front au vertex, 0 mm. 5 ; longueur de l'aile 10 mm. à 11 mm. 3.

Front étroit, gris-perle en dessus ; thorax brun-girofle, avec une paire de bandes gris-perle s'étendant à peine au delà de la suture transverse, et une étroite bande de pilosité argentée sur le bord postérieur ; abdomen d'un brun de cire, troisième et quatrième segments ayant chacun une tache médiane d'un blanc grisâtre en triangle arrondi ou en demi-ovale et revêtue d'une pilosité brillante et blanc de crème.

Tête brune ; bande frontale, face, joues et occiput à pollinosité grise ; face et joues couvertes d'une toison blanche ; callosité frontale et subcallosité brun sombre (dénudée ?), la première en forme de rectangle, s'étendant d'un œil à l'autre ; palpes brun sombre, minces, revêtus d'une pubescence blanchâtre ; premier et second articles des antennes gris ardoisé, couverts vers le haut de fins poils noirs, le premier article a aussi des points blanchâtres en dessous, troisième article étroit, allongé, brun, légèrement ferrugineux à son extrême base.

Thorax : les bandes dorsales grises sont visibles en regardant par derrière, l'intervalle est aussi grisâtre et divisé par une étroite ligne médiane brun clair ; la couleur foncière de la bande transverse postérieure (contenant une grande portion des callus post-alaires) est gris-perle ; pectus et flancs à pollinosité grisâtre, surmontée d'une pilosité blanchâtre ; scutellum à pollinosité gris bleuâtre, partie supérieure du bord postérieur brunâtre.

Abdomen : taches médianes reposant par leurs bases sur le bord postérieur des segments, tache du troisième segment n'atteignant pas le bord antérieur ; côtés du premier segment, angles postérieurs du second, troisième et quatrième segments gris, revêtus de poils blanchâtres ; bords postérieurs des troisième et quatrième segments étroitement marginés de gris sur chaque côté de la tache médiane. Ventre à pollinosité grisâtre, portion basilaire des segments habituellement brunâtre, les deux derniers segments revêtus de poils noirs érigés, le reste porte une pubescence blanchâtre, courte, plus ou moins appliquée. Ailes teintées de brunâtre, stigma bien indiqué, brun. Alulæ brun sombre. Balanciers bruns à extrémités un peu plus claires. Pattes brunes ; tibias, sauf l'apex, de couleur crème et revêtus de poils blanchâtres ; second, troisième et quatrième article des tarses antérieurs fortement dilatés.

Angola : le type et cinq autres spécimens proviennent du district de Chiyaka, mars 1906 (Dr F. Creighton Wellmann). Mr E. E. Austen dédie cette espèce à son inventeur, qui rapporte que ce taon mord avec acharnement et qu'il l'a rencontré dans une jongle épaisse.

Le *Tabanus Wellmani* ♀ Austen est allié au *Tabanus insignis* Lœw, mais offre une ressemblance encore plus étroite avec le *Tabanus argenteus* ♀ Surcouf du Gabon.

Il en diffère par la présence de bandes gris-perle sur le thorax, la bande de poils argentés du bord postérieur est beaucoup moins épaisse, le scutellum est pour la plus grande part gris bleuâtre au lieu de noir, sauf à la base, les taches abdominales ne sont pas semi-circulaires et leur diamètre transverse est beaucoup moindre ; la largeur de chaque tache est moindre que l'espace compris entre elle et le bord du segment.

BIBLIOGRAPHIE

Tabanus Wellmani ♀ Austen : Annals and Magazine of Natural History, sér. 8. vol. I, mars 1908, page 225.

Tabanus Roubaudi ♀ Surcouf

♀ Trois spécimens. 11 mm. 1/2 à 12 mm. 1/2. Collection du Muséum de Paris.

Caractères généraux du groupe : taches dorées, ailes un peu enfumées.

Tête brune, bande frontale portant une callosité noirâtre, rectangulaire, tangente aux yeux et prolongée par une courte saillie de même couleur ; la bande frontale est revêtue d'une pilosité blanc argenté jusqu'à l'extrémité du prolongement de la callosité frontale, au-dessus elle est couverte d'une pilosité brune mélangée de quelques poils noirs ; région située au-dessous de la callosité, saillante et noirâtre ; face, joues et occiput à pollinosité grise, joues et face couvertes d'une toison blanche. Palpes jaunâtres, clairs, peu renflés, amincis à l'extrémité, revêtus d'une pubescence blanche, mélangée de poils noirs vers l'extrémité et sur le côté externe. Premier et second articles des antennes brun sombre, le premier article est revêtu de poils gris, troisième brun-noir, recouvert d'un très fin duvet argenté jusqu'à la partie apicale.

Thorax brun portant quatre bandes dorsales de pilosité jaune d'or, les deux médianes se terminent brusquement à la suture transverse, les deux extérieures aboutissent à la racine de l'aile ; l'espace compris entre les bandes est couvert d'une pilosité noire mélangée de quelques poils dorés, le reste du thorax a une pubescence noirâtre. La bande postérieure transverse qui borde le thorax et qui comprend les callus sous-alaires est d'un blanc d'argent mélangée de poils dorés. Scutellum en entier recouvert de poils dorés. Flancs et pectus à pollinosité cendrée et pubescence d'un blanc jaunâtre.

Abdomen brun sombre sur la partie dorsale et couvert d'une pubescence noirâtre, angles postérieurs de chacun des quatre premiers segments éclaircis et portant des poils dorés, troisième et quatrième segments portant chacun sur leur région médiane un triangle étroit, arrondi au sommet, de pilosité dorée ; le triangle du troisième segment n'atteint pas la hauteur du segment.

Ventre plus clair, les cinq premiers segments sont étroitement marginés de blanc jaunâtre et ont une pilosité blanc jaunâtre, le dernier segment est hérissé de longs poils noirs.

Ailes teintées de brunâtre. Stigma très allongé, brun. Alulæ bruns. Balanciers brun-marron à massue renflée, concolore.

Pattes noirâtres ; cuisses revêtues d'une longue pilosité argentée ; tibias clairs à pubescence blanche et dorée, les tibias antérieurs sont noirâtres à leur extrémité apicale ; tarses brun noirâtre à pubescence sombre, les tarses antérieurs sont fortement dilatés.

Le type et les deux autres exemplaires femelle proviennent du poste de Pangala (Boulé N'tangou) au nord de Brazzaville. Ils ont été envoyés par M. Baudon administrateur, sur l'avis de notre ami M. Roubaud, agrégé des sciences, à qui nous sommes heureux de dédier cette nouvelle espèce en souvenir des nombreuses découvertes dont il a enrichi la collection de Diptères du Muséum.

Ces taons ont été recueillis à la fin de la saison sèche en octobre 1907.

Le *Tabanus Roubaudi* ♀ Surcouf se distingue à première vue du *Tabanus Wellmani* auquel il ressemble étroitement, par les bandes thoraciques visibles normalement, les taches dorées, les antennes claires, les fémurs clairs à pubescence blanche.

Tabanus sulcipalpus ♀ Lœw

Le classement de *Tabanus sulcipalpus* ♀ dans le groupe de *Tabanus variabilis* ♀ Lœw laisse à désirer; cet insecte étant cependant plus voisin de ce groupe que des autres nous l'y laissons provisoirement.

Description de Lœw :

« Nigro-cinereus, thorace cinereo lineato, abdomine subtus flavescente, supe-
« rius serie triplici macularum flavido-cinerascentium, vix distinctorum
« signato ; antennis rufis, apice atro ; palpis flavescentibus angustis, longitudi-
« naliter sulcatis ; alis cinereo-hyalinis, stigmate obscure brunneo. Longitudo
« corp. 5 1/6 lignes ».

« Espèce distincte par des traits si spéciaux que j'ose la décrire d'après un
« seul exemplaire, malheureusement pas parfaitement conservé ».

Face à tomentosité gris-bleu, recouverte au-dessous de poils blanchâtres et sur le dessus et les côtés de poils noirâtres. Palpes très étroits, jaune brunâtre, recouverts de poils noirs et ayant sur le côté supérieur un sillon longitudinal qui va jusqu'à l'apex. Antennes d'un rouge-rouille sale, l'apex du troisième article est noir; le premier article est un peu en forme de capuchon et est recouvert de poils noirs de même que le deuxième ; le troisième article est étroit, l'angle supérieur peu saillant. Front à tomentosité grisâtre portant vers l'angle antérieur des yeux une très petite callosité, non nettement limitée, qui peut provenir d'une dénudation ; de cette callosité part la trace d'une ligne longitudinale nue, dirigée vers le haut. Les yeux sont brun-noir après ramollissement, sans bandes.

Thorax gris-noir, la tomentosité grise forme sur le côté supérieur des lignes plus ou moins claires, pas très évidentes ; la pubescence des côtés du thorax de même que la partie supérieure est d'un blanc jaunâtre ; elle est noire entre les épaules et les racines des ailes, sur les bandes latérales sombres et au milieu du scutellum. Sur l'abdomen se montre une rangée de petits triangles à tomentosité jaune-gris cendré qui se trouvent au bord postérieur des segments, en outre, de chaque côté existe une rangée longitudinale de grandes taches indistinctement limitées, recouvertes d'une même tomentosité, enfin les bords postérieurs des anneaux ont une bordure claire. Partout où il y a cette coloration plus claire, la couleur foncière se transforme en un rouge brunâtre sale. La pubescence de l'abdomen est claire sur les taches triangulaires, au bord postérieur de tous les segments et au bord des segments antérieurs, elle est noire partout ailleurs. Ventre jaune d'or à pubescence claire, sauf les derniers segments qui ont une pubescence noire. Jambes brunes ; cuisses, apex des tibias et tarses brun foncé. Les cuisses ont une tomentosité jaune grisâtre et une pubescence claire tandis que les tibias ont depuis leurs bases une pubescence absolument noire. Ailes gris hyalin, nervures brun noir, bord externe brun foncé ; première et quatrième cellules postérieures non rétrécies.

La petitesse des antennes, l'étroitesse des palpes, leur sillon, la pubescence noire des côtés et de la moitié supérieure de la face, la prédominance de la pubescence noire aux tibias sont tous des caractères d'après lesquels cette espèce se laisse facilement reconnaître, quoique les caractères du dessin du thorax et de l'abdomen, à cause de l'état de l'exemplaire décrit, ne sont pas aussi précis qu'il serait désirable.

BIBLIOGRAPHIE

Tabanus sulcipalpus ♀ Lœw : Öfv. K. Vet. Akad. Forhandl. (1857), 341, 26.
— — Dipteren Fauna Sudafrika's, I, 45, 17.

Tabanus insignis ♀ Lœw

Lœw donne la description suivante :
« Nigricans, thoracis lineis duabus postice abbreviatis fasciaque apicali albis ;
« abdominis segmentum secundum maculis sex albis, sequentia ternis signata ;
« alæ hyalinæ, stigmate brunneo. » Long. corp. 6 1/12 lignes.
Cafrerie.

Espèce distincte par son dessin extraordinaire, brun-noir, un peu brillante avec des dessins blancs. Face à dense tomentosité blanche et pubescence semblable. Palpes assez minces, blanchâtres, à pubescence blanche, sur l'apex des palpes il se trouve quelques petits poils noirs. La bande frontale n'est pas large et porte une tomentosité blanche jusqu'à l'angle antérieur des yeux ; puis une petite callosité brun noir, au-dessus le front est d'un gris-brun avec une tache noir mat au milieu et le vertex noir, le front dans ses autres parties est blanc. Antennes noires, seule la base du troisième article en est rouge ; le premier article en forme de capuchon a une tomentosité blanc de neige et une pubescence blanche, l'angle supérieur, fortement saillant et recouvert de petits poils noirs est d'un noir profond ; le troisième article des antennes est assez étroit avec son angle supérieur un peu saillant. Les yeux restent sombres après le ramollissement et ne montrent aucune trace de bande.

Le côté supérieur du thorax est brun-noir, les bords latéraux et postérieurs ont une tomentosité et une pubescence blanches ; en outre il y a deux bandes longitudinales courtes et larges qui ont une tomentosité et une pubescence blanches mais qui se terminent au milieu du thorax ; sur les bandes noires du thorax la pubescence est principalement noirâtre. Côtés du thorax noirâtres, recouverts d'une tomentosité très dense et d'une pubescence blanche. Scutellum d'un brun-noir.

Abdomen brun-noir, tomentosité du premier anneau presque complètement blanche, elle est noire seulement au milieu ; deuxième anneau portant quatre taches de tomentosité blanche, les deux postérieures sont situées vers le bord postérieur et se rejoignent presque, tandis que les deux autres se trouvent près du bord antérieur et sont plus éloignées l'une de l'autre ; en outre, de chaque côté du bord postérieur se voit une tache transversale à tomentosité blanche qui se dirige en avant, près du bord latéral. Le troisième anneau de l'abdomen porte au milieu de son bord postérieur une grande tache de tomentosité blanche en forme de demi-cercle et de chaque côté de celle-ci des taches transversales comme celles du deuxième anneau, mais elles ne se prolongent pas aussi avant et sont unies à la tache médiane par une délicate bordure blanchâtre. Le dessin du quatrième anneau ressemble à celui du troisième, mais la tache médiane est un peu plus grande et les taches latérales sont plus petites; sur le cinquième anneau le dessin se répète encore une fois, mais la tache médiane et les taches latérales sont plus petites et d'une couleur gris cendré. Sur le sixième anneau il y a encore de petites taches latérales et une bordure postérieure claire dont les traces subsistent encore sur le dernier anneau. La pubescence de l'abdomen est noire sur fond noir et claire sur les parties blanches. Ventre brun noir; la moitié postérieure des anneaux, à l'exception des derniers, a une tomentosité blanche, la courte pubescence du ventre est blanche sur les anneaux postérieurs avec un mélange de quelques poils noirs, elle est complètement noire sur le dernier anneau. Cuisses noires avec une tomentosité et une pubescence blanches. Tibias jaune blanchâtre, vers l'apex ils sont noirs sur un assez grand espace, pubescence concolore. Tarses noirs. Balanciers à pédicelle brun clair et à bouton brun. Ailes hyalines avec les nervures brun-noir, bord externe brun assez foncé. Le rameau vers la nervure transversale de l'apex est très court. Première et quatrième cellules marginales postérieures non rétrécies.

La collection du British Museum renferme des spécimens provenant du Natal (collection SAUNDERS) et une femelle prise dans le Jardin botanique d'Entebbe, Uganda (capitaine S. D. W. GREIG-I. M. S. 1904).

BIBLIOGRAPHIE

Tabanus insignis ♀ Lœw: Öfvers. K. Vet. Akad. Forhandl. (1857), 341. 25.
— Dipteren Fauna Sudafrika's, I. 44. 16.

Tabanus diversus ♀ RICARDO

Le type femelle et une autre femelle proviennent de Ruwe, rivière Lualaba, Congo, entre 11° lat. S. et 26° long. E. (Greenwich), recueillis en février 1906 par le docteur A. YALE MASSEY (Collection du British Museum).

Cette petite espèce noire a l'abdomen marqué de taches grises très distinctes et le thorax orné de bandes et de taches grises; ailes claires; antennes courtes; pattes brunes à tibias jaunâtres. Très voisine de *Tabanus insignis* ♀ Lœw de l'Afrique orientale, mais s'en distinguant aisément par sa couleur noire et non brune; par l'absence des quatre taches blanches sur le second segment de l'abdomen; par les grandes taches du troisième et du quatrième segments de forme plus oblongue; les antennes plus courtes; la callosité frontale prolongée en une très courte ligne épaissie et par le thorax qui a deux taches de pilosité grise à la base au lieu du bord à tomentosité blanche de *Tabanus insignis* ♀ Lœw.

Longueur 11 millimètres 1/4.

Tête plus large que le thorax, face couverte de tomentosité grise et de pubescence blanche. Barbe blanche, palpes jaunes à longue pubescence blanche, peu épais à la base et terminés par une pointe aiguë. Antennes courtes, rougeâtres; premier article jaunâtre à pubescence noire sur l'angle supérieur et blanche partout ailleurs, cylindrique, non arqué au sommet; deuxième article petit, rouge, à pubescence noire; troisième article rouge à apex noir; première division courte et large portant une dent marquée, les quatre dernières divisions très petites. Bande frontale large, très légèrement rétrécie antérieurement, environ quatre fois aussi haute que large, brune; couverte d'une tomentosité grise avec quelques poils gris et noirs. Callosité frontale brun rougeâtre, presque carrée, atteignant les yeux, la ligne qui les prolonge est très courte et épaisse — dans un autre spécimen elle est encore plus large — presque autant que la callosité elle-même ; de chaque côté de cette ligne la couleur brune du fond paraît comme une longue tache mal définie, vertex brunâtre. Partie postérieure de la tête blanchâtre à poils blancs.

Thorax noir brillant présentant deux bandes médianes tomenteuses grises qui ne dépassent pas le milieu et portent deux taches de poils gris à la base, côtés gris à pubescence blanche, elle est blanchâtre sur les bandes, noire par ailleurs, sauf à la base des ailes où il y a une touffe blanche épaisse. Côtés et poitrine à tomentosité grise, pubescence blanche. Scutellum d'un rougeâtre sale à tomentosité grise et pubescence blanche.

Abdomen noir; sur le premier segment il y a la trace d'une petite tache médiane grise et les côtés sont largement tomenteux ; deuxième segment à tache de tomentosité blanche sur chaque côté, l'angle supérieur de cette tache est dirigé vers l'intérieur, il atteint les trois quarts de la largeur du segment et se continue sur tout le bord externe. Les taches latérales des quatre segments suivants sont semblables mais de taille décroissante; sur le troisième segment existe une grande tache médiane carrée comprenant toute la hauteur du segment ; le quatrième segment porte une tache un peu plus petite, toutes ces taches sont couvertes d'une tomentosité grise ; pubescence blanche sur le dessus, noire et blanche sur les côtés. Envers d'un jaune rougeâtre sale, noirâtre sur les côtés et vers l'apex, par ailleurs couvert d'une courte pubescence blanche. Pattes brun noirâtre ; tibias jaunâtres, antérieurs noirs sur leur moitié apicale ; fémurs à tomentosité grise et pubescence blanche ; tibias à pubescence blanc jaunâtre, elle est noire sur l'apex sombre des tibias et çà et là. Ailes claires, nervures brunes, stigma brun jaunâtre; première cellule marginale postérieure non rétrécie. Pas d'appendice.

BIBLIOGRAPHIE

Tabanus diversus ♀ Ricardo : Annals Mag. Nat. Hist. (8), I, p. 331 (1908).

Tabanus atrimanus ♀ Lœw (pl. III, fig. 12)

Description de Lœw :

« Nigro-cinereus, thorace albido-lineato ; abdominis maculis trigonis, incisu-
« ris, maculisque magnis segmentorum lateralibus albidocinereis ; ventris
« albido pollinosi vitta longitudinali media lata nigricante; antennæ nigræ, cal-
« lus frontalis unicus inferus et linea frontis longitudinalis nigricantes ; vertex
« nigropilosus. Long ». corp. 6 1/4 lin.

Apparenté au *Tabanus variabilis* ♀ Lœw, mais cependant distinct. La couleur foncière de la face est recouverte d'une tomentosité blanche et d'une dense pubescence de même couleur. Palpes un peu épais d'un blanc sale couverts de poils blancs mélangés de poils noirs. Antennes noires, le premier article en forme de capuchon avec un peu de tomentosité et de pubescence blanchâtres, angle supérieur noir à poils noirs extrêmement courts ; second article très court ; troisième article d'une largeur moyenne, brun-noir vers la base, angle supérieur aigu pas très saillant et portant quelques poils noirs. Front recouvert d'une tomentosité blanchâtre jusqu'aux angles antérieurs des yeux, et portant une callosité quadrangulaire pas très bien limitée, d'un brun-noir, prolongée par une callosité linéaire. Le reste du front au-dessus de la callosité a une pubescence courte et noire qui y forme une tache noire, au-dessus et au-dessous de laquelle le front paraît plus clair à cause d'une tomentosité claire blanc grisâtre et de poils blancs.

La région du vertex est noire, un peu brillante et porte une pubescence noire, évidente, quoique très courte. Les yeux, après ramollissement, restent sombres et ne montrent aucune trace de lignes transversales. La couleur du fond du thorax est noirâtre, mais elle passe au rouge brunâtre sur les côtés et entre les bandes. Outre ces bandes latérales, il se trouve sur le pronotum deux bandes longitudinales formées de tomentosité gris blanchâtre qui, vers le bord postérieur, se rapprochent un peu l'une de l'autre et s'unissent aux bandes latérales ; la pubescence des côtés du thorax, qui ont une tomentosité blanchâtre, est aussi blanchâtre. La pubescence du pronotum semble de même blanchâtre pour la plus grande partie et n'est noirâtre que seulement sur une partie des bandes sombres. Scutellum noirâtre à pubescence principalement noire.

Le dessus de l'abdomen est d'un brun-noir mat, le premier segment est gris blanchâtre sur le côté. Sur le deuxième segment se trouvent deux grandes taches de tomentosité blanchâtre qui se réunissent sur le bord postérieur avec un large triangle de même couleur, de sorte qu'il ne reste que trois étroites taches noires ; la grande tache médiane noire commence au bord antérieur, s'élargit vers le bord postérieur et s'arrondit vers l'extrémité. Les taches latérales sont subtriangulaires et sont situées dans l'angle extérieur du segment et laissent le bord latéral libre. Sur le troisième segment, le triangle médian clair est plus aigu, la grande macule latérale quadrangulaire à tomentosité gris blanchâtre se trouve en arrière de la pointe de la tache noire du premier anneau, elle laisse le bord antérieur et le bord latéral libre et se réduit parfois à un tout petit point qui se trouve au milieu du segment. Sur les segments suivants, la macule latérale se différencie du fond par une couleur un peu plus claire ; les taches dorsales triangulaires sont encore très nettes sur le quatrième et le cinquième segments, quoique moins nettement circonscrites que sur les précédents. Sur le sixième segment cette tache est petite et moins nette. Le bord postérieur clair de chaque segment est très net et s'élargit un peu à l'angle postérieur dont la couleur foncière est d'un blanc jaunâtre ; le dernier segment n'a pas le bord postérieur clair, mais les angles postérieurs sont clairs. La pubescence de l'abdomen a partout la couleur du fond sur lequel elle se trouve. La couleur du ventre est gris noir, la tomentosité blanche est plus rare sur la ligne médiane qui semble ainsi plus noire ; les segmentations ont une délicate bordure blanche, la pubescence est blanchâtre, mais plus noire sur les derniers segments, ainsi qu'au milieu des segments précédents. Cuisses noires, l'apex externe rouge jaunâtre, elles ont une tomentosité blanche et une pubescence claire ; tibias d'un rouge jaunâtre pâle à pubescence blanchâtre ; l'apex de tous les tibias est noirâtre à pubescence noire. Tarses noirs. Balancier brun noirâtre. Ailes hyalines un peu grisâtres à nervures brun-noir. Bord externe d'un brun pâle. Première et quatrième cellules marginales postérieures non rétrécies.

Cafrerie (WAHLBERG).

La collection du Muséum de Paris possède un exemplaire femelle provenant d'Isaka, bords du Soukourou (Dr BRODEN, 1904).

BIBLIOGRAPHIE

Tabanus atrimanus ♀ Loew : Öfvers. K. Vet. Akad. Forhandl. (1857), 340, 21.
— Dipteren-Fauna Sudafrika's, I, 40, 11, tabl. 2, fig. 22.

Tabanus velutinus ♀ Surcouf

Type : une femelle de l'Abyssinie, prise par M. L. DIDIER en 1905 ; trois autres femelles de la même provenance (Collection du Muséum de Paris).

Brun-rouge avec les derniers segments de l'abdomen noirâtres et une tache blanche sur le troisième et le quatrième segment. Ailes cendrées. Longueur : 11 mm. à 12 mm. 1/2.

Tête plus large que le thorax ; yeux transverses, sombres, à cornéules petites et égales, glabres. Bande frontale brune, normale ; callosité brunâtre, brillante, saillante vue de profil ; arrondie vue de face et très peu visible, surmontée d'une ligne brunâtre étroite et courte. Antennes : premier article brun rougeâtre à pubescence jaunâtre, bord extrême de la saillie apicale noir ; troisième article brunâtre à dent peu saillante. Palpes renflés, clairs, à pubescence jaune clair, dense. Bord postérieur de la tête glabre.

Thorax et écussons brunâtres, bordés de blanc, côtés du thorax et pectus à longue pubescence jaune.

Abdomen brun-rouge sur les trois premiers segments, s'assombrissant progressivement depuis le troisième segment jusqu'à l'apex : second segment portant deux taches blanchâtres, arrondies et mal délimitées, tangentes au bord antérieur, bord postérieur du segment blanchâtre. Troisième et quatrième segments portant une tache triangulaire blanche plus ou moins arrondie, sur le bord postérieur de chacun d'eux, cette bande se continue en une bordure étroite qui s'élargit sur les côtés. Cinquième segment à tache semblable plus petite, peu distincte, parfois nulle. Derniers segments abdominaux bruns en entier à pubescence usée paraissant claire. Ventre rougeâtre recouvert d'une pruinosité cendrée à pubescence composée de poils clairs. Pattes discolores, cuisses brunes à pubescence blanche ; tibias plus clairs, assombris à l'apex ; tarses noirâtres à pubescence sombre. Ailes cendrées, translucides, presque transparentes ; nervation normale. Balanciers à bouton marron brillant, tige plus claire.

BIBLIOGRAPHIE

Tabanus velutinus ♀ SURCOUF : Bulletin du Muséum (1906), n° 7, p. 524.

Tabanus Severini ♀ Surcouf (pl. III, fig. 14)

Type : un exemplaire femelle étiqueté Banana-Boma (M. Tschoffen, 91), appartenant au Musée Royal d'Histoire naturelle de Belgique Quoique ce spécimen ne soit pas en bon état, il est cependant si net que nous avons cru devoir le décrire et dédier cette espèce nouvelle à M. le docteur Séverin, du Musée Royal d'Histoire naturelle de Belgique, qui a bien voulu mettre à notre disposition les nombreux documents qu'il possédait.

Longueur 13 millimètres.

Tête plus large que le thorax ; yeux bronzés, glabres ; bande frontale cinq fois plus haute que large, à côtés légèrement divergents au vertex, de couleur jaune brunâtre, portant à sa partie inférieure une callosité rectangulaire, tangente aux yeux, d'un brun brillant et prolongée par une ligne étroite légèrement dilatée, qui s'arrête au milieu de la hauteur de la bande. Épistome jaune brunâtre ; barbe et pubescence blanches. Antennes : premier article tronqué obliquement, brun à épaisse pubescence noire, base brune ; deuxième article brun rougeâtre, revêtu sur son bord apical de denses soies noires; troisième article noir à tomentosité noire, rougeâtre à la base. Palpes assez allongés, peu renflés, blancs à pubescence noire, courte et régulière.

Thorax brun à quatre bandes de tomentosité blanchâtre, pubescence du dessus concolore ; flancs à poils noirs, pectus à tomentosité cendrée et poils blancs. Scutellum de la couleur du thorax.

Abdomen brun portant un triangle blanc sur les troisième, quatrième et cinquième segments ; ces triangles ont leur base sur le bord postérieur de leur segment et n'atteignent que la moitié de sa hauteur ; deux fascies blanchâtres latérales sur les deuxième, troisième et quatrième segments ; les deux derniers segments à pubescence noire. Ventre rougeâtre à pubescence noire éparse, le bord postérieur de chacun des segments est blanchâtre.

Hanches antérieures brunâtres à tomentosité cendrée et pubescence blanche ; fémurs antérieurs brun rougeâtre à pubescence noire; tibias antérieurs testacés, plus sombres à l'apex, à pubescence blanche dans la partie claire ; tarses antérieurs noirs à pubescence sombre. Fémurs médians et postérieurs brun rougeâtre à pubescence noire ; tibias rougeâtres à pubescence mélangée ; tarses bruns à pubescence concolore.

Ailes teintées de brun au bord costal et à la partie inférieure de l'aile; stigma brunâtre ; première cellule marginale postérieure fortement rétrécie ; balanciers bruns à disque jaune.

BIBLIOGRAPHIE

Tabanus Severini ♀ Surcouf : Bulletin du Muséum (1907), n° 4, p. 239.

Tabanus varians ♀ Surcouf

♀ Un spécimen. 13 mm. Collection du Muséum de Paris.

Très voisin de *Tabanus variabilis* ♀ Lœw mais plus grand, ailes presque hyalines, second segment abdominal laissant voir en son milieu la teinte foncière de l'abdomen, mais ne portant pas de macules latérales.

Tête brune, bande frontale portant une callosité noirâtre, rectangulaire, tangente aux yeux et prolongée par une ligne étroite, non dilatée jusqu'aux deux tiers de la hauteur du vertex ; la bande frontale est blanchâtre et porte une macule brune vers son milieu ainsi qu'au vertex, les poils occipitaux sont noirs. Triangle frontal jaune pâle, joues blanches hérissées de poils d'un blanc brillant. Palpes renflés, d'un jaunâtre pâle, couverts d'une pubescence régulière et peu serrée, noire. Antennes foncées, premier article un peu renflé, portant des poils noirs gros et peu nombreux ; second article portant un pinceau de poils noirs à sa saillie supérieure ; troisième article normal, couvert d'une pollinosité grisâtre qui s'arrête à l'origine de la région segmentée apicale.

Thorax brun noirâtre un peu brillant, recouvert d'une tomentosité jaune grisâtre formant cinq lignes peu marquées ; la pubescence du côté supérieur du thorax semble, pour la plus grande part, être blanc jaunâtre, mais on y rencontre aussi des poils bruns près de l'origine des ailes. Flancs et pectus à pollinosité grisâtre et longue pubescence blanche. Scutellum noirâtre (dénudé).

Abdomen : premier segment brunâtre, marginé de blanc, portant une touffe de poils jaunes à la base du scutellum ; second segment envahi par une tache blanchâtre qui se prolonge le long du bord postérieur du segment et se dilate en un triangle blanchâtre au milieu de l'arceau, la couleur du fond n'apparaît qu'au milieu du segment sous la forme d'une tache carrée diminuée du triangle blanc, la pubescence de ce second segment est jaune sur la partie claire, son bord marginal antérieur porte quelques poils bruns ; les segments suivants sont noirs et le bord postérieur de chacun d'eux est blanc grisâtre, chacun des segments 3, 4 et 5 porte une minuscule tache médiane et deux latérales formées de poils dorés.

Ventre grisâtre à pubescence blanche portant une bande médiane noire à poils noirs, segment anal hérissé de poils noirs.

Ailes presque hyalines, un peu colorées dans la région stigmatique et dans la cellule basilaire supérieure. Alulæ bruns. Balanciers bruns à massue brune dans sa région la plus externe.

Pattes : cuisses brunes à pubescence mélangée de blanc et de noir ; tibias blancs à pubescence blanche sur leur partie antérieure, la région postérieure n'est blanche que sur la moitié environ du tibia ; tarses brun foncé.

L'exemplaire qui nous sert de type a été recueilli aux environs de Brazzaville (Congo) par M. Roubaud.

Tabanus variabilis ♀ Lœw (pl. III, fig. 8)

Cette espèce assez variable a une aire de dispersion considérable. Le type est décrit de Cafrerie, mais la figure donnée par Lœw dans son ouvrage *Dipteren Fauna Sudafrika's* est inexacte, les segmentations blanches de l'abdomen ne sont pas indiquées quoique Lœw les mentionne expressément dans sa description ; les taches latérales sont aussi beaucoup plus grandes dans le dessin qu'en réalité. Quoique les descriptions de Lœw soient toujours à retenir, ses dessins ne sont pas toujours fidèles.

Description de Lœw :

« Cinereo-nigricans, thorace lineis duabus obsoletis albidis picto ; abdominis segmenta albido marginata, secundum utrinque macula albida sublaterali permagna, sequentia maculis oblongis parvis, omnibus albicantibus signata ; venter rubro-nigricans nitidus, segmentis omnibus albomarginatis. Antennæ frontis callus micans inferus lineaque longitudinalis integra, et vertex atra. Long. corp. 4 1/2-5 1/2 lignes (pl. I, fig. 23).

Espèce très jolie mais semblant un peu variable. La couleur foncière de la face semble être noirâtre mais elle est complètement recouverte par une tomentosité blanc grisâtre et une pubescence blanche. Palpes d'un brun sale avec des poils blancs et noirs. Antennes d'un noir profond, vers la base du troisième article il y a une trace de coloration brun-noir ; le premier article a la forme d'un capuchon avec un peu de tomentosité blanchâtre et quelques petits poils blanchâtres sur le côté inférieur, par ailleurs le premier article est recouvert de poils courts et noirs; deuxième article très court ; troisième article d'une largeur moyenne, angle supérieur très peu saillant, portant quelques poils très courts. Le front jusqu'aux angles intérieurs des yeux porte une tomentosité gris blanc sur un fond noir, et au-dessus une callosité quadrangulaire brillante non tangente aux yeux et qui s'unit au vertex noir par une callosité uniforme, linéaire et noire. La tomentosité du front assez élargi est d'un brun gris foncé. Les yeux restent très sombres après le ramollissement et ne présentent pas de traces de bandes transversales. La couleur foncière du thorax et du scutellum est noirâtre un peu brillante, elle est d'un brun clair immédiatement au-dessus de la racine des ailes ; la tomentosité est rare et forme sur le côté supérieur du thorax deux lignes longitudinales peu évidentes grisâtres qui ne sont nettes que sur le milieu du thorax (elles semblent n'être qu'un estompage). La pubescence du côté supérieur du thorax semble pour la plus grande part être blanchâtre mais on y rencontre aussi des poils noirs, principalement près de l'origine des ailes. Les côtés du thorax ont une tomentosité gris foncé, leur pubescence est absolument blanche, sauf au-dessous des ailes où elle est noire. Le premier segment et les côtés de l'abdomen ont une tomentosité blanche ; le deuxième anneau a aussi le bord postérieur blanc, assez largement et deux grandes taches de tomentosité blanchâtre, qui commencent au bord antérieur et vont jusqu'au bord postérieur, de sorte que sur cet anneau la couleur foncière noire n'est visible qu'en trois taches, la médiane est un peu plus large et nettement concave du côté postérieur ; sur tous les anneaux suivants les bordures postérieures blanchâtres sont aussi nettes ; les taches latérales qui ont une tomentosité blanchâtre deviennent sur chaque segment suivant plus étroites et moins nettes, et comme leurs extrémités postérieurs sont dirigées un peu plus extérieurement sur chaque anneau successif, elles forment une bande latérale, étroite et dentelée qui disparaît bientôt. La pubescence de l'abdomen est noire sur un fond noir, elle est blanche sur les parties claires. Le ventre est assez brillant, généralement brun-noir mais il présente vers la base et au milieu un passage net au rouge. Cuisses noires à poils noirs ; tibias d'un rouge jaunâtre, les tibias antérieurs sont complètement noirs sur leur face interne et sur le côté externe depuis le milieu, certains spécimens ont seulement le tiers apical noir ; la pubescence de la partie claire des tibias antérieurs est presque exclusivement blanche elle est noire sur les parties noires. Tarses noirs. Balanciers bruns, le bouton blanc jaunâtre à l'apex. Ailes hyalines à peine grisâtres ; les nervures des ailes sont d'un brun-noir. Bord externe brunâtre, première et quatrième cellules marginales postérieures non rétrécies.

Le Muséum de Paris possede des spécimens de localités très diverses. Haute-Sangha (P. A. FERRIÈRE, 1900) ; Brazzaville (ROUBAUD, 1907) ; Simba, Afrique orientale anglaise (M. DE ROTHSCHILD, 1906) ; Zambèze (DURAND, 1882).

Le British Muséum a reçu le *Tabanus variabilis* ♀ Lœw de l'Uganda ; Busoga ; extrémité N. E. du lac Albert-Edward ; Ruwe (Congo belge).

BIBLIOGRAPHIE

Tabanus variabilis ♀ Lœw : Öfv. K. Vet. Akad. Forhandl. (1857) 340, 22.
— — Dipteren Fauna Sud afrika's, I, 41, 12, tab. 1 fig. 23.

TREIZIÈME GROUPE

Tableau dichotomique

1	Yeux sans bandes	2
	Yeux portant des bandes	5
2	Espèces ressemblant à des *Hæmatopota*. Abdomen brun à taches latérales grisâtres	3
	Espèces ne ressemblant pas à des *Hæmatopota*. Abdomen brun ou noir à bande médiane et taches latérales . .	4
3	Palpes courts, épais, très pubescents. Callosité médiane sillonnée, arrondie, 13 mm.	*T. morsitans* ♀ Ricardo.
	Palpes longs à pubescence rare. Callosité médiane bifide, 9 à 10 mm. . .	*T. Rothschildi* ♀ Surcouf.
4	Triangle frontal d'un noir brillant. Abdomen noir à taches grises. Bande frontale trois fois aussi haute que large	*T. obliquemaculatus* ♀ Macquart
	Triangle frontal non brillant. Abdomen brun à taches grisâtres. Bande frontale environ cinq fois aussi haute que large	*T. pallidifacies* ♀ Surcouf.
5	Yeux portant trois bandes colorées. Abdomen à trois séries de taches grises. les latérales sont obliques. Ailes à nervures transverses noires, 8 à 9 mm. .	*T. sufis* ♀ Jænnicke.
	Espèces à trois bandes longitudinales sur l'abdomen	4
6	Yeux portant une bande transverse colorée, 10 mm.	*T. gratus* ♂ ♀ Lœw.
	Yeux portant deux bandes transverses colorées, 7 mm.	*T. tritæniatus* ♀ Ricardo.

Ce groupe contient les insectes présentant l'ensemble des caractères suivants : yeux glabres ; tibias non dilatés, bande frontale portant une callosité arrondie ou transverse à la base et une tache, une callosité au milieu de la bande. Les deux callosités sont séparées lorsque l'insecte est frais.

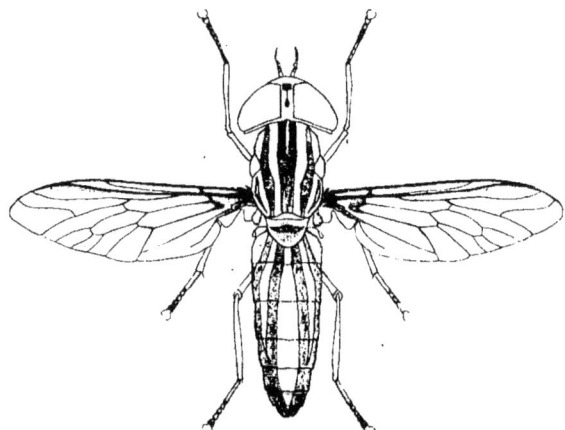

Fig. 22. — *Tabanus gratus* ♀ Loew

Tabanus morsitans ♀ Ricardo

Le British Museum possède trois exemplaires de cette espèce. Le type femelle provient de Somaliland (capitaine R. E. Drake Brockman) en 1905 et deux autres femelles du même pays recueillies par le capitaine Swayne 94-201, une d'elles est très endommagée.

Le capitaine Brockman croit que ce taon propage une maladie fatale aux chevaux et aux mulets qui se développe à l'époque des éclosions (lettre du capitaine Brockman à M. E. F. Fagan 20-5-05). Les deux spécimens recueillis par le capitaine Swayne sont mentionnés dans une note de la Monographie des mouches *tsetsé* de M. E. E. Austen, p. 367 et y figurent sous le nom somali de *Balaad*.

Le capitaine Swayne dit que cette mouche est extrêmement mordante et s'attaque aux chevaux et aux chameaux.

Espèce étroite bordée de brun avec deux callosités distinctement séparées sur une large bande frontale et portant des taches grises arrondies sur chaque côté de l'abdomen. Ailes claires, pattes et antennes jaunâtres. L'aspect général est celui d'un *Hæmatopota* et aussi d'un *Tabanus sufis* Jænnicke, mais le *Tabanus morsitans* se distingue de celui-ci par une grande callosité frontale noire et convexe à bords droits non dentelés et par ses yeux sans bandes apparentes. Les taches latérales de l'abdomen sont rondes, isolées et ne touchent pas obliquement le bord postérieur de chaque segment comme dans *Tabanus sufis*.

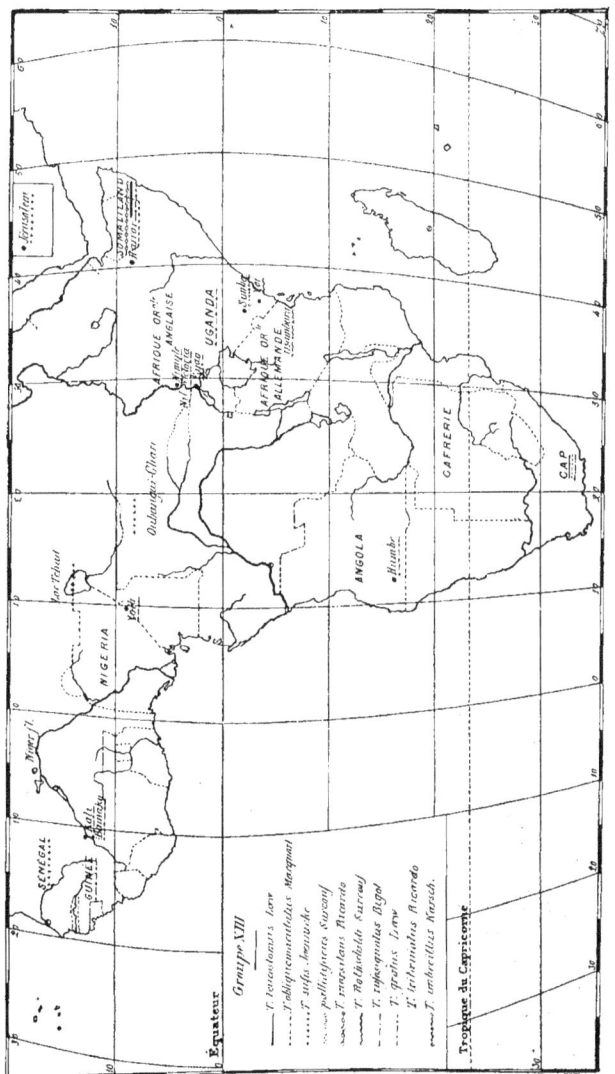

Longueur 13 mm.

Tête plus large que le thorax. Face grise à longs poils blancs. Barbe blanche. Palpes blancs, courts, épais à la base, terminés brièvement en pointe revêtus d'une courte pubescencence noire mélangée de quelques poils blancs argentés. La bande brun rougeâtre de la partie supérieure de la face et sur laquelle sont insérées les antennes est couverte de tomentosité grise. Premier et deuxième articles des antennes, jaunes à pubescence noire ; le troisième article manque. Bande frontale large à bords parallèles, tout au plus deux fois aussi haute que large, couverte d'un tomentosité brun jaunâtre; callosité frontale large, noire, brillante, très convexe, transverse, atteignant les yeux; au-dessus et distinctement séparée, s'étend une tache noire de forme très irrégulière, légèrement sillonnée au milieu et une autre tache brune plus petite au vertex. Yeux glabres sans bandes apparentes.

Thorax brun noirâtre à tomentosité grise et deux bandes grisâtres indistinctes ; côtés grisâtres ; dessus à pubescence noire éparse; pectus et flancs rougeâtres couverts d'une tomentosité grise et d'une pubescence blanche; scutellum brun rougeâtre, brillant. Abdomen long et étroit, brun sombre, d'un brun plus rougeâtre sur les segments basilaires ; premier segment portant une tache médiane grise et deux taches de tomentosité grise sur les côtés ; tous les autres segments, sauf le dernier, ont une tache grise, ronde, isolée sur chaque côté et une tache médiane grise, distincte sur le deuxième et le troisième.

Partie dorsale glabre, les segmentations étroitement grisâtres. Ventre brunâtre avec les segments étroits, jaune grisâtre. Pattes jaune rougeâtre, tarses antérieurs et apex des tibias antérieurs plus sombres. Ailes hyalines, nervures et stigma jaunâtres; les deux spécimens recueillis par le capitaine Brockman ont les ailes appendiculées ; première cellule postérieure largement ouverte.

BIBLIOGRAPHIE

Tabanus morsitans ♀ Ricardo : Ann. Mag. Nat. Hist. (8), I, p. 277 (1908).

Tabanus Rothschildi ♀ Surcouf (p. 171, fig. 23)

Type : 1 ♀ provenant de Voi (Afrique orientale anglaise), prise par M. Maurice de Rothschild en 1906, 2 autres ♀ de même provenance.

Etroit et long, brun clair avec deux taches rondes, blanches sur chaque segment abdominal. Ailes hyalines.

Longueur du corps, 10 millimètres ; de l'aile, 9 millimètres ; de l'abdomen, 6 millimètres.

Tête large et d'apparence triangulaire vue de face ; yeux bruns, à cornéules égales et glabres. Bande frontale très large, d'un gris jaunâtre, creusée au vertex, portant à la base une callosité transverse, réniforme, d'un brun marron brillant, au-dessus de laquelle se trouve une autre callosité peu distincte, bifide.

Antennes abaissées, testacées, à dent très peu saillante. Palpes allongés, jaunâtres, à pubescence rare, assez longue et blanchâtre ; quelques poils noirs épars.

Epistome en dessous et partie postérieure de la tête d'un gris cendré clair.

Thorax brun rougeâtre avec trois lignes longitudinales blanches, la médiane abrégée ; flancs grisâtres avec quelques longs poils clairs épars.

Abdomen brun clair, allongé, glabrescent.

Chaque segment, étroitement bordé de blanc, porte deux points blancs arrondis ; le premier et le deuxième segment ont une fascie médiane blanchâtre.

En outre, le premier segment porte sur le côté une tache blanche, ronde, située à égale distance des bords des segments 2, 3, 4, 5, 6, qui portent sur leur flanc une tache semi-lunaire, blanche, tangente au bord antérieur.

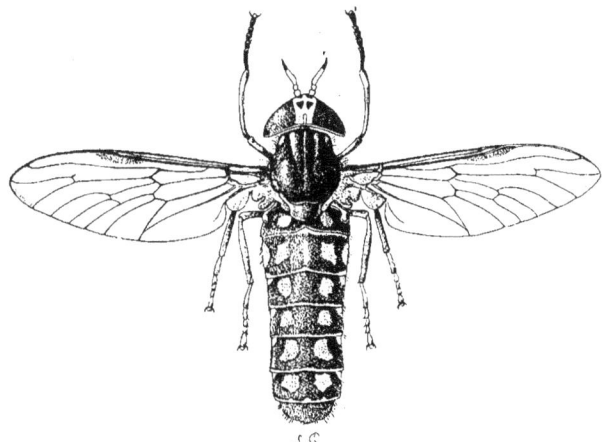

Fig. 23. — *Tabanus Rothschildi* ♀ Surcouf

Ventre noir à premier segment recouvert d'une très courte pubescence cendrée, les autres segments sont marqués de blanc et portent chacun deux taches latérales blanchâtres.

Pubescence ventrale composée de quelques poils blancs répandus sur toute la surface.

Pattes testacées à pubescence blanche, rembrunies aux tarses.

Ailes grandes, hyalines à nervures brun clair, stigma étroit, jaune-clair, troisième nervure longitudinale courtement appendiculée. Cuillerons hyalins.

Balanciers rougeâtres.

Cette espèce nouvelle est très voisine du *Tabanus morsitans* Ricardo

Elle en diffère :

1° Par ses palpes allongés non renflés, peu velus ;

2° Par la forme de la callosité dont le bord supérieur est concave chez *T. Rothschildi* et convexe chez *T. Morsitans* ;

3° Par la callosité médiane, qui est bifide au lieu d'être ronde et non caniculée.

BIBLIOGRAPHIE

Tabanus Rothschildi ♀ Surcouf : Bulletin du Muséum, 1906, p. 527.

Tabanus obliquemaculatus ♀ Macquart

Le type de Macquart existe dans la collection de M. Verrall.
Description de Macquart :

« Niger. Antennis nigris. Abdomine maculis lateralibus albis, obliquiis, basi lateribus rufis. Pedibus nigris ; tibiis flavis. Alis cellulâ submarginali appendiculata. »

« Longueur 6 1/2 l. ♀.

« Palpes et face d'un blanc jaunâtre. Front à quatre callosités sur un fond de duvet blanchâtre ; première à la base des antennes, saillante, brune, transversale ; deuxième contiguë à la première, testacée, transversale, en forme d'écusson ; troisième testacée, presque mate, large, transversale ; quatrième contiguë à la troisième et occupant le vertex, mate, testacée, un peu blanchâtre. Antennes d'un noir grisâtre. Yeux bruns. Thorax noir à lignes blanchâtres ; tache rougeâtre en avant des ailes ; côtés à poils blanchâtres. Abdomen noir ; segments à bord postérieur fauve, étroit, et taches dorsales triangulaires, petites, de poils fauves ; premier et deuxième à côtés d'un fauve testacé ; les quatre premiers à tache blanchâtre, ovale, oblique, de chaque côté ; ventre noirâtre ; bord postérieur des segments fauve. Pieds noirs ; jambes d'un jaune blanchâtre à extrémité noire. « Cuillerons blanchâtres Ailes assez claires ; nervures légèrement bordées de roussâtre pâle ; tache stigmatique brune ; deuxième cellule sous-marginale appendiculée à la base ».

Du Cap. Collection de M. Serville.

Miss Ricardo a examiné dans la collection de M. Verrall les deux exemplaires du Cap de cette espèce. Il n'y a aucun doute que l'espèce décrite par Lœw sous le nom de *Tabanus leucostomus* et par Jænnicke comme *Tabanus psusennis* ne soit identique à l'espèce de Macquart. Cette espèce se reconnaît aisément à la face couverte de poils blancs, les palpes épais et courts, la face très développée à peine aussi haute que large, mesurant 2 m. 1/2 à la base, et 1 m. 1/2 au sommet dans les exemplaires de Macquart qui ont 19 mm. de largeur. Il y a quelques poils noirs sur les palpes et les tibias postérieurs portent aussi une pubescence noire, mais les types sont en très mauvais état de conservation.

Postérieurement cette espèce fut décrite par Bigot sous le nom de *T. rufosignatus*.

Tabanus leucostomus ♀ Lœw (1860)
= *Tabanus psusennis* ♂ Jaennicke (1867).

Description de Lœw :
« Nigro-cinereus, facie candidâ anteriore frontis parte atrâ, antennis atris, « abdomine bifariam albo-maculato, pedibus nigricantibus, tibiarium antica- « rum dimidio basali albo ; alarum cinerascentium nervis et stigmate nigro- « brunneis, nervis transversis brunneo-limbatis ». -- Long. corp. 7 lignes.

Voisin par son aspect du *Tabanus quatuornotatus* ♀ Meigen de l'Europe centrale. — Longueur 14-15 millimètres 5.

Tête plus large que le thorax. Yeux sans bandes ni marques. Bande frontale élargie, de couleur brune, portant à la base une large callosité carrée, tangente aux yeux, surmontée d'une deuxième callosité très peu saillante en losange et canaliculée au milieu. Une pollinosité blanche et très dense occupe toute la largeur de la bande au-dessus de la callosité carrée et encadre les côtés du losange puis recouvre tout le vertex et les parties latérales de la bande frontale de chaque côté de la région canaliculée. Epistome d'un brun-noir luisant. Antennes noires ; premier article dilaté recouvrant le deuxième en capuchon ; deuxième article court et de même forme ; troisième article à dent peu visible, recouvert d'une fine pubescence jaune-brun ; la pubescence des deux premiers articles antennaires est blanche. Joues recouvertes d'une épaisse pubescence blanche, brillante. Palpes épais, renflés, blancs à pubescence blanche.

Thorax brunâtre portant quelques lignes blanchâtres peu distinctes ; écusson de même ; pectus cendré à pubescence blanchâtre.

Abdomen à fond noirâtre portant une ligne médiane jaunâtre, indécise, se dilatant en triangles peu distincts, jaunâtres sur chaque segment et des taches blanches de taille décroissante disposées de chaque côté de la ligne médiane, en outre, les flancs de chaque segment portent une épaisse pubescence blanchâtre qui se groupe en triangles sur les côtés de l'abdomen. Ventre grisâtre à pubescence blanchâtre, chacun des segments étroitement marginé de blanc. Hanches cendrées à pubescence blanche ; fémurs noir brunâtre à pubescence blanche. Tibias antérieurs brunâtres dans leur partie apicale avec une pubescence mélangée, et blancs à pubescence blanche dans leur moitié basilaire ; les autres tibias sont d'un brun plus ou moins clair à pubescence blanche. Tarses bruns à pubescence concolore et quelques poils rouges au côté interne de la paire postérieure. Ailes cendrées, nervures longitudinales et stigma bruns, nervures transverses estompées de brun-jaune ; un appendice. Cuillerons incolores. Balanciers jaune-brun à massue livide.

L'exemplaire type de Lœw provient de la Cafrerie. Le Muséum de Paris possède trois spécimens de *Tabanus leucostomus* ♀ Lœw recueillis par le docteur E. Brumpt, à Ogaden, pays des Somalis, au sud de Harrar, en juin 1901.

Postérieurement à la description de *Tabanus leucostomus* ♀ Lœw, Jænnicke décrivit sous le nom de *Tabanus psusennis* un spécimen mâle de *Tabanus leucostomus*. Le musée de Francfort-sur-Mein a bien voulu nous confier l'exemplaire mâle de *Tabanus psusennis* recueilli en Abyssinie par le docteur Ruppell.

JÆNNICKE en donne la description suivante :
« E cicereo niger ; thorace albido lineato, abdomine serietus duabus e macu-
« lis albis ; oculis nudis, permagnis ; toto margine prismatibus minimis cinctis ;
« alis hyalinis, nervis fusco limbatis ; furca nervi tertii appendiculata ».
Longueur 15 mm, Patria : Abyssinia (RUPPEL).

Atylotus ruficeps ♀ BIGOT
= *rufescens* ♀ BIGOT

La description de Bigot établie sur un seul exemplaire femelle est notoirement insuffisante, nous la reproduisons en entier.
« Une femelle, 14 mm. Antennes noires, troisième segment médiocrement
« échancré et brièvement denté. Ailes : bifurcation externe de la quatrième
« nervure longitudinale (Rondani) à peine appendiculée. Palpes, face et barbe
« blancs. Front rougeâtre avec un peu de duvet gris (callosité ?), transversale-
« ment marqué de deux sillons peu profonds. Thorax noir avec cinq lignes
« grises, écusson noir bordé de gris. Cuillerons blancs, balanciers bruns à mas-
« sue blanche. Flancs gris à poils grisâtres. Abdomen gris avec quatre rangées
« de macules noires allongées. Pieds noirs à duvet blanc, base des tibias rougeâ-
« tre. Ailes hyalines, stigma étroit, allongé, d'un roussâtre pâle. »
Cap de Bonne-Espérance.

Cette espèce décrite sur un seul spécimen est très voisine de *T. leucostomus* Lœw et de *T. obliquemaculatus* Macq., elle se distingue de ces deux espèces par ses ailes complètement claires et s'écarte de l'espèce de Macquart par les marques et la couleur de l'abdomen, de celle de Lœw par sa bande frontale rouge-brun et ses callosités qui sont noires et brun noir dans *Tabanus leucostomus* Lœw et aussi par la coloration foncière rougeâtre des taches latérales de l'abdomen. Le *Tabanus rufosignatus* Lœw, appartient au petit groupe à bande frontale élargie portant deux callosités séparées. Les palpes très courts et la face recouverte de poils blancs séparent de façon caractéristique ce groupe de celui du *Tabanus tæniola* P. B. dont les taches de l'abdomen offrent une certaine ressemblance. Grâce à un spécimen retrouvé dans la collection du British Museum nous avons pu refaire la description de *Tabanus rufosignatus* ♀ Bigot.

Espèce de taille moyenne à large bande frontale, épistome d'un brun brillant; ailes hyalines; abdomen étroit, noir avec trois séries de taches disposées en bandes irrégulières. Longueur 14 mm.

Tête plus large que le thorax, face rougeâtre couverte d'une tomentosité grise et à taches noires irrégulières apparaissant à travers la pubescence composée de longs poils blancs. Barbe blanche. Palpes courts, épais, jaunes, terminés en une pointe mince, converts d'une pilosité d'un blanc argenté relevée de quelques poils noirs à l'apex. Epistome brun sombre, brillant. Antennes d'un brun obscur; premier article petit, oblong; second très petit en forme de capuchon; tous deux à pubescence noire; troisième article à dent très peu accentuée, les trois dernières divisions noires à tomentosité grise sur la première division. Bande frontale large, d'un brun rougeâtre, environ deux fois aussi haute que large s'épanouissant vers le vertex où elle acquiert au moins le tiers de la largeur de la tête ; callosité frontale brun rougeâtre, transverse, atteignant à peine les yeux, moins colorée que l'épistome ; la callosité médiane est irrégulièrement cordiforme, et séparée de la première par une bande de pubescence gris jaunâtre qui recouvre partiellement la callosité médiane elle-même et qui se continue vers le vertex qui est orné d'une courte pubescence noire. Partie postérieure de la tête portant des poils jaunâtres. Yeux sans marques.

Thorax noir, rougeâtre sur les côtés, à trois bandes grises indistinctes ; pubescence gris jaunâtre, grisâtre sur les côtés avec des poils blancs en dessus et noirs en dessous. Pectus noir à tomentosité grise et pubescence blanche.

Scutellum noir à pubescence grise. Abdomen long et étroit, noir portant des taches médianes triangulaires et étroites, de couleur grise, sur les deuxième, troisième et quatrième segments, et des traces d'une tache semblable sur le cinquième segment. Sur les côtés sont des bandes irrégulières, bien marquées, composées de longues taches triangulaires rougeâtres qui atteignent les bords antérieur et postérieur de chaque segment, chacune de ces taches a la base et le côté interne droits, le côté externe s'étend de façon à constituer une région élargie et un apex obtus. Ces taches ont leur maximum de dimension et de netteté sur les deuxième, troisième et quatrième segments, sur le cinquième elles sont moins rouges et plus petites. La coloration rouge est probablement recouverte d'une pubescence blanchâtre quand l'insecte est frais, ce qui expliquerait pourquoi Bigot n'a pas mentionné cette couleur rougeâtre.

La pubescence est grise et épaisse sur toutes les taches, sur le bord postérieur des segments et sur les côtés de l'abdomen ; elle est noire sur les régions noires et à l'apex. Envers noir avec un peu de rouge, couvert d'une tomentosité grise, segmentations jaunâtres à pubescence blanchâtre.

Pattes noires ; fémurs à tomentosité grise et pubescence blanche ; tibias jaune rougeâtre sur leur moitié basilaire, tibias antérieurs très brillants, pubescence blanche sur la moitié basilaire des tibias, noire sur les apex et les tarses.

Ailes hyalines, à nervures brun-jaune, stigma jaune, appendice distinct, mais court ; toutes les cellules postérieures largement ouvertes, l'angle de la troisième nervure est légèrement ombré.

BIBLIOGRAPHIE

Tabanus obliquemaculatus ♀ Macquart : Dipt. exot. I, 1, 123, 4 (1838).
　　　　　　　　　　　　　　Walker : List. Dipt. Br. Museum. 1. 1840.
　　　　　　　　　　　　　　Walker : List. Dipt. Br. Museum. V. suppl. 228. 349 (1854).
= *T. leucostomus* ♀ Lœw : Ofrers. Kongl. Vet. Akad. Forhandl, XV, 336, 25 *bis* (1858).
　　　　　　　— Lœw : Dipt. fauna sudafrikas, 1, 43, 15 (1860).
= *T. psusennis* ♀ Jaennicke : Abhandl. Senck. Naturf. Ges., VI, 333, 26 (1867). Abyssinie.
= *Atylotus ruficeps* ♀ Bigot : Mém. Soc. Zool. France, V, 645 (*Atylotus*) 1892.
= *rufescens* : Kert. Catal. tabanidarum, 68 (1900), lapsus.

Tabanus pallidifacies Surcouf (pl. III, fig. 16)

Type : un exemplaire ♀ recueilli à Simba (Afrique orientale anglaise), par M. Maurice de Rotsuschild en janvier 1906 (collection du Muséum de Paris).
Longueur du corps, 14 millimètres ; de l'aile, 13 millimètres.
Tête et thorax brun rougeâtre en dessus, cendrés en dessous.
Bande frontale large, châtain.
Abdomen brun rougeâtre clair avec des fascies claires.
Ailes hyalines à stigma brun et étroit.

Tête : yeux bruns à cornéules égales, petites, glabres. Bande frontale plus large au vertex, recouverte d'une pubescence jaune brunâtre portant deux callosités. La première est située entre les angles des yeux, grande, châtain clair, brillante et ovoïde, elle occupe toute la largeur de la bande frontale et est tangente aux yeux. La callosité supérieure située vers le milieu de la bande frontale est de même coloration, ovoïde et peu saillante. Chez les exemplaires très frais, elle doit être presque recouverte par la pubescence de la bande frontale.

Antennes. Premier article testacé à pubescence blanche avec une tache triangulaire noire sur l'extrémité distale supérieure.
Deuxième article très court, bordé de soies noires raides.
Troisième article à dent et base rougeâtres, le reste noir.

Palpes renflés, courts, blanchâtres, à pubescence blanche mélangée de quelques poils noirâtres au côté externe. Epistome et dessous de la tête recouverts d'une abondante villosité blanchâtre.

Bord postérieur de la tête presque glabre.

Thorax brun rougeâtre à pubescence roussâtre ; écusson semblable ; dessous et flancs à longue pubescence blanchâtre et hérissée.

Abdomen brun rougeâtre clair, plus sombre vers l'apex et portant sur la partie médiane de chaque segment un triangle blanchâtre mal défini et sur chaque côté une tache arrondie rougeâtre.

La pubescence de l'abdomen est noire et rare ; bord postérieur de chaque segment abdominal marginé de blanchâtre.

Dessous testacé à pubescence blanche avec, sur le disque de chaque segment, quelques poils noirs à partir du quatrième segment, ils deviennent plus nombreux vers l'apex.

Jambes, hanches, cuisses, tibias d'un brun rougeâtre clair à pubescence blanche, cuisses antérieures à courte pubescence noire en dedans.

Tibias postérieurs avec une courte frange noire, tarses brun rougeâtre à pubescence sombre.

Ailes transparentes, grandes et claires à stigma étroit ; bord costal clair.
Balanciers à tête blanc jaunâtre, tige rougeâtre.

BIBLIOGRAPHIE

T. pallidifacies Surcouf : Bulletin du Muséum, 1907.

Tabanus sufis ♀ Jænnicke (1867) (pl. III, fig. 17)
= Tabanus alboventralis ♀ Newstead (1907)

Cette espèce remonte jusqu'à Jérusalem et se rencontre en Abyssinie, Soudan anglo-égyptien, Chari (Docteur Decorse 1904), Mauritanie et Sénégal.
Longueur 8 à 9 mm.

Gris noirâtre, thorax à lignes blanchâtres, abdomen avec une ligne dorsale cendrée et des taches blanches obliquement disposées. Ailes hyalines. Bande frontale très élargie, à côtés divergents vers le vertex, deux fois plus haute que large au milieu, blanchâtre, portant à la base une callosité transverse arrondie, presque tangente aux côtés, vers la partie médiane sont situées deux taches brunes, lorsque la bande frontale est déflorée, ces deux taches sont réunies entre elles et offrent l'aspect d'une seconde callosité transverse et peu saillante. Yeux possédant des bandes colorées; épistome recouvert d'une pollinosité blanche. Antennes brunes à pubescence blanchâtre sur le premier article, moins abondante sur le troisième article; celui-ci ne porte pas une dent distincte mais une saillie formant avec le reste de l'article un angle obtus. Palpes épais et blancs à pubescence blanche. Joues et dessous de la tête à épaisse pubescence blanche. Thorax brunâtre à lignes blanches, les deux médianes dépassant la suture transverse. Abdomen noir grisâtre portant sur le milieu de chaque segment une ligne médiane plus claire, diffuse et symétriquement placées deux taches blanches, obliques, de forme sinuée et couvrant toute la hauteur du segment.

Dessous du corps cendré à pubescence blanche; hanches et cuisses gris cendré à pubescence blanche; tibias testacés à extrémité apicale rembrunie et à pubescence claire sur la partie testacée. Tarses antérieurs sombres à pubescence concolore, tarses médians et postérieurs à métatarse presque aussi long que le reste des tarses. Les métatarses sont d'un testacé clair à pubescence blanche et sont rembrunis à l'extrémité apicale; les articles tarsaux sont sombres.

Ailes hyalines, un peu cendrées, appendiculées; nervures longitudinales et stigma jaunâtre; nervures transverses ombrées de brun. Cuillerons blanchâtres. Balanciers blancs.

Récemment M. R. Newstead a décrit sous le nom de *Tabanus alboventralis* une espèce recueillie par lui-même près de l'embouchure de la Gambie, mais qui semble être bien peu différente de *Tabanus sufis* J. Nous n'avons pas pu voir le type de M. R. Newstead et nous donnons la description de l'auteur.

Thorax brun noir portant trois lignes étroites; abdomen d'un brun plus sombre portant une série bilatérale de taches blanches obliques. Toute l'étendue de la surface ventrale, y compris la tête, est blanche. Pattes d'un ochracé pâle, avec les tarses et les apex des tibias d'un brun sombre.

Femelle. — Tête : espace entre les yeux d'un gris ochreux avec deux larges bandes transverses brunes, la partie inférieure de la tête de même que la région postérieure est revêtue d'une dense pubescence blanche. Antennes brun pâle. Palpes d'un blanc pur d'aspect cireux.

Thorax d'un gris brunâtre, sombre, avec une ligne médiane et deux sous-médianes grises, bords gris aussi bien que le bord postérieur du scutellum.

Abdomen brun sombre, à bandes apicales étroites et pâles. Du premier au cinquième segment existe sur chacun d'eux une tache grisâtre allongée sousmédiane et oblique ; ces taches diminuent graduellement vers l'extrémité postérieure, de telle sorte que la dernière est difficilement visible tandis que sur le second segment, elle s'étend à travers tout le segment et se termine à son bord apical. Il existe aussi une faible ligne médiane formée de taches de poils jaune doré ; ventre d'un brunâtre pâle revêtu d'une pollinosité et d'une pubescence blanchâtre. Bord apical de tous les segments ayant une étroite bordure ochreuse. Pattes avec les cuisses, les trochanters et les fémurs blancs ; tibias d'un ochracé pâle avec le tiers apical brun ; tous les tarses brun sombre. Ailes transparentes sans dessins.

Longueur 10 mm., longueur de l'aile : 8 mm.

« Recueilli en septembre et octobre 1902, au voisinage de Oyster Creek, près
« de l'embouchure de la Gambie. Très étroitement allié au *T. obliquemaculatus*
« Macquart, mais M. E. E. AUSTEN à qui ces exemplaires ont été soumis pense
« qu'il s'agit d'une espèce non décrite (Newstead) ».

BIBLIOGRAPHIE

Tabanus sufis JÆNNICKE : Abhandl. Senckenberg. Naturforsch. Ges. VI, 332. 24 (1867).
— — BRAUER : Denkschrif. Akad. Wien. XLIII, 205, 59, tab. IV et VI, fig. 59 (1880).
T. alborentralis NEWSTEAD : Annals of tropical medicine and parasitology, vol. I, n° 4, février 1907. p. 46.

Tabanus gratus ♀ LOEW ♂ KARSCH (p. 168, fig. 22)

Cinerascens, thorace pallide vittato ; abdomen superius nigrum, pallide trivittatum, vittâ intermediâ integerrimâ, vittis lateralibus undulato serratis ; antennæ flavo ferruginæ, scutellum et pedes pallide rufescentes ; frontis callus inferior brunneus, superior ater ; oculi fasciati. — Longueur corp. 5 1/2 lignes.

La couleur du fond de la face a l'aspect noirâtre mais elle est extrêmement recouverte par une tomentosité et une pubescence blanche. Palpes un peu épaissis d'un blanc sale avec une pubescence blanche et quelques poils noirs entremêlés. Antennes d'un rouge-rouille vif sur le premier article, la couleur du fond est complètement masquée par une pubescence blanchâtre, l'extrémité supérieure de la corne qui est très saillante est si complètement recouverte de poils noirs qu'elle semble noire ; deuxième article antennaire très petit ; troisième article un peu plus large, la saillie externe très accentuée est couverte de poils noirs, apex brun noir. Front jusqu'à l'angle antérieur des yeux, noir, avec une pubescence blanchâtre, il se trouve en ce point une callosité quadrangulaire d'un brun-noir brillant qui va d'un bord des yeux à l'autre. Sur le milieu du front se trouve encore une autre callosité moins nettement tracée, noire et brillante, on aperçoit aussi sur le vertex un petit endroit noir. Par ailleurs la tomentosité du front est grisâtre, quoique plus brunâtre entre les callosités. Yeux d'un beau vert, l'angle inférieur et l'angle supérieur sont d'un rouge pourpre de même qu'une bande transversale droite et peu large qui s'étend à la hauteur de la callosité inférieure du front.

Couleur foncière du thorax gris noirâtre et brunâtre en avant de la racine des ailes, la tomentosité blanc grisâtre forme en dehors des bandes latérales, deux bandes longitudinales nettes au milieu du côté supérieur et une ligne longitudinale nette au moins au côté antérieur ; la pubescence du dessus du thorax est généralement blanchâtre; sur les bandes sombres entre lesquelles la couleur du fond devient çà et là rouge brunâtre, elle est brun sombre ainsi qu'une partie du scutellum. En avant de la racine de l'aile il y a aussi des poils noirs.

Poitrine à tomentosité blanchâtre et à longue pubescence blanche. Côté supérieur de l'abdomen noir avec trois bandes gris blanchâtre et le bord latéral de même couleur ; la bande médiane commence en pointe au bord antérieur du deuxième segment où elle se joint à une petite tache de la même couleur qui se trouve sur le premier segment, la bande s'élargit progressivement jusqu'au quatrième segment où elle commence à se rétrécir plus vite et se termine au bord postérieur du sixième segment. Les bordures latérales sont continues ; un peu distante du bord de l'abdomen se trouve de chaque côté une bande en zig-zag gris blanchâtre, formée de plusieurs traits gris-blancs, qui occupe toute la longueur de chaque segment et s'écarte plus en dehors à l'extrémité postérieure qu'à l'extrémité antérieure, sur chaque segment successif ces traits sont plus étroits, de sorte que les bandes qu'ils forment commencent à disparaître sur le dernier segment. La couleur du bord postérieur des segments abdominaux est jaune isabelle, la pubescence est aussi plus blanche que celle du reste de l'abdomen. Au bord postérieur de chaque segment on voit la trace d'une bordure claire. La pubescence des parties claires est blanchâtre, elle est noirâtre sur les parties noires.

Ventre rouge jaunâtre, plus gris sur les côtés et sur les derniers segments, recouvert d'une petite tomentosité de poils blanchâtres très courts.

Pattes rouge jaunâtre à pubescence blanchâtre. Apex des tibias antérieurs et tarses antérieurs noirs, tarses postérieurs brun noirâtre près de l'apex. La pubescence des tarses est complètement blanche mais il s'y mêle des poils noirs, les plus évidents se trouvent sur les cuisses antérieures, à l'extrémité des articles tarsaux et sur le côté externe des tibias postérieurs. Balanciers blancs. Ailes hyalines, nervures et bord costal brun clair, première et quatrième cellules marginales postérieures non rétrécies. — Cafrerie.

Le British Museum possède des exemplaires des localités suivantes : ♀ de Yola, nord de l'Etat de Nigeria (14, IV, 05, W. T. Gowers); 1 ♀ de Fajo-Nil-Victoria, Ouganda (novembre 1904, Captain E. D. W. Greig, J. M. S.); 2 ♀ de Nimule, province du Nil, Ouganda (1906, Dr W. A. Bensham). Un de ces derniers spécimens porte la note suivante : « Vu plusieurs fois à Nimule ; recueilli sur des naturels et sur un chien. Yeux chez l'insecte vivant d'un magnifique bleu verdâtre avec des bandes horizontales en zig-zag de pourpre violacé ».

Lœw a décrit son type de la Cafrerie, Karsch a pris le *Tabanus gratus* ♂ dans l'Afrique orientale ; il rapporte qu'il a les yeux bigarrés comme ceux du *T. trisignatus* Lœw et il figure son insecte avec une large bande sombre au travers des yeux.

Petite espèce noirâtre à jambes et antennes jaunâtres. Thorax à bandes grises, abdomen marqué de trois bandes grises continues. Yeux ornés d'une bande colorée. Longueur 11 mm.

Tête légèrement plus large que le thorax ; face noirâtre couverte de tomentosité et de pubescence blanches. Palpes jaune pâle épais à la base, terminés en une longue pointe, pubescence blanche mélangée de quelques poils noirs parfois très visibles. Barbe blanche. Antennes d'un rouge-rouille brillant, premier article couvert d'une tomentosité et d'une pubescence blanchâtres, angle supérieur à épaisse pubescence noire ; second article très petit ; troisième portant une courte dent distincte dont l'apex est brunâtre. Bande frontale noirâtre, environ quatre fois aussi haute que large, couverte d'une tomentosité jaune grisâtre, rétrécie à la partie supérieure et portant deux callosités. Celle du front est large, presque carrée, de couleur brun jaunâtre, atteignant les yeux, à bord postérieur irrégulier ; la callosité médiane est oblongue-arrondie, de forme irrégulière, brun noirâtre brillant, parfois réunie à la callosité frontale par une ligne fine.

Lœw décrit la callosité frontale noir-brun, la callosité médiane noire et signale une petite tache noire sur le vertex. Cette tache ne se présente pas dans les exemplaires cités. Yeux avec une bande qui s'étend à hauteur de la callosité frontale à travers les yeux jusqu'au bord postérieur.

Thorax noirâtre à cinq bandes distinctes de tomentosité grise, la médiane est la plus étroite ; bandes latérales rougeâtres à tomentosité grise et pubescence blanche ; sur le dessus la pubescence est noirâtre entre les bandes et blanchâtre sur celles-ci. Scutellum brun rougeâtre à tomentosité grise et quelques poils noirs. Abdomen noirâtre à bande médiane s'étendant du premier au sixième segment, plus large sur le troisième et le quatrième ; bandes latérales quelque peu en ziggaz, irrégulières sur leur bord externe, elles atteignent seulement le cinquième segment où elles sont indistinctes et petites ; pubescence noire sur les parties sombres, blanche sur les bandes de tomentosité grise. Côtés à poils blancs, bords latéraux transparents vers l'apex ; segmentations très étroitement et indistinctement plus claires. Envers plus clair recouvert d'une tomentosité grise et d'une pubescence noire, jambes jaunâtres avec un peu de tomentosité blanche, pubescence principalement blanche, apex des tibias et des tarses brunâtres.

Ailes claires, nervures jaunes, pas d'appendice.

La collection du Muséum de Paris possède un exemplaire femelle recueilli entre le *Ouabi Chebeli* et l'*Oueb* (pays Somalis) septembre 1901, Dr Brumpt. Deux autres femelles proviennent de *Kati*, Soudan, et ont été communiquées par M. le Dr Laveran. La collection du Muséum de Lisbonne contient une femelle provenant de *Humbe*.

BIBLIOGRAPHIE

Tabanus gratus ♀ Lœw : Öfv. K. Vet. Akad. Forhandl., 1857, 340, 23.
— Lœw : Dipteren-Fauna, Sud-Afrika's, 1, 42, 13.
— ♂ Karsch : Berlin, Ent. Zeitsch., XXXI, 379, 4.

Tabanus tritæniatus ♀ Ricardo

Une femelle (type) de *Bailundo*, Angola, décembre 1904-janvier 1905 (D' E. C. Wellman), 1906, 139 ; une femelle de *Biké*, Angola, déc. 1904 (D'. E. C. Wellman), 1906, 139.

Très petite espèce noire étroitement alliée au *Tabanus gratus* Lœw, dont elle se distingue tout d'abord par la forme de la callosité médiane, qui est plus large et occupe presque tout l'intervalle de la bande frontale, carrée, bords antérieur et postérieur souvent irréguliers, d'un brun noirâtre ; tandis que chez *Tabanus gratus* cette callosité est beaucoup plus petite et d'une forme oblongue et plus étroite. En outre sa petite taille la différenciera à première vue, le type mesure huit millimètres, et l'autre femelle seulement six millimètres et demi.

Abdomen avec trois bandes grises, la médiane atteint le sixième segment, et les latérales le quatrième segment, parfois même elles se terminent auparavant. Antennes rougeâtres ; premier article grisâtre, à poils noirs sur l'angle supérieur ; troisième article noirâtre ou brun à l'extrémité. Yeux avec au moins deux bandes colorées. Thorax à bandes grises. Callosité frontale brune, brillante, légèrement proéminente, occupant toute la largeur de la tête et reliée par une courte ligne au callus médian.

Bord occipital gris, portant une pubescence noire au vertex. Pattes rougeâtres. Ailes complètement hyalines.

BIBLIOGRAPHIE

Tabanus tritæniatus ♀ Ricardo : Annals and Magaz. Nat. Hist. sér. 8, vol. 1, avril 1908, p. 311.

QUATORZIÈME GROUPE

Tableau dichotomique

1 { Yeux portant une bande, parfois réduite à un trait horizontal 2
{ Yeux ne portant pas de bandes . . . 3

2 { Abdomen noirâtre avec deux bandes latérales de pubescence grise, jambes noires, tibias jaunes, 10 mm. . . . . *T. albipalpus* ♀ Walker.
{ Abdomen noirâtre avec deux bandes latérales jaunâtres, hanches et fémurs jaunes, 11 à 12 mm. . . . . *T. ditæniatus* ♂♀ Macquart.
{ Hanches et fémurs noirâtres . . . . *T. fuscipes* ♀ Ricardo.

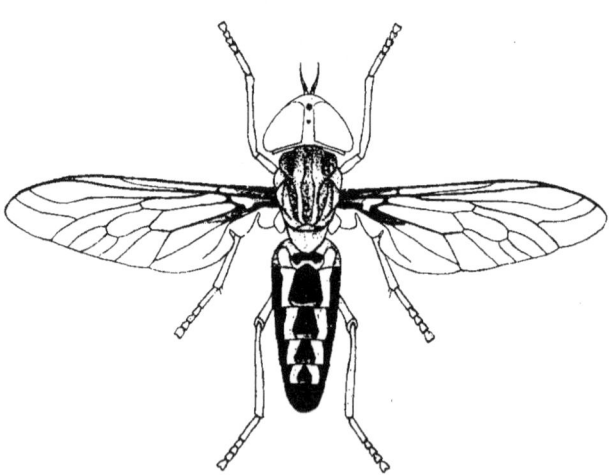

Fig. 24. — *Tabanus ditæniatus* ♀ Macquart

3 { Abdomen noir à pubescence jaune formant des bandes irrégulières. Espèce plus grande, 15 mm. . . . . *T. diurnus* ♀ Walker.

Ce groupe contient un petit nombre d'espèces dont les yeux sont parfois un peu pubescents, la bande frontale porte deux petites callosités arrondies situées l'une au-dessus de l'autre et non reliées entre elles, face glabre.

Tabanus albipalpus ♀ Walker

Type femelle provenant de la Gambie. Collection du British Museum. Ce type est un spécimen en mauvais état.

Le British Museum possède en outre deux femelles de Bassa et de Zungerou, Nord Nigeria (J. Brand) pas très bien conservées. Quoique cela l'espèce se distingue aisément par les palpes très minces, les ailes claires, le corps noir avec deux bandes latérales formées de pubescence grise.

Longueur 10 mm.

Face et bande frontale couvertes de tomentosité grise. Palpes fauve pâle, minces, avec quelques poils blancs et noirs, d'épaisseur égale jusqu'à la pointe qui est courte. Antennes fauves à dent petite. Bande frontale environ trois fois aussi haute que large, un peu rétrécie antérieurement, portant une callosité noire, transverse, irrégulière, n'atteignant pas les yeux, et une seconde callosité noire oblongue, située au milieu de la bande frontale. Yeux avec une bande étroite.

Thorax noirâtre, sans bandes visibles. Abdomen noirâtre, un peu jaune sur les côtés du second segment ; segmentations très étroitement claires.

Jambes noires, tibias jaunes, les antérieurs noirs à l'apex ainsi que les tarses antérieurs. Ailes claires portant parfois une nervure appendiculaire.

Description de Walker :

« Nigro-cinereus, capitis vertice thoracique lateribus fulvo maculatis, abdomi-
« nis lateribus basi fulvis, segmentorum marginibus posticis ferrugineis, anten-
« nis fulvis apice. Pedibus flavis, femoribus basi tibiis anticis apice tarsisque
« anticis nigris, alis limpidis. »

Corps noir grisâtre, tête finement revêtue en dessous de poils blanchâtres, une petite tache fauve sur la couronne postérieure. Yeux rouges, séparés en haut par un très large intervalle, chacun d'eux est orné d'une bande noire oblique qui s'étend depuis le haut du côté interne jusqu'au bord postérieur externe, toutes les facettes très petites. Trompe ferrugineuse foncée, très courte. Stylets couleur fauve. Palpes blanc jaunâtre avec de courts poils noirs et blancs. Antennes fauves, très courtes; premier et second articles à pubescence noire, chacun d'eux prolongé en dessus par un angle noir ; troisième article convexe en dessus à la base, sans dent, formant un article ferrugineux court, très légèrement courbé en dessus. Une tache fauve de chaque côté du thorax à la base des ailes.

Abdomen légèrement obconique, beaucoup plus long que le thorax, orné d'une courte bande fauve de chaque côté près de la base. Bord postérieur des segments ferrugineux. Ventre presque entièrement gris. Jambes jaune pâle ; cuisses vers leur base et hanches noires; extrémité des tarses brune. Ongles, tibias antérieurs depuis leur moitié apicale et tarses antérieurs noirs. Ailes hyalines. Nervures longitudinales et transverses fauves. Angle de l'extrémité de la nervure transverse très obtus, sans appendice. Cuillerons hyalins, bordés de jaune pâle. Balanciers jaune blanchâtre.

Longueur du corps 4 lignes 1/2, des ailes 9 lignes.

Gambie.

BIBLIOGRAPHIE

Tabanus albipalpus ♀ Walker: Diptera Saundersiana, p. 44.

Tabanus ditæniatus ♂♀ Macquart (p. 183, fig. 24)
= *Tabanus pyrrhus* ♀ Walker
= *Tabanus bipunctatus* ♀ Vander Wulp
= *Atylotus nigromaculatus* ♀ Ricardo

Le *Tabanus ditæniatus* Macquart forme un petit sous-groupe est voisin du *Tabanus rusticus* Linné, d'Europe.

Le *Tabanus ditæniatus* Macquart et les espèces voisines se distinguent du groupe de *Tabanus sufis* Jænnicke, par la très légère pubescence des yeux qui est souvent difficile à voir chez les femelles et par l'abdomen à bandes plus régulières. Le *Tabanus bipunctatus* Vander Wulp, est très voisin du *Tabanus ditæniatus* Macq., suivant le descripteur, il n'a pas de bande transversale aux yeux. De l'examen du type et des cotypes que le directeur du Musée Royal d'Histoire naturelle de Belgique a bien voulu mettre à notre disposition, il semble résulter l'identité des deux espèces. Le *Tabanus agricola* ♀ Wiedemann qui provient de a mer Rouge et de l'Abyssinie est également voisin de *Tabanus rusticus* Meigen. Schinen a identifié à cette espèce des mâles et des femelles d'une espèce voisine provenant de Hong-Kong.

Certains exemplaires du Muséum de Paris ont été déterminés par Bischof sous le nom de *Tabanus flavinervis* Wied. cotype, ces spécimens se rapportent au *Tabanus ditæniatus* Macq. sans nul doute. Le type de *T. pyrrhus* W. vient de l'Inde.

Le type de Macquart est au Muséum de Paris ainsi que trois cotypes, il est presque complètement détruit. Il existe un autre cotype à Lille, provenant de l'île Maurice. Deux des cotypes de Paris ont un appendice à la troisième nervure longitudinale, celui de Lille en a seulement la trace. Les types de Macquart proviennent de l'île Maurice, M. Bezzi a pris le *Tabanus ditæniatus* Macq. à Obbia sur la côte des Somalis (*Annales civ. Genova*, 2-XII, p. 184, 1892). L'extension de cette espèce est considérable, elle comprend l'Afrique entière au-dessous d'une ligne réunissant le Sénégal, le Tchad et le pays Somali. Il y a une note du major H. R. Pope Hennessey (19 novembre 1905) qui indique que les Somalis du pays de Juba appellent ce taon : *Baal ad* ou *Baal at*. D'après M. Austen il est probable que ce nom doit être appliqué à plusieurs petits Tabanides (*Monographie des mouches tsétsé*, p. 307, 1903). Le British Museum possède des spécimens provenant de Wei-Hai-Wei, Chine; de l'Inde. Le Musée de Calcutta a des exemplaires du Bengale, Madras, Côte N.-E. de l'Inde, Ceylan, et de la frontière du Belout-

QUATORZIÈME GROUPE

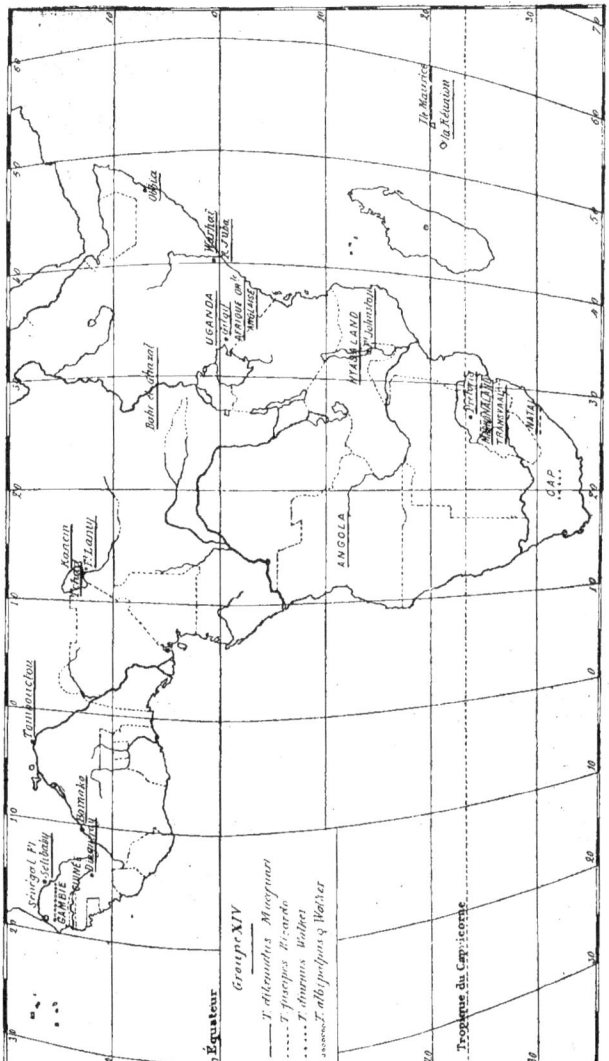

chistan et de la Perse. M. Coquillet le signale du Japon sous le nom de *T. pyrrhus* Walker.

Cette espèce possède un appendice à la troisième nervure longitudinale, mais il est souvent absent ; tous les spécimens du British Museum ont un appendice ou bien l'angle de la nervure est aigu sauf chez un spécimen de Pretoria, qui n'a ni appendice ni angle aigu. Macquart dit qu'il y a parfois un appendice. L'abdomen varie souvent d'apparence à cause de la dénudation de la tomentosité mais la couleur fondamentale jaune de l'abdomen paraît toujours entre les bandes médianes et latérales quoiqu'elles varient souvent d'étendue et de longueur.

Espèce d'un jaune grisâtre à taches noires sur la bande frontale. Yeux à bande étroite, abdomen jaunâtre à larges bandes d'un brun noirâtre. Pattes et antennes jaunes. Longueur 11 à 14 mm.

Tête grande, plus large que le thorax ; face couverte d'une tomentosité grise et de poils blancs. Palpes épais, blancs à pubescence blanche entremêlée de quelques poils noirs. Antennes d'un jaune rougeâtre brillant ; premier et second articles plus pâles avec quelques poils noirs à leur apex, dent du troisième article peu proéminente. Barbe blanche. Bande frontale environ quatre fois aussi haute que large à la base, noirâtre, recouverte d'une pubescence grise portant quelques poils jaune pâle et d'autres noirs. Callosité antérieure petite, transverse, brunâtre ou noire, n'atteignant pas les yeux, la seconde callosité située au milieu de la bande frontale est arrondie, noire, luisante et porte parfois un faible sillon médian. Yeux d'aspect glabre, à poils peu nombreux et microscopiques, les yeux sont traversés par un trait à hauteur de la callosité antérieure. Thorax et scutellum noirs, couverts d'une tomentosité gris jaunâtre et d'une pubescence jaunâtre pâle ou fauve.

Abdomen jaunâtre avec une large bande médiane et deux bandes latérales noirâtres ou brunâtres. Sur la bande médiane la tomentosité jaune grisâtre forme une bande composée de triangles à apex tronqué sur chaque segment ; les bords de la bande médiane sont légèrement irréguliers. Bandes latérales étroites n'atteignant pas les côtés de l'abdomen, elles se fusionnent avec la bande médiane vers le sixième segment, de telle sorte que l'apex de l'abdomen est noir ; la pubescence du dessus de l'abdomen est principalement jaune grisâtre et s'étend en forme de bande sur les deux segments terminaux, il y a un peu de pubescence noire sur les bords de la bande médiane et sur les bandes latérales noires, la partie dorsale de l'abdomen est couverte en outre d'une tomentosité grisâtre ; côtés de l'abdomen à poils blanchâtres. Envers de l'abdomen jaune pâle à tomentosité et pubescence blanches, quelques poils noirs à l'extrême apex. Pattes d'un jaune rougeâtre ; tibias antérieurs plus sombres sur la moitié apicale qui est légèrement dilatée ; tarses antérieurs noirâtres, les autres tarses brunâtres. Pubescence blanche en général ; noire sur les parties sombres des tibias et des tarses antérieurs, quelques poils noirs sur les autres tibias et tarses. Ailes claires, nervures et stigma jaune pâle, troisième nervure longitudinale portant habituellement un court appendice. Balanciers blanchâtres.

Mâle semblable à la femelle, la zone des petites cornéules qui entoure la zone des grosses cornéules en est très nettement séparée.

La collection du Muséum de Paris comprend de nombreux spécimens ♀ et trois ♂.

BIBLIOGRAPHIE

Tabanus ditæniatus Macquart : Diptères exotiques. 1, 4, 126, 9.
= *Tabanus pyrrhus* ♀ Walker : Dipt. Saundersiana 47, tab. II, fig. 4 et 5.
— Walker : List. dipt. British Museum, V, 236-355.
— Austen : Gordon Memorial College (1906), 57, fig. 22.
— Bezzi : Ann. Mus. civ. Genov., série 2, XII (XXXIII), 184, 3.
= *Tabanus bipunctatus* Vander Wulp : Notes Leyden Museum, VII, p. 75. sp. 30, tab. V, fig. 5.
= *Atylotus nigromaculatus* ♀ Ricardo : Annals Mag. Nat. Hist. (7) VI, p. 465.
— — Newstead : Annals of Tropical Medicine (1907), p. 44.

Tabanus fuscipes ♂♀ Ricardo

Le type ♀ provient de l'Afrique centrale (E. L. Rhoades, 1906), le type ♂ a été pris à Estcourt-Natal en janvier 1897 (G. A. K. Marshall).
Longueur 12 à 14 mm.
Collection du British Museum.

Cette espèce est très voisine de *Tabanus ditæniatus* Macquart et peut être aisément confondue avec elle à première vue, mais elle en diffère par les hanches noires, les fémurs noirâtres presque en entier et l'absence de toute tomentosité grise sur la partie médiane de la bande noire de l'abdomen. Antennes légèrement assombries à l'apex. Yeux, face, palpes et bande frontale semblables à ceux de *Tabanus ditæniatus* Macquart, avec les deux mêmes callosités caractéristiques sur la bande frontale. Il n'y a pas de triangles gris sur les bandes noires de l'abdomen des femelles. Pattes jaunes plus sombres, fémurs noirs sur les deux tiers de leur longueur, le tiers apical seul est jaune. Ailes claires à court appendice.

Le mâle a les yeux jaunâtres, bruns en dessous, à facettes inégales, sans bande apparente. Palpes claviformes, jaunes, transparents. L'abdomen a l'apex plus largement noir que les femelles et une bande tomenteuse grise est visible sur la bande médiane noire ; pattes semblables à celle des femelles, mais les fémurs sont entièrement noirs, seul l'extrême apex est jaune.

La collection du British Museum contient en outre un spécimen ♀ de Salisbury, Mashonaland (décembre 1899, G. A. K. Marshall) et une autre femelle provenant de Gadzima, Mashonaland (décembre 1895, G. A. K. Marshall).

BIBLIOGRAPHIE

Tabanus fuscipes ♂ ♀ Ricardo : Annals Mag. Nat. Hist., sér. 8, vol. I, avril 1908, p. 332.

Tabanus diurnus ♀ Walker

Le type provient du Cap (1868). Collection Saunders au British Museum.
Espèce plus grande que *Tabanus ditæniatus* Macquart ; noirâtre ; abdomen noir

recouvert d'une courte pubescence jaunâtre qui forme trois larges bandes. Yeux sans bandes. Ailes portant un long appendice à la troisième nervure longitudinale.

Longueur 15 mm.

Tête plus large que le thorax. Face grise à poils jaunâtres entremêlés de quelques poils noirs. Barbe jaune. Palpes jaune pâle à pubescence blanchâtre et quelques poils noirs. Antennes d'un ferrugineux pâle brillant ; dent du troisième article à courts poils noirs à sa base ; premier et second articles à pubescence noire et longs poils jaunes sur la partie externe du premier article (d'après Walker). Bande frontale gris jaunâtre environ cinq fois aussi haute que large ; au-dessus des antennes sont deux courtes stries sur chaque côté ; bande frontale à courte pubescence mélangée, jaune et noire ; première callosité noire, cordiforme, petite ; la seconde plus petite et plus ovale, Yeux très légèrement pubescents sans apparence de bande.

Thorax noirâtre à tomentosité grise, sans bandes visibles ; flancs et pectus gris à poils jaunes ; traces d'une courte pubescence jaune sur le dessus du thorax. Abdomen noirâtre, recouvert d'une courte pubescence jaunâtre donnant l'aspect de trois larges bandes jaunes avec une bande noire de chaque côté bordant la bande médiane jaune ; la couleur fondamentale noire apparaît plus largement à l'apex. Extrémité des bords latéraux de l'abdomen fauve. Ventre noirâtre avec une courte pubescence jaune pâle ; segmentations paraissant fauves. Pattes jaunâtres ; hanches à tomentosité grise ; fémurs noirâtres à tomentosité grise et blanchâtre, face interne des fémurs antérieurs glabre et d'un brun, plus ou moins brillant. Apex des tibias antérieurs et tous les tarses bruns sauf le premier article des tarses postérieurs ; pubescence des tibias noire. Ailes hyalines à nervures jaunâtres, appendice assez long.

BIBLIOGRAPHIE

Tabanus diurnus ♀ Walker : Diptera Saundersiana, p. 43.

QUINZIÈME GROUPE

Tableau dichotomique

Adomen : cinquième, sixième, septième segments à bord postérieur fauve rougeâtre bordé de poils jaune doré ; trois derniers segments ventraux fauve vif (du Cap). Apex de l'aile clair portant deux petites taches . . . . *T. maculatissimus* ♀ Macq.

Abdomen : cinquième, sixième, septième segments à bord postérieur noir rougeâtre bordé de poils noirs ; trois derniers segments ventraux rougeâtres, ciliés de noir (du Congo). Apex de l'aile presque complètement noir . . . . *T. irroratus* ♀ Surcouf.

Fig. 25. — *Tabanus maculatissimus* ♀ Macquart.

Ce groupe composé actuellement de deux espèces comprend les insectes réunissant les caractères suivant :

Yeux glabres, tibias antérieurs non dilatés, bande frontale portant une seule callosité, ailes tachetées.

Tabanus maculatissimus ♀ Macquart (p. 189, fig. 25)

Le type femelle a été recueilli au cap de Bonne-Espérance (Museum de Paris). La description de Macquart est très exacte, nous la donnons en entier :

« Niger, antennis rufis, apice fusco, oculis maculatis. Thorace albomaculato, abdomine albo maculato, apice rufo. Pedibus albicantibus. Alis nigricantibus albo maculatis, basi apice que nigro maculatis.

« Trompe brune. Palpes, face et front d'un blanc jaunâtre, ce dernier à petite tache presque ronde d'un noir luisant. Moitié supérieure du front d'un brun marron mat avec une petite tache de duvet blanc au milieu. Antennes d'un fauve clair ; premier article blanchâtre, troisième à dent très courte ; les quatre dernières divisions d'un brun noirâtre. Yeux bruns marqués d'un grand nombre de petites taches d'un brun plus foncé.

« Thorax noir, à petites taches de duvet blanc, quatre au bord antérieur, quatre placées en carré sur le disque, quatre au bord postérieur et une de chaque côté en avant de la base des ailes ; côtés fauves à poils jaunâtres un peu plus pâles. Écusson marron, luisant ; une tache de duvet blanc de chaque côté du bord postérieur.

« Abdomen d'un noir mat (le fond est d'un noir vert brillant quand il est dépouillé de duvet) ; premier segment à tache blanche de chaque côté et petite tache dorsale d'un blanc jaunâtre ; deuxième à bord antérieur blanc, interrompu au milieu, une tache blanche de chaque côté n'atteignant ni le bord antérieur ni le bord postérieur, et une tache dorsale blanchâtre ; troisième et quatrième à petite tache blanche peu distincte de chaque côté et tache dorsale triangulaire au bord postérieur, à base d'un brun marron et pointe blanche ; cinquième, sixième et septième d'un fauve vif ; cinquième et sixième à tache blanchâtre de chaque côté. Pieds d'un blanc jaunâtre ; hanches intermédiaires et postérieures noires ; deuxième article des antérieures noir ; jambes à anneau noir à l'extrémité ; antérieures un peu épaisses ; postérieures à petit anneau à la base ; tarses noirs ; premier article des intermédiaires et postérieurs blanc, à extrémité noire. Cuillerons obscurs. Ailes hyalines à la base, jusque vers le milieu, tachetées de noir ; ensuite une large bande transversale noire, à nombreuses petites taches hyalines ; enfin l'extrémité hyaline à trois petites taches noires ; deuxième cellule sous-marginale à long appendice à la base.

« Du Cap. Collection de M. Serville et de M. Guérin. »

Le British Museum possède une femelle de Shiré, Afrique centrale anglaise (février 1905, D. J. S. Old) ; une femelle du Natal (J. P. Quekett, 1902) ; une femelle de Karkloof-Natal (G. A. K. Marshall, février 1897) ; une femelle de la Cafrerie (F. P. Mansel Weale, 1878) ; deux femelles de l'Afrique du Sud (Dr Andrew Smith, 1844).

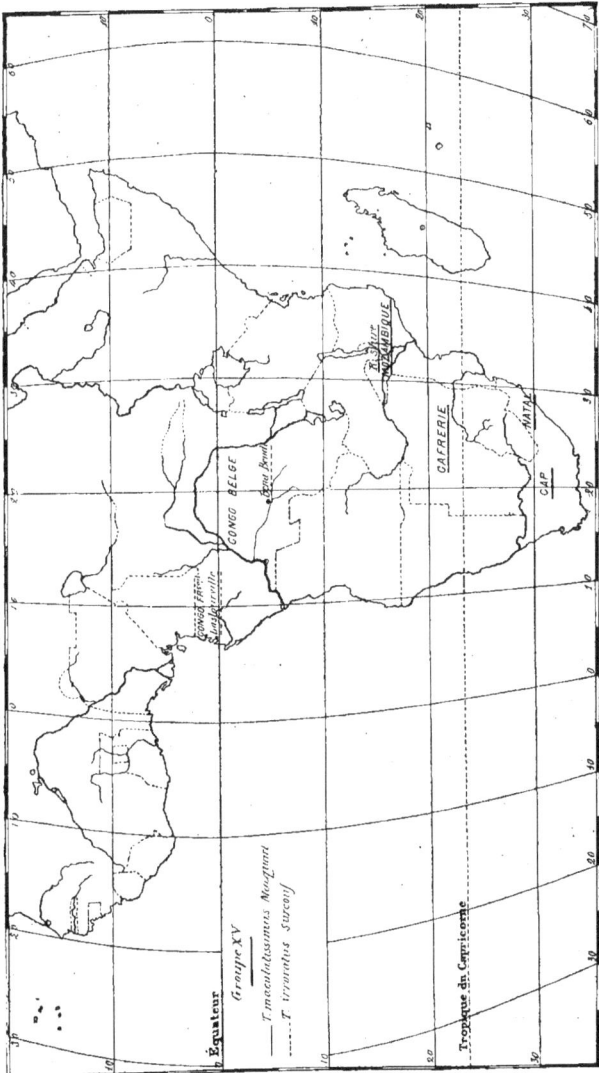

BIBLIOGRAPHIE

Tabanus maculatissimus ♀ Macquart : Diptères exotiques, 1, p. 121, 3 (1838), table XVII, fig. 2.
— Johns : Proceed. Acad. Nat. Sc. Philadelphia (1898), 158.
— Lœw : Öfv. K. Vet. AK. Forhl. (1857) 320, 22.
— Lœw : Dipteren Fauna Sud-Afrika's I, 43, 14.
— Walker : List. dipt. British Museum, 1, 166.

Tabanus irroratus ♀ Surcouf (pl. III, fig. 20)

Cette espèce est très voisine de *Tabanus maculatissimus* ♀ Macquart ; le type provient de Lastourville (Congo) et a été recueilli par M. Vachal en 1905.

Bande frontale et triangle frontal marron en entier, callosité frontale brune, quadrangulaire. Yeux noirs. Premier article antennaire testacé. Les trois derniers segments abdominaux à bord postérieur noir rougeâtre, bordé de poils noirs. Ventre à derniers segments rougeâtres, ciliés de noir. Ailes à extrémité apicale noire.

Le reste comme chez *Tabanus maculatissimus* ♀ Macquart.

Le Musée Royal d'Histoire naturelle de Belgique possède deux exemplaires de *Tabanus irroratus* ; ils proviennent de Beni-Bendi, Sankuru, Congo (lieutenant Cloetens, 1. 95).

SEIZIÈME GROUPE

Tableau dichotomique

1	Bande frontale portant deux petites taches noires. Cafrerie, 13 mm . . .	*T. fulvianus* ♀ Lœw.
	Bande frontale large à callosités non distinctement séparées	2
	Bande frontale non élargie à callosités nettement distinctes	5
	Bande frontale large, callosité basilaire transverse prolongée vers le vertex par une tache ovale. Abdomen grisâtre à bande médiane diffuse et taches latérales arrondies blanchâtres. Fouta-Djalon, 9 à 10 mm	*T. Chevalieri* ♀ Surcouf.
2	Abdomen à bandes transverses jaunes ou blanches	3
	Abdomen à bandes longitudinales . .	4
3	Bandes abdominales transverses à pubescence blanche, pattes jaunes en entier, 10 1/2	*T. tenuicornis* ♀ Macq.
	Bandes abdominales transverses à pubescence jaune, pattes non entièrement jaunes, 10 à 13 mm.	*T. capensis* ♀ Macq.
4	Abdomen noir portant deux bandes longitudinales blanches atteignant l'apex. 11 mm	*T. tæniatus* ♀ Macquart.
	Abdomen gris jaunâtre portant deux courtes bandes brunes, 10 mm. . . .	*T. lævifrons* ♀ Lœw.
5	Abdomen noirâtre avec le deuxième segment largement rougeâtre ; thorax à bandes longitudinales grises. Palpes blanc grisâtre. Du Cap, 13 mm . . .	*T. vexans* ♀ Lœw.
	Thorax sans bandes, palpes noirs. Monts Ruwenzori, 16 mm . , . . .	*T. Ruwenzorii* ♀ Ric.

Surcouf

Ce groupe comprend quelques espèces de taille petite dont les yeux sont nettement pubescents. La plupart des insectes de ce groupe appartiennent à la région sud africaine.

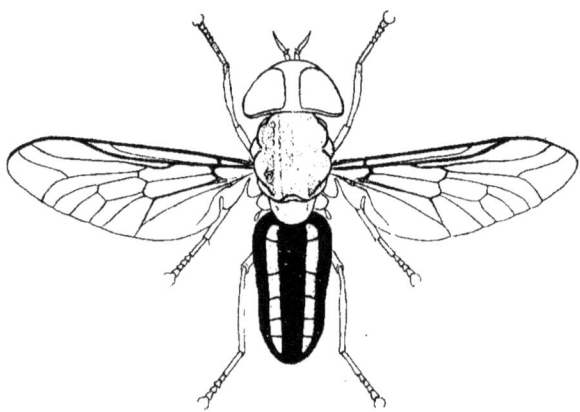

Fig. 26. — *Tabanus tæniatus* ♀ Macquart

Tabanus fulvianus ♀ Lœw

Cet insecte nous est inconnu, nous reproduisons la diagnose latine et nous donnons la traduction de la description.

Le type ♀ provient de la Cafrerie.

« Cinerascens, dense ochraceo tomentosus, Tabano fulvo simillimus, sed
« angustior, capite thoraceque magis depressis frons distincte latiore, abdomi-
« nis vittis lateralibus ochraceo-pellucidis in quartum usque segmentum pro-
« ductis. »

Longueur corp. 6 lignes.

Yeux fortement pubescents. Troisième nervure longitudinale portant un appendice.

Il ressemble tant au *Tabanus fulvus* Meigen dans toutes ses parties qu'on peut les confondre, mais il en diffère cependant par la forme du corps plus élancée, la bande frontale évidemment plus large, portant entre les yeux une toute petite callosité et en son milieu un très petit point noir. Ces deux callosités se rencontrent aussi chez *Tabanus fulvus* mais manquent souvent. Les yeux présentent aussi après la mort une fine ligne transverse. Les bandes latérales jaune d'ocre et demi-transparentes de l'abdomen sont plus dégagées sur le côté du troisième segment et s'étendent jusqu'au delà du quatrième segment, pendant que chez *Tabanus fulvus* ♀, ces bandes se terminent toujours au bord postérieur du troisième segment.

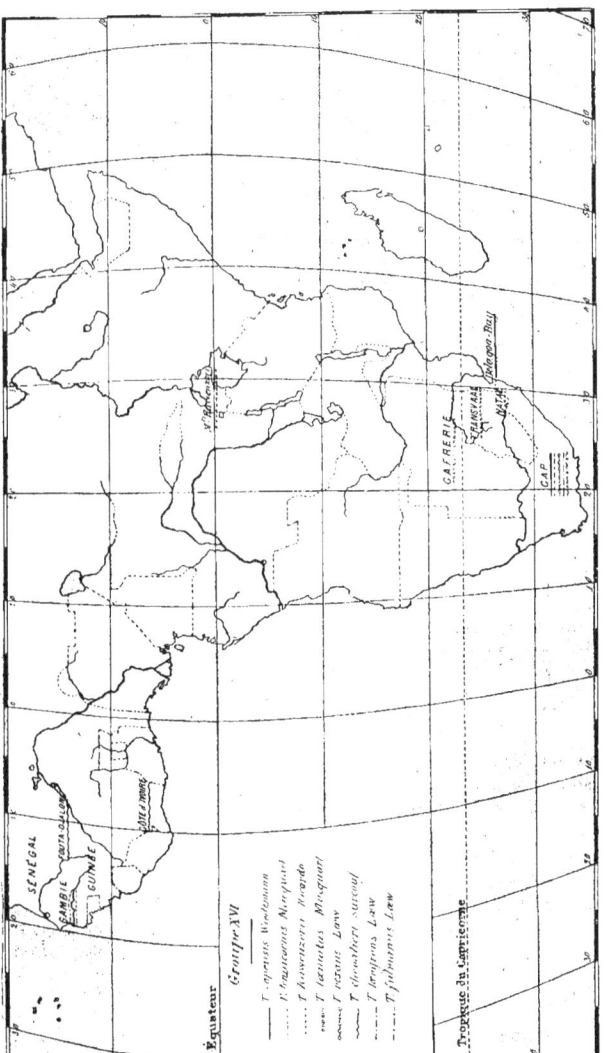

BIBLIOGRAPHIE

Tabanus fulvianus ♀ Lœw : OEfvers af K. Vet. Akad. Forhandl. (1857) 339, 15.
— — Dipteren Fauna Sud afrika's (1860) 35, 3.

Tabanus Chevalieri ♀ Surcouf (pl. III, fig. 18)

Type : un exemplaire ♀ recueilli dans le Fonta-Djalon par M. Chevalier en 1904 ; une femelle envoyée de la basse Côte d'Ivoire par le docteur Bouet en 1907.

Collection du Muséum de Paris.

Nous dédions cette espèce à M. Chevalier, à qui nous sommes redevables de la découverte de plusieurs espèces intéressantes.

Longueur 9 à 10 millimètres,

Gris à teintes neutres.

Tête plus large que le thorax. Yeux pubescents, brun verdâtre, sans bande ni traits. Bande frontale large, recouverte d'une courte pubescence cendrée. Callosité basilaire large, brune, convexe au bord postérieur, bisinuée au bord antérieur et prolongée par une tache ovale rejoignant le vertex qui est dénudé. Antennes à premier article renflé, recouvert d'une pubescence cendrée très courte et de quelques poils noirs assez longs ; deuxième article très court; troisième article noir dans la partie apicale. Palpes assez longs, cendrés avec quelques poils noirs jaune-gris au côté externe. Epistome, parties inférieure et postérieure de la tête de couleur cendrée, glabres.

Thorax brunâtre à pubescence jaune sur le disque. Pectus rougeâtre. Scutellum brunâtre à pubescence noire.

Abdomen court, élargi, grisâtre, portant une large bande médiane diffuse plus foncée qui s'éclaircit au milieu du bord postérieur de chaque segment et une tache triangulaire claire sur chaque côté. Partie médiane munie d'une longue pubescence noire. Parties latérales à pubescence jaunâtre. Ventre grisâtre à pubescence jaune.

Pattes rougeâtres à cuisses concolores recouvertes d'une pubescence jaunâtre peu dense. Tarses obscurcis.

Ailes transparentes, grises. Nervures jaune-brun, troisième nervure longitudinale non appendiculée. Stigma brun clair, étroit. Cuillerons brunâtres, balanciers rougeâtres.

BIBLIOGRAPHIE

Tabanus Chevalieri ♀ Surcouf : Bulletin du Muséum (1906), n° 7, p. 525.

Tabanus tenuicornis ♀ Macquart
= *Tabanus stigma* ♀ Walker

Le type de Macquart, dans la collection de M. Verrall, provenait du Cap de Bonne-Espérance. Macquart en donne la description suivante :

« Niger, antennis tenuibus, rufis apice nigro. Oculis hirsutis abdomine inci-
« suris albis. Pedibus rufis. Alis cellulâ submarginali secundâ inappendiculatâ.
« Longueur 10 mm. 5.

« Palpes jaune pâle, un peu plus longs, plus grêles et plus pointus qu'à l'or-
« dinaire. Face d'un gris blanchâtre. Front (femelle) plus large qu'à l'ordinaire,
« noirâtre, nu, luisant ; une tache jaune transversale, un peu saillante à la base
« des antennes. Celles-ci à premier, second et base du troisième article fauves ;
« ce dernier à base peu épaisse, à dent peu distincte ; les quatre dernières divi-
« sions noires. Yeux velus, bruns. Thorax d'un noir luisant à poils d'un gris
« blanchâtre, rares. Côtés à poils gris. Abdomen d'un noir luisant, bout posté-
« rieur des segments d'un blanc grisâtre assez large ; une petite tache fauve de
« chaque côté du second, au bord postérieur. Pieds entièrement fauves. Ailes
« assez claires ; tache stigmatique brune, deuxième cellule sous-marginale non
« appendiculée ».
Du Cap.

Macquart commentant sa description remarque que *Tabanus tenuicornis* ♀ Macquart ressemble au *Tabanus capensis* ♀ Wiedemann mais n'a point de poils jaunâtres sur le thorax, ni ne fauves sur les incisions de l'abdomen et que les cuisses ne sont pas noires.

Postérieurement à Macquart, Walker décrivit le *Tabanus stigma* ♀ :

« Fuscus capite subtus albo, abdomine fasciis fulvis, subtus basi fulvo, anten-
« nis pedibus que fulvis, tarsis obscurioribus, alis limpidis.

« Tête brune, fauve en avant, blanche en dessous où elle est épaissement
« recouverte de poils blanc jaunâtre. Yeux bruns. Bouche et antennes fauves,
« trompe brunâtre. Thorax et poitrine brun sombre revêtus de poils blanc
« jaunâtre. Abdomen brun, bord postérieur des segments fauves à pubescence
« jaune. Dessous fauve sur plus de la moitié à partir de la base. Jambes fauves.
« tarses plus sombres. Ailes sans couleur. Nervures couleur de poix, fauves vers
« la base et le long du bord costal. Cuillerons larges, bruns. Balanciers fauves.
« Longueur du corps 4 1/2 lignes, des ailes, 8 lignes. Un exemplaire ♀ du sud de
« l'Afrique (Dr A. Smith).

Le British Museum possède le type de *Tabanus stigma* ♀ Walker, quoiqu'il soit en mauvais état, on peut cependant l'identifier avec certitude au *Tabanus tenuicornis* ♀ Macquart.

Petite espèce noire voisine de *Tabanus capensis* ♀ Wiedemann, mais les bandes de l'abdomen sont d'un blanc grisâtre et non jaunes, les pattes sont en outre jaunes en entier. Longueur : 9 millimètres.

Face rougeâtre, couverte d'une tomentosité grise et de poils blancs, parties supérieures des joues rougeâtres (dénudées). Palpes jaunes, très velus, minces, à pubescence composée de longs poils noirs. Antennes incomplètes (Walker les décrit fauves), premier article petit, non en capuchon, jaune pâle à pubescence noire ; deuxième article semblable, mais plus petit. Triangle frontal d'un jaunâtre brillant avec une tomentosité grise autour de la base des antennes. Bande frontale très large, brun sombre, moins de trois fois aussi haute que large, élargie antérieurement, de sorte que la région la plus étroite se rencontre au vertex ; la callosité frontale est d'un brun rougeâtre, large, transverse, atteignant les yeux ; au delà, la bande frontale est marquée de lignes médianes et latérales élevées sur sa surface et elle porte deux taches tomenteuses grises sur chaque côté de la ligne médiane, immédiatement après la callosité frontale. Le vertex à tomentosité grise porte une petite protubérance. Yeux velus.

Thorax et scutellum noirs à pubescence d'un blanc jaunâtre.

Abdomen d'un noir brunâtre à segmentations largement velues de gris ; deuxième segment un peu rouge sur les côtés, pubescence principalement grise sur le dessus. Envers plus pâle, jaune rougeâtre, à segmentations blanches. Apex noirâtre. Pattes jaunes, fémurs à pubescence blanche, partout ailleurs elle est noire. Ailes hyalines, stigma et nervures bruns, pas d'appendice.

Macquart se contredit dans sa description au sujet de l'appendice des ailes.

Le type porte un appendice.

BIBLIOGRAPHIE

Tabanus tenuicornis ♀ Macquart : Diptères exotiques, I, 124, 7 (1838).
— — Walker : List. dipt. Brit. Museum, V. 229, 324.
Tabanus stigma ♀ Walker : List dipt. British Museum, I, 184.

Tabanus capensis ♀ Wiedemann

Cette espèce décrite par Wiedemann est représentée au Muséum de Paris par deux exemplaires déterminés par Macquart.

Description de Wiedemann.

« Niger, flavido hirtus, abdominis basi utrinque ferruginosæ, incisuris
« flavidis, fulvo pilosis ; tibiis ochrascentibus. Fem. long. corp., 5 lignes ».

Du Cap.

« Très semblable à l'espèce européenne *Tabanus auripilus* Meigen, mais plus
« petit. Antennes noires, base du troisième article brun ocreux. Palpes jaunâ-
« tres, barbe jaune dorée. Face grisâtre. Yeux à pubescence grise avec
« deux bandes convergeant extérieurement. Thorax noir brillant avec une
« pubescence longue non épaissement dressée. Côtés du thorax à pubescence
« jaunâtre plus épaisse.

« Abdomen avec de chaque côté des trois premiers segments des taches ferru-
« gineuses. Ventre rougeâtre pâle avec les incisions jaunâtres et la base ainsi
« que les trois derniers segments noirâtres. Ailes hyalines, nervures tranverses
« et bordure jaunâtres. Bord costal brun noirâtre. Balanciers bruns avec un
« disque blanchâtre. Cuisses noires, tibias brun ocreux Apex des tarses noirs
« base brun ocreux ».

Collection Westermann.

Les deux spécimens de la collection du Muséum de Paris sont des mâles ; ils portent une étiquette originale de Macquart et la mention : Afrique, Delalande, n° 309.

Nous en donnons la description :

Longueur 10 mm. 5.

Tête à peine plus large que le thorax, yeux contigus à pubescence blanche, divisés en deux zones de cornéules de dimensions différentes et très petites, les unes et les autres. La zone des cornéules plus grosse est nettement délimitée des petites cornéules qui commencent à hauteur de l'épistome et se dirigent vers l'angle supérieur externe où elles entourent les grosses cornéules, puis leur anneau se réduit et ne constitue plus qu'une ligne au bord postérieur des yeux, ceux-ci portent une bande transverse horizontale vers leur partie médiane, Bord postérieur de la tête hérissé de soies dressées jaunâtres, infléchies vers les yeux. Triangle frontal brun-rouge ; face, joues et barbe jaunâtres. Antennes minces, allongées, brun fauve ; premier article terminé en arc, hérissé de longs poils jaunâtres ; deuxième article moindre mais non très petit ; troisième article à dent remplacée par une saillie très peu accentuée, testacé à la base, brun-noir dans la région apicale. Palpes blanchâtres à dernier article vésiculeux terminé en pointe, hérissés de longs poils jaunes mêlés de quelques longs poils noirs. Trompe brunâtre.

Thorax (dénudé) portant une longue pubescence éparse, jaune. Scutellum noir (dénudé). Côtés du thorax et pectus recouverts d'une épaisse pubescence jaune doré.

Abdomen noir sans bandes ni traits longitudinaux, le bord postérieur de chacun des segments est jaune rougeâtre et épaissement recouvert d'une pubescence jaune. Les trois premiers segments portent une large tache ferrugineuse, de taille décroissante sur le côté, celle du premier segment recouvre le bord latéral de l'abdomen, une trace de tache se voit sur le bord latéral du quatrième segment. Ventre rougeâtre pâle avec les incisions plus claires ; la base et les deux derniers segments sont légèrement assombris. Le ventre porte une dense pubescence jaune. Fémurs d'un brun rougeâtre très sombre à pubescence jaune ; tibias et tarses brun jaunâtre à pubescence généralement noire. Ailes hyalines à base et bord costal jaunes ; nervures jaunes, la troisième nervure longitudinale portant un appendice. Cuillerons jaunâtres. Balanciers à tige jaune et disque brun.

La collection du British Museum contient une femelle du Cap. (Collection Saunders, 1868).

Le Musée d'histoire naturelle de Hambourg possède deux femelles en excellent état, provenant de Delagoa-Bey (Dr H. Brauns).

BIBLIOGRAPHIE

Tabanus capensis ♀ Wiedemann : Diptera exotica, I, 91. 51.
    —   — Aussereurop. Zweifl. Insekten, I, 177, 100.
    —   Walker: List of dipt. British Museum, V, 228, 318.
Tabanus capensis ♂ Surcouf.

Tabanus tæniatus ♀ Macquart (p. 194, fig. 26)
= *Tabanus strigiventris* ♀ Lœw

Le type femelle a été recueilli au cap de Bonne-Espérance (collection Guérin-Méneville) et fait partie de la collection du Muséum de Paris.

Longueur : 11 millimètres.

Noirâtre. Abdomen portant deux bandes blanches.

Tête plus large que le thorax ; yeux à pubescence blanchâtre, dense. Bande frontale large, à bords parallèles, deux fois et demie plus haute que large, de couleur testacée, sans callosités apparentes, quelques poils noirs au vertex. Face et joues à épaisse pubescence blanche, barbe blanche. Triangle frontal couvert d'une tomentosité blanchâtre. Antennes testacées, premier article non en capuchon, à poils noirs disposés en couronne à l'apex ; deuxième article moindre, à poils noirs à l'apex, le troisième article manque. Palpes blancs, renflés, à pubescence blanche ; pièces buccales testacées.

Thorax noirâtre (dénudé) portant, d'après Macquart, deux lignes d'un blanc bleuâtre, peu visibles sur le type usé ; flancs et pectus à tomentosité grise et pubescence blanche. Scutellum noirâtre portant des traces de tomentosité blanche.

Abdomen non brillant portant deux bandes blanches, qui prennent naissance de chaque côté du scutellum et se prolongent jusqu'au dernier segment inclus où elles se rapprochent sans se réunir (contrairement à la description de Macquart). Les bords latéraux du second segment portent une tache brun-rougeâtre de la hauteur du segment ; angles postérieurs des deux derniers segments jaunâtres. Pubescence de la couleur du fond sur lequel elle se trouve. Ventre recouvert d'une tomentosité blanc jaunâtre.

Pattes testacées ; tarses un peu plus sombres. Pubescence des fémurs longue, hérissée, blanche ; pubescence des tibias courte et couchée, composée de poils noirs et blancs, les premiers en majorité, tarses à poils brunâtres. Ailes hyalines, nervures et stigma jaunâtres. Cuillerons jaunâtres. Balanciers à tige testacée et bouton châtain.

Le British Museum possède un spécimen mâle de Piet-Retief, Transvaal (R. Crawshay, 1er décembre 1903) ; une femelle de la même provenance ; une femelle du sud de l'Afrique (Dr Smith en 1844) ; une femelle provenant de Simons Town (février 1896, P. de la Garde).

Le Musée de Hambourg possède un exemplaire femelle provenant d'Algoa-Bay (Dr Brauns, 12 novembre 1896).

Dans certains des spécimens mentionnés ci-dessus, les fémurs sont noirâtres à la base, comme le décrit Lœw, et non complètement jaunes comme dans le type de Macquart. Le troisième article antennaire est noir ; dans le cotype de Macquart, qui se trouve à Lille, il est rouge.

Le mâle non décrit jusqu'à présent, est semblable à la femelle, mais plus petit et plus pubescent. Palpes jaunes à longue pubescence blanche et quelques poils noirs sur les joues ; le triangle frontal est noirâtre. La partie postérieure de la tête porte des poils blancs et une touffe sur le vertex.

Thorax noir, sans apparence de bandes, couvert de longs poils blancs, ainsi que le scutellum.

Abdomen petit, pointu, couvert de longs poils blancs à travers lesquels les bandes blanches paraissent distinctement, mais elles sont plus étroites que chez la femelle. Vers l'apex la pubescence est noirâtre. Envers un peu plus pâle à pubescence blanche et tomentosité grise.

Tous les fémurs noirâtres ; tibias antérieurs jaunes, noirs à l'apex ; tarses noirs ; tibias médians et postérieurs complètement jaunes ; tarses brunâtres.

Postérieurement à la description de *Tabanus tæniatus* ♀ Macquart, Lœw décrivit, en 1857, la même espèce sous le nom de *Tabanus strigiventris* ♀ : quoique la similitude des deux espèces ne puisse être mise en doute, nous donnons la description de Lœw qui, légèrement différente de la nôtre, témoigne d'une vue un peu différente.

Description de Lœw.

« Cinereo-nigricans ; abdomen superius brunneo-nigrum, vittis duabus lon-
« gitudinalibus æqualibus integris flavido-cinereis, inferius flavo rufescens ; alæ
« limpidæ ».

Longueur corp.: 6 1/6 lignes.

« Voisin de *Tabanus vittatus* Fabricius. Face et front à tomentosité dense, claire, gris jaunâtre jusqu'à l'angle antérieur des yeux, la pubescence, assez longue de la face, est blanc jaunâtre. Palpes blanc jaunâtre avec des poils blanc jaunâtre et quelques-uns noirs. Troisième article antennaire noir, assez large, rouge à la base externe ; l'angle de cet article peu aigu porte quelques poils très courts, les deux premiers articles antennaires sont bruns à tomentosité grisâtre et pubescence noire ; le premier non nettement en forme de capuchon. Front large, portant à la partie inférieure une petite callosité brune, un peu brillante, qui n'occupe pas toute la largeur ; un peu au-dessus de cette callosité, de chaque côté de l'angle des yeux, existe une tache de tomentosité gris jaunâtre, plus au-dessus le front est brun. La callosité porte un prolongement étroit et brun ; trois petits points bruns au vertex indiquent les ocelles. Yeux à pubescence courte et dense d'un brunâtre clair, sans bandes transverses ; après ramollissement, les yeux ont une couleur d'un bleu violet merveilleux et d'un vert doré miroitant. Le bord postérieur des yeux porte une tomentosité blanche.

« Thorax noirâtre ; sur le dessus, la tomentosité forme quatre lignes longitudinales d'un jaune gris cendré qui sont convergentes en avant, deux à deux ; les latérales se bifurquent au-dessus de l'origine des ailes. Pectus couvert d'une tomentosité gris jaunâtre. Pubescence du thorax assez longue, jaune clair, noirâtre sur la partie longitudinale sombre de la bande et en avant de la racine des ailes. Scutellum noir, côtés à tomentosité grisâtre et à pubescence presque partout jaune clair.

« Abdomen orné d'une bande médiane d'un brun noir mat, à bords très droits qui se rétrécissent vers le dernier segment, cette bande est limitée de chaque côté par une bande droite d'un gris jaunâtre clair sur laquelle est une courte pubescence jaunâtre, puis au delà existe une bande longitudinale brun-noir à pubescence noire qui atteint presque le bord latéral et qui à son bord externe est moins limitée et moins aiguë. Les côtés eux-mêmes ont un aspect jaune d'ocre et une pubescence jaunâtre. Ventre de même couleur, mais cette coloration semble provenir de la tomentosité et être plus sombre, cela se voit principalement sur les derniers segments. Pubescence jaunâtre mélangée de poils noirs sur les derniers segments.

Cuisses noirâtres avec l'apex jaune-brun, une tomentosité jaune grisâtre et une pubescence jaunâtre qui devient noire près de l'apex. Tibias jaune-brun à pubescence composée de poils noirs et jaunâtres ; tarses bruns à poils noirs. Balanciers à massue jaunâtre. Ailes hyalines à nervures brunes, en avant de la première nervure longitudinale se voit un espace brun clair. Bord marginal étroit, couleur café. Nervure transverse apicale sans appendice. Première et quatrième cellules marginales postérieures non rétrécies.

Cafrerie (WAHLBERG).

BIBLIOGRAPHIE

Tabanus tæniatus ♀ MACQUART : Suites à Buffon, I, 207, 35 (1834).
— — WALKER : List. dipt. British Museum, V, 229, 324, I, 184, 5.
Tabanus strigiventris ♀ Lœw : Œfv. K. Vet. Akad. Forhandl., 339, 14 (1857),
— — Dipteren Fauna Sud Afrika's, I. 33

Tabanus lævifrons ♀ Lœw

Nous ne connaissons que la description de l'auteur que nous traduisons, le type provient de Cafrerie, il nous est resté inconnu.

« Thorax nigricans, polline flavo cinerascens ; abdomen ex cinereo flavescens, « vittis duabus brunneis postice valde abbreviatis ; antennæ angustæ, flavæ, « apice nigro ; frons latissima, tota obscure brunnea, lævis, alæ hyalinæ, stig- « mate pallide brunneo. »

Longueur corp. 4 1/2 lignes.

Face et partie antérieure du front à pubescence et tomentosité jaune pâle. Palpes jaunes à pubescence jaune clair partiellement noire. Antennes jaunes ; second article non en forme de capuchon ; troisième très étroit avec un angle très peu marqué, la deuxième segmentation de cet article et les suivantes sont noir foncé. La pubescence des deux premiers articles est blanc jaunâtre et extrêmement courte, elle contient quelques poils noirs épars. Front extrêmement large partout, d'un brun foncé brillant sauf au milieu ou se voit une fine tomentosité jaune blanchâtre. Yeux d'un beau vert sans traces de ligne transverse. Partie postérieure de la tête à tomentosité blanche sur un fond sombre, surtout visible au bord des yeux. La couleur foncière du thorax est noire ; sur un spécimen frais elle est d'un gris mat, ce qui provient d'une tomentosité jaunâtre peu brillante ; le thorax porte trois lignes longitudinales indistinctes grisâtres. Scutellum gris comme le dessus du thorax.

Dessus de l'abdomen d'une couleur gris de lin, il porte deux larges bandes brunes qui se prolongent jusqu'au bord postérieur du quatrième segment ou à la partie antérieure du cinquième. Entre ces bandes il y a une bande de la même largeur, plus claire qui, vue obliquement, prend une coloration blanc jaunâtre. Pattes jaune brunâtre, tarses brun sombre vers l'extrémité. Pubescence des cuisses postérieures jaune blanchâtre, celles des cuisses antérieures est principalement noire. Tarses et tibias antérieurs à pubescence noire ; tibias intermédiaires et postérieurs à pubescence généralement éclaircie vers la base. Ventre jaune sale à pubescence blanc jaunâtre. Ailes hyalines avec une teinte grise peu évidente, bord antérieur brun jaune ainsi que la plus grande partie des troisième et cinquième nervure. Les autres nervures sont brun sombre.

Du Cap. (collection Victorin).

BIBLIOGRAPHIE

Tabanus lævifrons ♀ Lœw : Dipteren Sud afrika's, 35, 4 (1860).
— — Öfv. K. Vet. Akad. Forh., 336, 2 *bis*.

Tabanus vexans ♀ Lœw

Le type femelle de cette espèce provient du Cap ; comme elle nous est inconnue, nous donnons la diagnose latine et la traduction de la description de Lœw.

« Nigricans, thoracis lineis cinerascentibus modice distinctis ; abdominis seg-
« mentis secundo ad latera late rufo et tertio utrinque maculâ albidopollinosâ
« signatis ; quatuor ultimis brunneo-nigris, margine apicali flavescente ; pedum
« nigricantium tibiis posterioribus totis et anticarum dimidio basali brunneo
« testaceis ; alarum distincte cinerearum nervis et stigmate obscure brunneis ».
Long. corp. 6 lin.

Palpes blanc sale à pubescence noire. La couleur du fond de la face est presque noirâtre, elle est d'un rougeâtre pâle de chaque côté de l'ouverture de la bouche et en dessous des antennes, saupoudrée partout de blanc ; la pubescence de la face est blanchâtre, elle est noirâtre sur la partie supérieure. Antennes noires ; deuxième article cyathiforme ; troisième à angle supérieur très peu saillant ; la pubescence courte des deux premiers articles antennaires est parfaitement noire. Partie antérieure du front, depuis les antennes jusqu'aux angles antérieurs des yeux, d'une couleur rouge brique avec une tomentosité blanche. Front relativement étroit, portant une callosité quadrangulaire d'un brun-châtain sombre qui va d'un angle des yeux à l'autre sous forme de saillie, une ligne brun-noir, en forme de callosité, surmonte la callosité elle-même et est enveloppée au milieu du front par une tache noir mat. Sur le vertex il y a aussi une petite callosité brun-châtain, mais complètement glabre ; le reste du front porte une tomentosité jaune blanchâtre. Les yeux après le ramollissement prennent une couleur brun-noir sombre et ne montrent aucune bande. Partie postérieure de la tête noire avec une tomentosité blanche ; une tache rougeâtre sur le vertex.

Thorax noir, les environs de la racine de l'aile sont colorés en brun-rouge ainsi que les flancs, ils sont revêtus d'une tomentosité gris blanchâtre plus grise sur le côté supérieur qui présente trois lignes blanchâtres, longitudinales, peu évidentes. La pubescence blanc jaunâtre du thorax se mélange de poils noirs. Scutellum comme le thorax.

Sur l'adomen prédomine la coloration brun noir, mais le deuxième segment est, de chaque côté, coloré sur un grand espace en rouge brique sale, sur cette coloration se montre une tache ronde de tomentosité blanchâtre peu nettement délimitée, une tache semblable se retrouve au même endroit sur le troisième segment. Le bord postérieur de chaque segment, ainsi que l'angle postérieur et l'angle latéral sont jaune-rouge ; une tache dorsale triangulaire brunâtre est évidente sur le troisième segment, mais elle n'est pas nettement limitée déjà sur le segment précédent comme sur le suivant, il n'y a que de faibles traces de cette tache. La pubescence de l'abdomen est blanc jaunâtre sur les parties claires et noire sur le reste. Ventre gris-brun sur les bordures postérieures claires à fine tomentosité gris blanchâtre. Il n'y a qu'une trace non claire d'une bande médiane large et assombrie.

Pattes noires : l'apex externe des cuisses, la moitié basilaire des tibias antérieurs et les autres tibias sont brun-jaune, sauf à l'apex externe. Côté interne des cuisses postérieures et médianes blanc jaunâtre, il s'y mêle quelques poils noirs ; cuisses antérieures noires au côté interne. Pubescence des tarses et des tibias noire, mais vers la base des tibias se mélangent des poils qui s'éclaircissent vers l'apex. Ailes nettement assombries de gris ; bord externe brun-noir, sans que les nervures transverses soient comprises dans une zone plus sombre, aucune des cellules marginales postérieures n'est rétrécie.

Du Cap (collection Victorin).

BIBLIOGRAPHIE

Tabanus vexans ♀ Lœw : Dipteren Fauna Sud-Afrika's, 34, 2.
— — Öfv. K. Vet. Akad. Forhandl. 336, 1 *bis*.

Tabanus Ruwenzorii ♀ Ricardo

Le type femelle provient des monts Ruwenzori, vers 2.000 mètres d'altitude, recueilli par Hon. G. Legge et A. F. R. Woollaston en 1906, une autre femelle a été prise par les mêmes capteurs à 400 mètres d'altitude le 7 février 1906. Collection du British Museum. Robuste espèce poilue à yeux velus. Abdomen noir, côtés du second segment rougeâtres ; thorax d'un noir brillant. Antennes, face et palpes noirs. Pattes noires, tibias jaunes. Ailes très légèrement teintées de brun jaunâtre. Longueur : 16 millimètres.

Face noire à tomentosité brun sombre et pubescence brun jaunâtre, quelques poils noirs sur la partie supérieure des joues et sous les antennes. Barbe brun jaunâtre. Palpes d'un noir brunâtre sombre à pubescence noire, épais et terminés en une courte pointe. Antennes noires ; troisième article long et mince à dent à peine indiquée ; les deux premiers articles à longue pubescence noire. Triangle frontal de même couleur que la face. Bande frontale environ trois fois aussi haute que large, à bords parallèles, d'un brun noirâtre sombre à tomentosité brun jaunâtre et longue pubescence noire. Callosité frontale petite, brun rougeâtre, ovale ; la ligne qui la prolonge est indistincte. Vertex noir portant une protubérance.

Thorax d'un noir brillant, sans bandes, dessus presque glabre, taches humorales rougeâtres avec quelques poils gris jaunâtres qui se continuent autour de la base du thorax. Côtés à pubescence noire ; poitrine noire à pubescence d'un jaune grisâtre et quelques poils noirs. Scutellum d'un noir luisant.

Abdomen noir un peu brillant ; premier segment étroitement rougeâtre sur les côtés, second largement rouge sur les flancs ; les segments suivants ont les incisions à pubescence grise très étroitement limitée ; pattes noires, tibias jaunâtres à apex noir, fémurs à pubescence grisâtre ; tibias à pubescence blanche, elle est noire sur l'apex et les tarses. Ailes hyalines, la coloration brun-jaune est extrêmement faible, un peu plus apparente autour des nervures longitudinales et du bord antérieur de l'aile. Nervures et stigma bruns.

BIBLIOGRAPHIE

Tabanus Ruwenzorii ♀ RICARDO : Annals Mag. Nat. Hist. (8), I, p. 322 (1908).

Tabanus imbecillis ♀ KARSCH

Description de Karsch.

Brun gris à pubescence courte gris-jaune. Abdomen brun-rouge avec le bord postérieur des segments à pubescence jaune. Antennes brun-rouge, troisième article avec l'apex plus noir. Jambes noirâtres, tibias brun rouge Yeux glabres. Branche antérieure de la troisième nervure longitudinale avec un court appendice formant crochet. Tibias antérieurs non épaissis. Toutes les cellules marginales postérieures largement ouvertes. Callosité frontale arrondie, se continuant en dessus en forme de ligne brun-rouge. Ailes hyalines. Cellule anale se fermant court au bord de l'aile.

Longueur de corps 10 mm.

Usambara (Afrique orientale allemande) deux femelles.

BIBLIOGRAPHIE

Tabanus imbecillus ♀ KARSCH : Berlin. Entom. Zeitschr., XXXI, 370, 7.

Aux espèces décrites dans les pages qui précèdent, on doit ajouter quelques autres, qui nous étaient restées inconnues.

Tabanus infans WALKER, Dipt. Saundersiana, I, 45. Le type n'existe plus, il paraît appartenir au groupe de *T. ditæniatus* et provient du Cap.

Tabanus sequens WALKER, de l'île de Rodriguez, type perdu,

Tabanus brunneus THUNBERG, Cap de Bonne-Espérance. N. Acta. reg. Soc. upsaliensis. IX, 53-62, 1827.

Tabanus sudanicus CAZALBOU (1904), du Soudan, inséré par le professeur BEZZI dans ses Diptères de l'Erythrée, p. 240 (1900), jamais décrit, peut être le *Tabanus croceus* SURCOUF.

Tabanus macrodonta MACQUART, du Cap de Bonne-Espérance, ne provient pas de cette région s'il n'est un *Rhinomyza*.

Tabanus fuscinervis MACQUART = *Tabanus ditæniatus* MACQUART.

Tabanus albicans MACQUART, de l'Arabie et du Sénégal, doit provenir d'Arabie, le type dans la collection du Muséum de Paris le montre proche de *Tabanus agricola* WIEDEMANN, ce ne doit pas être une espèce africaine tropicale.

Tabanus fallax MACQUART, de Cafrerie, est un *Silvius*.

APPENDICE

Depuis le commencement de l'impression de cet ouvrage, nous avons eu l'occasion de recevoir de nombreux Tabanides d'Afrique, plusieurs espèces ont été décrites par M. E. E. Austen, dont deux dans le douzième groupe ; en comparant ses descriptions aux nôtres et à nos insectes, nous avons trouvé une espèce très voisine de *Tabanus wellmanni* Austen et en outre une forme d'Afrique occidentale, *Tabanus varians*, confondue avec le *Tabanus variabilis* Loew du sud de l'Afrique. Pour mettre au point notre ouvrage, nous avons refait complètement le douzième groupe. De plus, les nombreux matériaux qui nous ont été communiqués comprenaient de nombreux mâles.

Nous avons ainsi été amenés à faire cet appendice qui comprend deux parties distinctes.

La première partie donne la description de deux Tabanides nouveaux : *Tabanus Denshami* ♀ E. E. Austen et *Tabanus Cordieri* ♀ Surcouf.

En outre, cette première partie donne des indications sur les espèces que nous n'avons pu classer ; elles sont réunies sous la mention : « *Species incertæ sedis* ».

La seconde partie comprend la description de tous les taons mâles connus actuellement dans la faune tropicale africaine et quelques indications de classification.

PREMIÈRE PARTIE

ONZIÈME GROUPE

Tabanus Denshamii Austen

♀ Longueur (4 spécimens) 17 à 21 mm. ; tête de 6 à 7 mm. de largeur ; front au vertex 0 mm. 6, et 1 c. au-dessous ; aile 14 à 17 mm. Collection du British Museum.

Brun brillant, les bandes longitudinales du dessus du thorax grises ou gris enfumé ainsi qu'une série médiane de très larges triangles sur les segments abdominaux ; ailes à leur extrême base, bordure costale jusqu'à la fin de la première nervure longitudinale et base de la cellule anale d'un brun sombre ; nervures dans les deux tiers proximaux de l'aile distinctement estompées de brun.

Tête : front, face et joues recouverts d'une pollinosité grise ; face et joues recouvertes d'une pilosité blanchâtre ; côtés de la bande frontale légèrement convergents vers le bas ; callosité frontale et son prolongement linéaire (quand il est visible) châtains, la callosité est de forme rectangulaire arrondie en dessus, de la largeur de bande frontale ou tangente à peine aux yeux ; région ocellaire légèrement brunâtre. Yeux glabres ; palpes aplatis vers l'extrémité, revêtus de poils d'un jaunâtre pâle, parfois mélangés de nombreux poils noirs au bord externe.

Premier article antennaire d'un gris pollineux roussâtre, avec l'angle supérieur d'un brun noirâtre ; deuxième article brun sombre ; troisième partie noire ou brun noirâtre.

Thorax : pectus, flancs gris ; une large bande grise mal délimitée au-dessus de la base des ailes, ainsi que trois bandes dorsales, médianes, nettement marquées, la médiane est très étroite et s'étend à peine jusqu'au milieu ; un trait noir à la base de chaque aile ; callus post-alaire portant une tache bien visible de poils blanchâtres. Les bandes dorsales grises sont revêtues de poils jaunâtres, la région médiane porte un peu partout des poils brun sombre ou noirâtres ; le pectus et les flancs ont des poils blanchâtres.

Scutellum à pollinosité grise, la couleur foncière est ferrugineuse, brunâtre à la base, il porte sur le disque et à la partie inférieure des poils brun noirâtre ; le tour du scutellum est frangé de poils blanchâtres.

Abdomen à série dorsale médiane de très larges triangles tronqués, d'un gris enfumé, très visibles et nettement délimités, formant une série continue s'étendant du deuxième au cinquième segment inclus.

Sur le premier segment il existe une tache médiane grise, en contact avec l'apex tronqué du triangle du second segment ; sur les second, troisième et quatrième segments, les bases des triangles, situées sur le bord postérieur des segments, s'étendent de chaque côté considérablement en dehors de l'axe tronqué du triangle suivant ; une tache médiane grise est parfois visible sur le sixième segment ; second, troisième et quatrième ornés d'une petite tache ovale, grise, située de chaque côté du triangle et beaucoup moins prononcée que celui-ci. Premier segment ayant un reflet d'un grisâtre clair quand on le regarde obliquement par derrière ; les triangles sont recouverts de menus poils d'un jaunâtre pâle ; bords latéraux des segments revêtus de poils blanchâtres.

Ventre d'un grisâtre clair, revêtu de petits poils jaunâtres, sauf le dernier segment qui porte des poils noirs, hérissés, beaucoup plus longs ; l'avant-dernier segment a sur sa région médiane une courte pubescence noire. Couleur foncière du ventre, ferrugineuse, avec une large bande médiane brun sombre, interrompue ou sub-interrompue ; le second segment et les suivants ont une étroite bande postérieure brune, en avant de leur bord postérieur ; le bord extrême des segments est jaunâtre.

Ailes ombrées de brun autour des nervures, principalement la nervure intercalaire antérieure et la transverse postérieure (qui entourent ensemble l'extrémité distale de la cellule discoïdale) ainsi que l'extrême base de la branche supérieure de la troisième nervure longitudinale. Alula et base de l'angle anal bruns, partie centrale des alulæ plus pâles ; *squamæ* (écailles) d'un brun noirâtre. Balanciers bruns à extrémités habituellement jaunâtres.

Pattes d'un ferrugineux assombri, fémurs antérieurs, extrémités des tibias antérieurs et tous les tarses d'un noir brunâtre ; poils blanchâtres ou jaunâtres pour la plupart, une frange visible au bord externe des tibias postérieurs.

Ouganda et nord-est de la Rhodésia ; le type et deux autres spécimens proviennent d'Ounyoro, Ouganda, à mi-route entre Masindi et les chutes de Murchison, janvier 1907 (*feu le Dr W. A. Densham*) ; un quatrième spécimen a été recueilli à Fwambo, nord-est de la Rhodésia (près de l'extrémité sud-est du lac Tanganyika), entre octobre 1892 et février 1893 (*W. H. Nutt*).

Cette espèce extrêmement frappante a été nommée en l'honneur de feu le doc-docteur W. A. Densham, médecin militaire qui, chargé de faire des recherches sur l'extension de la maladie du sommeil dans l'Ouganda, a perdu la vie à la fin de mai 1907, après avoir été assailli par un buffle blessé. Les spécimens du docteur Densham, que le Museum de Londres venait de recevoir, deux mois avant sa mort, faisaient partie d'une collection, peu nombreuse, mais très intéressante, de Diptères suceurs de sang, de l'Ouganda, très soigneusement piquée, en excellent état et accompagnée de notes. Une autre collection avait déjà été envoyée par le docteur Densham et il n'y a aucun doute que, si n'était survenue cette mort prématurée, nos connaissances des mouches suceuses de sang d'une des plus récentes dépendances de la Couronne d'Angleterre eussent été considérablement augmentées par les efforts de ce chercheur intrépide.

Le docteur Densham avait écrit sur ce taon la notice suivante :

« J'ai vu cette mouche pour la première fois, en janvier 1907, à mi-route
« entre Masindi et Murchison Falls. Par son vol et sa forme elle ressemble à
« la mouche n° 4 (*Tabanus tæniola*, Pal. de Beauv.), je l'ai remarquée tout d'abord.

« On la rencontre dans plusieurs campements du voisinage, mais sa distribution
« semble localisée. Les naturels disent qu'elle attaque l'éléphant, mais j'ai
« cependant tué un éléphant dans cette localité et n'ai vu sur lui ou autour de
« lui aucune mouche ».

Le *Tabanus Denshami* est voisin du *Tabanus nyassæ* Ricardo (*Ann. a. Mag. Nat. Hist.*, sér. 7, vol. VI, 1900, p. 164 : syn. *T. tarsalis* Adam, *Kansas Univ. Sc. Bull.* vol. III (XIII) 1905, p. 151) dont le type provient de l'Afrique centrale anglaise. Le *T. nyassæ*, cependant s'en distingue par ses ailes plus hyalines, les nervures moins fortement ombrées, la bordure costale de l'extrémité de la première nervure, jaunâtre au lieu de brun foncé, l'absence d'obscurcissement à la base de la branche supérieure de la troisième nervure, les taches abdominales latérales beaucoup plus grandes, les triangles des segments abdominaux plus étroits, et les tibias et les fémurs plus pâles.

BIBLIOGRAPHIE

Tabanus Denshami ♀ Austen : Annals and Magazine of Natural History.
Sér. 8, vol. I., Mars 1908, p. 222.

Tabanus Cordieri ♀ Surcouf.

♀ Longueur 17 millimètres 1/2.

Brun, abdomen portant une ligne longitudinale médiane de triangles blancs et des points latéraux très petits. Thorax portant plusieurs bandes longitudinales blanches. Ailes brunes le long du bord costal. Ventre sans bande longitudinale.

Collection du Muséum de Paris.

Tête : triangle frontal, face et joues recouverts d'une pollinosité cendrée, face et joues revêtues d'une pilosité blanche ; côtés de la bande frontale légèrement convergents vers le bas. Bande frontale d'un blanc jaunâtre avec quelques courts poils jaunes, portant une callosité rectangulaire châtain, tangente aux yeux et surmontée d'un prolongement linéaire, châtain, peu dilaté ; ce prolongement est séparé de la callosité frontale par une partie un peu plus élargie que la ligne saillante mais revêtue de la pollinosité grise de la bande frontale ; région ocellaire très peu visible, châtain.

Yeux glabres à cornéules égales. Palpes un peu renflés à la courbure, allongés, pointus, blancs, recouverts d'une pubescence courte et rare, noire. Antennes : premier article jaune rougeâtre à poils courts, jaune rougeâtre, apex supérieur de cet article couvert d'une pilosité dense et noire ; deuxième article de même couleur que le premier, cilié de courts poils noirs ; troisième article brunâtre recouvert d'une très fine pollinosité grise, qui disparaît aux dernières segmentations apicales.

Thorax brun à pubescence concolore, portant une ligne médiane très fine sillonnée dans sa longueur par un mince trait brun qui s'élargit en une tache brune au-dessus du scutellum, outre cette ligne médiane grise, il y a deux bandes latérales qui s'anastomosent avec la ligne médiane par leur bord interne à hauteur de la suture transverse et dont le bord externe très net descend jusqu'au-dessus du scutellum ; il y a en outre deux bandes latérales claires qui s'étendent jusqu'à la racine des ailes. Toutes ces bandes ont une courte pubescence dorée et frisée. Flancs gris avec quelques longs poils marrons. Pectus grisâtre portant quelques poils blancs et blanc grisâtre.

Scutellum marron clair portant une pubescence jaune blanchâtre. Callus alaires surmontés d'un pinceau de poils blancs.

Abdomen portant une série dorsale médiane de très larges triangles un peu tronqués au sommet, d'un gris enfumé, très visibles et nettement délimités, formant une série continue s'étendant du second au cinquième segment inclus. Sur le premier segment il existe une tache médiane grise, en contact avec l'apex tronqué du second segment ; sur les second, troisième et quatrième segments les bases des triangles situées sur le bord postérieur du segment s'étendent latéralement très en dehors de l'apex tronqué du triangle suivant ; une tache médiane grise, oblongue se voit sur le sixième segment. La pubescence de l'abdomen est concolore avec le fond et les dessins.

Ventre rougeâtre clair couvert d'une très fine pollinosité un peu plus claire, l'avant-dernier et le dernier segment portent une pilosité noire.

Ailes très légèrement ombrées de brun autour des nervures, principalement autour de la cellule discoïdale et de la cellule anale.

Alulæ d'un brun noirâtre, balanciers à tige brune et massue claire.

Pattes d'un ferrugineux clair, fémurs antérieurs, extrémités des tibias antérieurs et tarses ferrugineux ; poils blanchâtres ou jaunâtres pour la plupart ; la frange externe des tibias postérieurs est mélangée de poils noirs vers l'apex.

Le *Tabanus Cordieri* ♀ Surcouf se distingue du *Tabanus Denshami* ♀ Austen par ses palpes blancs, le ventre sans bande, les jambes plus claires.

Le très beau spécimen qui nous sert de type a été recueilli par M. Hubert Latham en Abyssinie sur la route du Chelgu le 14 février 1907.

Nous dédions cette espèce à M. E. Cordier qui, depuis de longs mois, nous a aidé dans nos recherches et dont les observations personnelles et l'amitié nous ont toujours été d'un grand secours.

TREIZIÈME GROUPE

Tabanus Mesnili ♀ Surcouf (pl. III, fig. 19).

Au moment où nous avions terminé le rangement et la classification des Tabanides d'Afrique, nous avons reçu de M. Mesnil, de l'Institut Pasteur, un spécimen de Taon encore inconnu, provenant d'Abyssinie, où il avait été recueilli par le Dⁱ Dorbau.

Cette espèce appartient dans notre classification au groupe qui comprend entre autres *Tabanus leucostomus* Loew, *Tabanus pallidifacies* ♀ Surcouf et *Tabanus gratus* ♀ Loew.

Longueur : 12 millim. 5.

De couleur générale sombre, offrant l'aspect d'un *Eristalis tenax*.

Tête plus large que le thorax, yeux glabres, formés de cornéules égales. Bande frontale large, à bords parallèles, 3 fois aussi haute que large, portant à la base une callosité transverse, brune, surmontée d'un espace couvert de poils jaunes qui le sépare d'une seconde callosité médiane, transverse, d'un noir brillant, arrondie en dessous et se prolongeant en triangle vers le vertex. Le reste de la bande frontale est brunâtre et recouvert de poils noirâtres, plus nombreux au vertex. Le triangle frontal forme une saillie évidente, visible de profil, d'un noir brillant. Sur cette saillie sont implantées les antennes d'un noir mat, couvertes de poils noirs, et entourées à leur naissance d'un cercle étroit de courts poils blanchâtres. Palpes renflés, terminés en une pointe aiguë, couverts d'une épaisse pilosité blanche qui se mélange de quelques poils noirs sur le côté externe et à l'apex qui est noir. Joues, dessous et bord postérieur de la tête couverts d'une épaisse pilosité blanc jaunâtre.

Thorax et scutellum noirs, recouverts d'une pubescence grossière, jaunâtre, flancs et pectus semblables.

Abdomen noir ; premier segment recouvert d'une épaisse pubescence couchée jaunâtre ; deuxième segment, ainsi que le troisième et le quatrième également recouverts de la même pubescence sur le dessous et sur les côtés ; les autres segments ont une longue pubescence d'un noir mat, mélangée de quelques rares poils jaunâtres au bord postérieur du cinquième segment.

Envers pareil à la partie dorsale, si ce n'est que la pilosité est moins dense.

Pattes : fémurs noirâtres à poils jaunâtres ; tibias blancs à épaisse et rude pubescence blanche, le tibia antérieur, noirâtre, dans son quart apical ; tarses bruns.

Ailes hyalines, portant une nervure appendiculaire, stigma brun rougeâtre, cellule costale légèrement rembrunie, origine de l'appendice estompée de brun. Cuillerons clairs. Balancier à extrémité blanchâtre.

BIBLIOGRAPHIE

Tabanus Mesnili ♀ Surcouf : Bulletin du Muséum d'Histoire Naturelle, n° 2, p. 76, 1909.

SPECIES INCERTÆ SEDIS

Les auteurs ont parfois indiqué d'une façon sommaire des espèces que leurs caractéristiques trop insuffisamment étudiées ne permettent pas de reconnaître. Après de nombreuses recherches, nous avons pu éclaircir une synonymie fréquemment confuse, mais certaines espèces ont défié nos efforts et nous les indiquons ici en publiant leur description intégrale. Peut-être quelque diptériste, en cherchant dans ses cartons, y trouvera-t-il le type de l'insecte décrit, peut-être aussi trouvera-t-il dans ses notes une indication complémentaire qui nous permettra d'acquérir une certitude.

Nous rapportons au premier groupe le *Tabanus fenestratus* Walker dont nous donnons la description.

PREMIER GROUPE

Tabanus fenestratus ♀ Walker

« Rufus ; palpi antennæ basi et pedes ferruginæ ; abdomen apice piceum ; « tarsi picei ; alæ limpidæ, dimidio basali nigro-fusco maculis duabus limpidis ».

Roux ; palpes, bases des antennes et jambes ferrugineux. Abdomen à apex, brun de poix ; tarses de même couleur. Ailes hyalines à moitié basilaire brun-noir portant deux taches claires.

Patrie inconnue.

Il peut se faire que le *Tabanus fenestratus* Walker soit une variété de *Tabanus latipes* Macquart, mais nous n'en avons aucune certitude.

Peut-être même ce taon serait-il américain.

BIBLIOGRAPHIE

Tabanus fenestratus Walker : Zool. VIII, appendix LXVII.
— ,   List. dipt. Brit. Mus., V. p. 264. sp. 505.

TROISIÈME GROUPE

Tabanus corax Lœw.

La très courte description de Lœw nous permet de reconnaître un taon de couleur noire à ailes sombres. Un exemplaire recueilli mort par M. Rouraud au Congo, semble se rapporter à cet insecte. Il aurait l'apparence du *Tabanus biguttatus* Wiedemann ou de ses variétés sombres et n'aurait pas comme ceux-ci l'extrémité apicale de l'aile éclaircie.

BIBLIOGRAPHIE

T. corax ♀ Lœw ?
— Dipteren Fauna Sud Afrikas, II.

QUATRIÈME GROUPE

Tabanus Deyrollei Bigot

Ce taon de très grande taille appartient sans aucun doute au groupe de *Tabanus ruficrus* ♀ Walker mais les caractères non décrits de la bande frontale ne permettent pas d'indiquer à quelle espèce connue se rapporte le *Tabanus Deyrollei* Bigot.

Récemment M. Karl Grünberg, dans son ouvrage : *Die Blütsaugendem Dipteren*, a décrit ce taon parmi ceux qui habitent l'Ouest africain.

La description de M. Karl Grünberg se rapporte au *Tabanus ruficrus* Walker avec assez d'exactitude, mais est-ce le *Tabanus Deyrollei* ?

BIBLIOGRAPHIE

Tabanus Deyrollei ♀ Bigot : Archives entomologiques, II, 349-656.
— Karl Grünberg, *loco citato* p. 138.

Les deux espèces suivantes *Tabanus hebes* ♀ Walker et *Tabanus zoulouensis* Bigot nous sont inconnues. Cependant le *Tabanus hebes* Walker de grande taille devrait être connu, mais est-il africain ?

Tabanus hebes ♀ Walker

« Cinereus, thorace, quadrivittato, abdomine, ferrugineo fulvo cincto maculisque cinereis univittato, antennis, pedibusque fulvis, alis subcinereis. »

Cendré, thorax à quatre bandes blanchâtres, abdomen ferrugineux, à bande unique, fauve, entourée de taches cendrées, antennes et pieds fauves. Ailes presque cendrées.

Tête brune en dessus, couverte d'une pubescence rare, jaunâtre et légèrement revêtue de soies blanches en dessous. Bouche noire; palpes couleur tan ; antennes de même, plus ou moins noires vers l'apex.

Thorax gris avec quatre bandes blanchâtres. Côtés et pectus jaunâtres, le pectus avec une courte pilosité blanche. Abdomen ferrugineux, chaque segment avec une large bande ferrugineuse le long de la bordure postérieure qui est blanchâtre Il y a aussi une bande blanchâtre sur l'envers. Le premier segment a une grande tache grise qui entoure le bord postérieur de l'écusson ; les segments suivants ont des taches grises fourchues qui décroissent successivement de taille jusqu'au cinquième segment où la tache est presque obsolète, mais sur le sixième segment elle est plus large et presque semi-circulaire ; sur le septième elle occupe presque tout le dessus.

Ventre ferrugineux, bord postérieur des segments plus pâle, jambes ferrugineuses, hanches blanchâtres. Cuisses antérieures et postérieures, parfois médianes, grises, avec les extrémités ferrugineuses. Tarses antérieurs et extrémité des tibias antérieurs couleur de poix.

Ailes légèrement grises, bord costal et nervures des ailes ferrugineuses. Balanciers brunâtres.

Longueur du corps de 6 à 7 lignes ; des ailes 12 à 14 lignes.

Du Cap? — Collection de M. CHILDREN.

BIBLIOGRAPHIE

Tabanus hebes WALKER : List. dipt. British Museum, I. 159.

Tabanus (subgenus *Atylotus*) zoulouensis ♀ Bigot

Une femelle, longueur 11 millimètres 1/2.

« Antennes (incomplètes), les deux premiers segments fauves : palpes d'un
« fauve pâle ; face et barbe blanchâtres. Front pruineux, rougeâtre, callosité de
« même couleur, fort étroite mais brusquement dilatée inférieurement. Tergum,
« écussons et flancs fauvés avec une courte villosité jaunâtre et clairsemée, le
« premier marqué de cinq larges bandes noires n'atteignant pas le bord pos-
« térieur. Abdomen d'un fauve rougeâtre. Cuillerons gris pâle. Balanciers fau-
« ves. Fémurs noirs ; genoux, tibias et tarses fauves. Tibias antérieurs noirs à
« l'extrémité avec leurs tarses entièrement noirs. Ailes d'un jaunâtre fort pâle
« à stigmate roussâtre.

Un spécimen : Cap de Bonne-Espérance.

Le *Tabanus agricola* Wiedemann qui, dans le catalogue de M. KERTÉCZ, est indiqué de la mer Rouge, nous a été communiqué par M. SAUK, le distingué directeur du Muséum de Francfort-sur-Mein ; cet insecte appartient au groupe de *Tabanus fulvus* Meigen et ne doit pas être compris dans cette faune tropicale africaine.

DEUXIÈME PARTIE

Les taons mâles sont toujours beaucoup plus rares que les femelles, ou parce qu'ils sont en effet moins nombreux ; soit, et cette seconde raison semble être la plus exacte, parce que l'habitat et la façon de vivre des taons mâles sont différents de ceux de l'autre sexe.

En France il est assez peu commun de rencontrer les mâles de *Tabanus bovinus* et de *Tabanus autumnalis*, ce qui provient de ce que les mâles de ces espèces ainsi que de la presque totalité de celles du groupe *Tabanus* ne se nourissent pas du sang des vertébrés mais bien du suc que sécrètent les fleurs. Les taons mâles se rencontrent assez souvent au bord des ruisseaux où viennent pondre les femelles. Personnellement à l'automne de 1907, nous avons pu recueillir le long d'un petit cours d'eau à Lamballe (Côtes-du-Nord), quatre mâles de *Tabanus bovinus* L. dans les feuilles d'un aulne et deux mâles de *Tabanus autumnalis* sur des poires tombées, le matin, vers la même époque.

Il y a une exception à faire pour les mâles du groupe *atylotus* — comme nous l'avons vu dans la préface — ce groupe n'est pas exactement représenté en Afrique tropicale, mais dans l'Afrique du Nord, en Algérie, en Tunisie et au Maroc nous avons eu l'occasion de prendre parfois autant de mâles que de femelles de l'*Atylotus tomentosus* Macquart.

D'une façon générale les taons mâles offrent à l'observateur les mêmes dessins que ceux des femelles ; nous ne pensons pas qu'il soit possible, dans l'état de nos connaissances actuelles de dresser un tableau dichotomique utilisable ; nous groupons donc les mâles dans l'ordre des subdivisions adopté pour les femelles et nous estimons que le tableau dichotomique général, en faisant abstraction des caractères tirés de la bande frontale, s'appliquera d'une façon suffisante.

PREMIER GROUPE

Tabanus fasciatus ♂ Wiedemann (page 18).

« Thorace subhelvo, abdomine glandi colore, alis fasciâ fuscâ. Longueur ♂ ♀
« 7 lignes 1/2. Sierra-Leone. »

Wiedemann dit que dans l'exemplaire mâle du Muséum de Vienne, la couleur de l'abdomen est ferrugineuse, l'apex noirâtre et que sur chaque segment se trouve une tache triangulaire blanchâtre. Les genoux postérieurs sont ferrugineux.

BIBLIOGRAPHIE

(Se rapporter à la Bibliographie générale incorporée dans l'ouvrage à la suite de la description de chacune des espèces).

Tabanus latipes ♂ Macquart (pl. I, fig. 2).

Le Muséum de Paris possède un exemplaire mâle recueilli par M. G. Vasse dans la vallée du Pungué, côte de Mozambique, en 1906.

Longueur 15 millimètres.

Tête : yeux énormes, confluents, tangents depuis le vertex jusqu'au triangle frontal. Ces yeux sont composés en majeure partie de cornéules grandes, de couleur jaune, cette zone des grandes cornéules est entourée par une région de petites cornéules qui vue de profil occupe le quart inférieur de l'ensemble des yeux et dont la plus grande hauteur a lieu au-dessus de l'angle inférieur externe de l'œil ; le long du bord postérieur de la tête, cette zone se réduit à un mince cordon qui fait tout le tour des yeux et recoupe le triangle frontal sans le traverser à 2 millimètres au-dessous de son apex. Triangle frontal et joues d'un jaune orangé intense portant quelques poils concolores. Antennes semblables à celles de la femelle. Palpes petits, dernier article renflé mais plus long que large, de couleur brune, portant quelques poils jaunes et d'autres bruns. Pièces buccales allongées, mesurant 4 millimètres.

Thorax, scutellum, flancs et pectus d'un jaune orangé vif à pubescence concolore ; il y a trois petites macules blanches disposées en triangle, la première située en avant et contre l'insertion antérieure de l'aile ; les deux autres sont placées, l'une au-dessus, l'autre au-dessous de l'aile, contre la partie postérieure de son insertion.

Abdomen d'un rouge plus brun que le thorax à pubescence concolore ; flanc des segments : deux, trois, quatre et cinq, portant chacun une marque noire qui est marginée de poils blancs à son bord postérieur.

Ventre de la couleur du dessus, mais depuis le second segment, chacun des suivants est rembruni sur les côtés et porte une pubescence mélangée de poils noirs, chacun des segments est étroitement marginé de poils blancs à son bord postérieur. Ailes brunes jusqu'à hauteur du quatrième segment de l'abdomen, hyalines ensuite ; en outre les deux cellules basilaires sont claires sauf une région brune qui en obscurcit un peu moins de la moitié ; de plus la nervure costale reste estompée dans la région apicale qui porte une macule près de l'extrémité de son bord externe Alulæ bruns. Balanciers brunâtres à massue globuleuse, blanche. Pattes d'un noir profond à pubescence noire ; tibias antérieurs fortement renflés.

Nous rapportons à ce premier groupe, à cause de la dilatation de ses tibias antérieurs, un exemplaire mâle d'une espèce dont la femelle nous est inconnue et qui a été recueilli par le docteur Bouet en Haute-Côte d'Ivoire (1907).

DEUXIÈME GROUPE

Tabanus Billingtoni ♂♀ Newstead

Un exemplaire mâle pris par le Révérend M. Ave dans les environs de Matadi (Congo) et décrit par M. Newstead (voir page 34).

TROISIÈME GROUPE

Tabanus biguttatus ♂ Wiedemann

Wiedemann le décrit du Cap (voir page 38).

Tabanus unimaculatus Macquart

Décrit par l'auteur, du Cap (p. 41).

Tabanus vilipes Macquart

Décrit par l'auteur, du Sénégal (p. 42).

QUATRIÈME GROUPE

Tabanus ruficrus ♂ Palissot de Beauvois (pl. II, fig. 17).

Le *Tabanus ruficrus* ♀ Pal. Beauv. est très répandu dans les collections de Tabanides, mais jusqu'à présent nous ne connaissions pas le mâle de cette espèce, cette lacune est comblée, grâce à M. Rouraud qui, en faisant une mission sur la propagation de la maladie du sommeil au Congo, a pu s'emparer de trois exemplaires mâles, absolument frais, que nous rapportons à cette espèce.
Longueur 19 millimètres à 19 millimètres 1/2.
Type ♂ longueur 19 millimètres. Recueilli à Brazzaville (Congo français), le 7 janvier 1907, un autre spécimen du même lieu pris le même jour ; le troisième spécimen a été recueilli au même endroit le 12 janvier 1907, (pl. II, fig. 18.) = Collection du Muséum de Paris.
Noir, ailes enfumées, abdomen portant trois taches médianes de pilosité jaune.
Tête globuleuse, plus large que le thorax, à surface supérieure déprimée; yeux glabres, tangents depuis le triangle frontal jusqu'au vertex hérissé de courts poils noirs ; les cornéules des yeux se divisent en deux zones : l'une composée de grosses cornéules comprend toute la région supérieure et moyenne de l'œil ; la seconde formée de petites cornéules est située au tiers inférieur, la limite très tranchée des deux zones forme une ligne arrondie qui vue de face passe environ à 3 millimètres au dessous du triangle frontal qui est très aigu ; cette région de petites cornéules s'étend également le long du bord occipital de l'œil mais ne forme qu'une ligne très étroite qui disparaît avant le vertex. Triangle frontal brun dans sa partie apicale jusqu'à hauteur de la ligne de démarcation entre les deux zones de l'œil ; partie inférieure du triangle frontal et joues d'un brun jaunâtre portant des poils marron plus ou moins assombris vers le dessous.

Antennes noires à pubescence noire. Palpes brun clair, à deuxième article vésiculeux plus long que large, hérissés de poils marron.

Thorax noir à poils noirs sur le disque et brun sur les flancs, ceux-ci et le pectus sont noirs et densément garnis de poils brun sombre. Abdomen noir à pubescence noire portant au bord antérieur des segments : trois, quatre et cinq une petite tache formée de poils jaunes, ces taches diminuent de taille depuis celle du troisième segment qui est la plus grande ; en outre il existe un petit pinceau de poils jaunes au milieu du bord postérieur du segment anal.

Ventre noir à pubescence noire.

Ailes brunes à nervures noires. Alulæ bruns. Balanciers bruns à massue cylindrique, plus claire dans sa partie apicale.

Pattes noires à pubescence noire, pelottes claires.

CINQUIÈME GROUPE

Tabanus pluto ♂ Walker

Un exemplaire ♂ recueilli à Brazzaville par M. Roubaud (voir page 60).

SIXIÈME GROUPE

Tabanus par ♂ Walker

Deux exemplaires ♂ provenant du Congo et appartenant au Muséum d'Histoire naturelle de Bruxelles (voir page 68).

SEPTIÈME GROUPE

Tabanus Laverani ♂ Surcouf (pl. II, fig. 27).

Le Laboratoire d'entomologie du Muséum de Paris a reçu par l'intermédiaire de l'Institut Pasteur un certain nombre d'exemplaires du *Tabanus Laverani* ♀ Surcouf recueillis au Congo français par le docteur Lebœuf ; parmi vingt-cinq spécimens ♀, se trouvait un mâle sur lequel nous établissons cette description.

Longueur : 11 millimètres. — Collection du Muséum de Paris.

Aspect général du *Tabanus Laverani* ♀ Surcouf.

Tête grosse, large de 4 mm. 1/2. Yeux glabres, confluents depuis l'apex du triangle frontal jusqu'au vertex, divisés en deux zones inégales de cornéules différentes, la zone des grosses cornéules s'étend sur les deux tiers supérieurs de l'œil, à partir du vertex, et elle est entourée au bord occipital par un mince cordon de petites cornéules qui s'élargit et occupe le tiers inférieur de l'œil ; en outre la zone des grandes cornéules porte une tache noire, perpendiculaire à la ligne d'accolement des yeux, cette bande qui occupe toute la largeur de l'appareil oculaire a son maximum de largeur au milieu ; de plus la zone des petites cornéules est noire, et sa coloration s'étend sur le triangle frontal qui est d'un noir brillant. Face et joues couvertes d'une pollinosité grise et de poils blancs. Antennes minces, rouge fauve à extrémité apicale concolore ; premier article d'un testacé clair à pubescence noire, peu dense à la partie supérieure. Palpes renflés, d'un blanc jaunâtre, à pubescence blanche.

La description du reste du corps est analogue à celle de la femelle (voir page 90).

Une note manuscrite du docteur Kérandel nous apprend que le *Tabanus Laverani* ♀ Surcouf a été recueilli dans le Chari sur des chevaux atteints de trypanosomiase (16 juin 1907).

Nous connaissons le *Tabanus Laverani* ♂♀ Surcouf des points suivants : Bas Rio Nunez en Guinée française (Dr Laveran 1904) ; Sierra-Leone (major F. Smith) ; Chari (Dr Kérandel) ; Brazzaville (Dr Lebœuf et M. Roubaud), l'étiquette de capture en ce dernier point porte la mention suivante : « Brazzaville. « Saison des pluies, fin septembre et commencement d'octobre. Commun ».

Nous rapportons au septième groupe un exemplaire mâle de taon, recueilli par le Dr Bouet, en Haute-Côte d'Ivoire en 1907. Cet insecte se différencie du *Tabanus Laverani* Surcouf par les bandes noires nettes du thorax, les antennes fauve pâle à extrémité rembrunie et les ailes brunes le long du bord costal jusque près de l'apex. Cette espèce, très voisine de la première, en est cependant distincte et ne se rapporte à aucune de celles décrites dans la zone congolaise ; nous la mentionnons pour y attirer l'intention, sans lui imposer un nom.

Tabanus subangustus ♂ Ricardo (pl. III, fig. II).

Un mâle provenant de la Côte d'Ivoire recueilli par le Dr Bouet plus petit que la femelle mais semblable (voir page 85).

HUITIÈME GROUPE

Tabanus tæniola ♂ P. B.
= *Tabanus guineensis* ♂ Wiedemann.

M. Roubaud a rapporté du Congo français en 1908 un exemplaire mâle qui se rapporte avec précision à la description du *Tabanus guineensis* ♂ Wiedemann (page 100). L'examen détaillé de ce spécimen et sa comparaison avec nos nombreux *Tabanus tæniola* Palissot de Beauvois nous confirme dans l'opinion que le *Tabanus guineensis* ♂ Wiedemann est bien le mâle du *Tabanus tæniola* P. B.

La seule différence que nous constatons est dans la couleur des palpes qui sont jaune très clair avec une pubescence blanche et quelques poils noirs au côté externe. Les bandes, situées sur les yeux, dans la description de Wiedemann sont formées par les directions convergentes, de la bande colorée médiane qui traverse la zone des grosses cornéules perpendiculairement à l'axe de la tête et de celle de la zone oblique de petites cornéules.

Il est vraisemblable que le *Tabanus macrops* ♂ Walker se rapporterait aussi au *Tabanus tæniola* P. B.

La synonymie doit donc être ainsi établie :
Tabanus tæniola ♀ Palissot de Beauvois + *Tabanus guineensis* ♂ Wiedemann.
= *Tabanus guineensis* ♀ Wiedemann = ? *Tabanus macrops* ♂ Walker.
= *Tabanus subelongatus* ♀ Macquart.
etc.

Tabanus quadrisignatus ♂ Ricardo

Le Muséum de Paris possède un exemplaire mâle extrêmement frais de cette espèce décrite par Miss G. Ricardo.

Le spécimen mâle a été recueilli à Brazzaville par M. Roubaud, en octobre 1907.

Les femelles sur lesquelles Miss G. Ricardo avait établi sa description provenaient du Congo français.

Longueur : 12 mm. 1/2.

Tête plus large que le thorax. Yeux glabres accolés depuis le triangle frontal jusqu'ax vertex. Ces yeux sont composés en majeure partie de grandes cornéules qui sont nettement séparées des petites cornéules et occupent la région antérieure et médiane, cette zone des grandes cornéules est entourée par une région de petites cornéules qui occupe tout le bord inférieur de l'œil et se rétrécit en un cordon qui longe le bord occipital et s'annule presque au vertex. La zone des grandes cornéules porte vers le milieu de l'œil une bande horizontale dont la plus grande largeur se montre sur la ligne de confluence des yeux.

Triangle frontal un peu rembruni à son apex, sa région inférieure, les joues et la face d'un jaune chamois brillant portent quelques poils concolores. Antennes : premier article jaune rougeâtre portant une pilosité de courts poils noirs, deuxième article rougeâtre, cilié de noir ; troisième article d'un rouge brillant portant une dent peu marquée et quelques poils noirs sur cette saillie, la partie apicale de ce segment est noire à pubescence noire. Palpes blanc jaunâtre, dernier article renflé à l'apex, allongé, hérissé de poils mous, jaunâtres et divergents.

Le reste de la description concorde avec celle de la femelle (page 113), la seule différence est que les exemplaires ♀ nombreux que nous possédons et qui viennent ainsi que le spécimen mâle du Congo ont été recueillis très frais et piqués vivants, ce qui fait que la couleur généralement jaunâtre de la pubescence n'a pas viré au blanchâtre comme dans les exemplaires de Miss Ricardo.

NEUVIÈME GROUPE

Tabanus secedens ♂ Walker

La collection du Muséum de Paris possède plusieurs exemplaires de l'insecte mâle que nous croyons devoir rapporter au *Tabanus secedens*. Le Dr Haug a

recueilli deux spécimens à N'Gomo sur les bords de l'Ogooué (1906) ; M. Roubaud en a repris un autre à Brazzaville (septembre 1906).
Description : page 124.

Tabanus claripes ♂ Ricardo (pl. III, fig. 3).

Nous rapportons à cette espèce, deux très beaux spécimens absolument frais recueillis par M. Roubaud à Brazzaville (Congo français), l'un le 10 novembre 1907, l'autre au commencement des pluies. Ces deux spécimens sont dans la collection du Muséum de Paris.
Longueur : 22 mm. 1/2.

Tête grande, plus large que le thorax. Yeux confluents sur tout leur bord interne et atteignant sept millimètres de largeur, composés de deux champs de cornéules, nettement distincts dont une zone médiane de grosses cornéules qui comprend toute la partie médiane et interne et qui est entourée par un anneau de petites cornéules ; au vertex cet anneau est très étroit et il augmente très peu de largeur jusque vers le bord externe de l'œil où il s'élargit pour former toute la partie inférieure de l'œil, la ligne de séparation fait une courbe dont la convexité très accentuée est tournée vers le haut, cette ligne arrive au triangle frontal qu'elle semble couper à 1 millimètre 1/2 au-dessous de son apex ; la séparation est nette et brusque partout. La zone des grosses cornéules porte une tache noire triangulaire sur chaque œil et une autre tache bacillaire le long de la ligne médiane. Triangle frontal marron vers l'apex sur les 2/3 de sa hauteur, le reste est d'un jaune doré brillant ; joues jaunes à poils jaunes. Barbe jaune. Antennes petites, rouges ; premier article rougeâtre, à poils noirs, obliquement tronqué ; deuxième article un peu plus clair, cilié de noir ; troisième article rouge ferrugineux, étroit, assombri vers la région moyenne, rembruni à la partie apicale, qui paraît noire. Palpes petits, renflés à l'extrémité apicale, couverts d'une pollinosité peu dense et noire.

Thorax brun portant quatre larges bandes longitudinales recouvertes d'une pubescence jaune mélangée de poils noirs, les deux bandes médianes s'élargissent un peu à hauteur de la suture transverse puis se rétrécissent et se prolongent sur le scutellum qu'elles entourent. Flancs et pectus cendrés à longue pubescence jaunâtre.

Abdomen long, conique ; de couleur rougeâtre, à rare pubescence noire, portant une ligne médiane continue, très peu visible au bord antérieur de chaque segment et terminée au bord postérieur du cinquième ; le bord postérieur de chaque segment est cilié de poils jaunes dans la région occupée par la ligne longitudinale plus ou moins obsolète. Pas de taches latérales visibles.

Dessous de l'abdomen rougeâtre, à segments étroitement bordés et ciliés de blanc à leur bord postérieur, une large bande longitudinale, noirâtre, à pubescence noirâtre occupe la région médiane du ventre.

Hanches rougeâtres ; fémurs rougeâtres à pubescence noire sur la face supérieure et blanche sur les autres régions des fémurs ; tibias antérieurs rembrunis dans leur moitié apicale, la pubescence jaunâtre devient noire dans la région apicale, tous les tarses rembrunis et à pubescence noire, tibias médians de la couleur de leurs fémurs, portant une pubescence blanchâtre et une courte frange noire à l'angle externe, tibias postérieurs rougeâtres comme les fémurs portant de courts poils blanchâtres à la face interne, une frange et des poils noirs au côté externe.

Ailes teintées de brun le long du bord costal et jusqu'à la cellule discoïdale, première cellule postérieure marginale rétrécie. Alulæ brunâtres. Balanciers à tige brunâtre et massue jaunâtre.

Tabanus camaronensis ♂ Bigot

Un exemplaire détérioré provenant de Madère.

Collection de M. Verrall. Cette espèce n'est pas assimilable, et nous ne savons rien des Tabanides de Madère (page 129).

Tabanus ignotus ♂ Surcouf (pl. III, fig. 5).

Nous rapportons à ce groupe un exemplaire mâle, recueilli par M. Roubaud à Brazzaville et qui présente quelques caractères différents. Ne sachant si cet exemplaire se rapporte à une femelle déjà décrite, comme c'est vraisemblable, nous lui donnerons le nom de *Tabanus ignotus* ♂.

Type : un exemplaire ♂.
Longueur : 19 millimètres.

Tête grande, plus large que le thorax ; yeux confluents sur tout leur bord interne et atteignant 6 millimètres de largeur, composés de deux champs de cornéules nettement distincts dont une zone médiane et occipitale de grosses cornéules qui comprend la partie centrale et qui est entourée par un anneau de petites cornéules, au vertex cet anneau est très étroit et il augmente très peu de largeur jusque vers l'angle externe postérieur de l'œil où il s'élargit pour former toute la partie inférieure, la ligne de séparation fait une courbe dont la convexité peu accusée est tournée vers le bas, cette ligne semble couper le triangle frontal à un millimètre environ au-dessous de son apex ; la séparation entre les deux régions cornéulaires est nette et brusque partout. La zone des grosses cornéules porte une large bande médiane, transverse.

Triangle frontal marron vers l'apex, puis jaune chamois sur le reste de sa surface, joues d'un gris jaunâtre à poils concolores. Barbe jaunâtre. Antennes d'un rougeâtre clair ; premier article à pollinosité grise, portant quelques poils noirs, obliquement tronqué ; second article plus clair ; troisième article rougeâtre, étroit, assombri à la région apicale. Palpes petits, dernier article cylindrique, jaunâtres à poils divergents jaune grisâtre.

Thorax brun (dénudé) portant les traces de larges bandes grises ou gris jaunâtre, disposées comme celles du *Tabanus claripes* Ricardo.

Abdomen long, conique, de couleur brune, à rare pubescence concolore, premier segment abdominal portant latéralement deux grandes taches claires presque confluentes vers le sommet de l'arceau ; second segment ayant deux grandes taches latérales claires, milieu du segment brun ; troisième segment ayant deux taches latérales et une tache triangulaire médiane, celle-ci reliée le long du bord postérieur du segment aux marques latérales, ce triangle plus large que haut n'atteint que la moitié de la hauteur du segment ; le quatrième segment porte un pentagone médian dont les côtés sont perpendiculaires au bord postérieur du segment, il atteint la hauteur totale de l'anneau ; le cinquième porte une tache plus réduite, ogivale ; le quatrième et cinquième ont une fascie latérale peu visible. Les deux derniers segments sont bruns et ciliés de poils noirs.

Ventre brun ferrugineux à pubescence noire. Hanches rougeâtres, couvertes d'une pollinosité grise et de longs poils blanchâtres ; fémurs rouges à poils blanc jaunâtre et une courte frange noire sur le côté externe ; tibias antérieurs rouge plus sombre à pubescence mélangée de poils noirs et de poils blancs, tibias médians et postérieurs plus clairs ; tarses sombres à poils noirs.

Ailes claires, un peu jaunes le long du bord costal, stigma jaune, extrémités apicales des deux cellules basilaires, de la cellule discoïdale et de la nervure transverse apicale ombrées de jaune ; alulæ bruns. Balanciers à tige brune et massue jaunâtre.

DIXIÈME GROUPE

Nous ne connaissons pas de mâles de ce groupe.

ONZIÈME GROUPE

Tabanus inhambanensis ♂ Bertoloni

Le type provient d'*Inhambana* (Mozambique) ; description page 144.

Tabanus ustus ♂ Walker

Le seul exemplaire connu se trouve dans la collection du British Museum, il est décrit de Port-Natal (page 140).

DOUZIÈME GROUPE

Le Muséum de Paris a reçu de *Simba* (Afrique orientale anglaise), un exemplaire mâle de *Tabanus variabilis* Lœw, capturé par la mission de M. Maurice de Rothschild en 1908.

Tabanus variabilis ♂

Longueur 13 millimètres.
Tête un peu plus large que le thorax. Yeux velus, confluents sur tout leur bord interne et atteignant 3 millimètres 1/2 de largeur, composés de deux champs de cornéules à séparation indistincte, la zone médiane et occipitale composée de cornéules petites est entourée par une bande de cornéules un peu moindres.

Triangle frontal brun dans sa partie apicale, le reste est d'un gris jaunâtre à courte pilosité noirâtre. Joues et face grisâtres à poils mélangés bruns et blancs sur les joues et blancs en dessous.

Antennes : premier article gris rougeâtre portant une pilosité noire assez dense ; second article rougeâtre, cilié de noir ; troisième article rougeâtre à la base et noir dans la partie médiane et apicale. Palpes : dernier article en forme de citron, jaune brunâtre clair, hérissé de poils blanchâtres.

Thorax noirâtre semblable à celui de la femelle, abdomen et reste du corps semblables à ceux de la femelle (voir page 165).

TREIZIÈME GROUPE

Tabanus gratus ♂ Karsch

La description du mâle a été faite par Karsch d'après des exemplaires recueillis en Afrique orientale.

Le type femelle décrit par Lœw provient de la Cafrerie, il est possible cependant qu'il y ait eu confusion entre deux espèces voisines (voir la description page 178).

Tabanus obliquemaculatus ♂ Macquart
Tabanus psusennis ♂ Jænnicke

Nous tenons de la complaisance de M. le docteur Sark, professeur et directeur du Muséum d'histoire naturelle de Francfort-sur-Mein, l'exemplaire de *Tabanus psusennis* ♂ Jænnicke recueilli en Abyssinie par le Dr Rüppel.

L'étude de ce type nous confirme dans l'opinion que cet insecte est le mâle des *Tabanus leucostomus* Lœw qui est le synonyme de *T. obliquemaculatus* Macquart.

Pour obvier à la brièveté de la description de Jænnicke, nous redécrivons cet exemplaire.

Longueur : 15 millimètres.

Tête grande, plus large que le thorax. Yeux glabres, confluents sur tout leur bord interne et atteignant près de 5 millimètres de largeur, composés de deux champs de cornéules nettement distincts dont une zone médiane et occipitale de grosses cornéules qui comprend la partie centrale et qui est entourée par un anneau de petites cornéules, au vertex cet anneau est très étroit et il augmente de largeur vers l'angle externe postérieur de façon à comprendre la région inférieure de l'œil sur environ le quart de la hauteur totale de celui ci, la ligne de séparation des deux zones de cornéules forme une ligne presque horizontale.

Triangle frontal blanc jaunâtre à son extrême apex, immédiatement au-dessous de cette pointe, le triangle frontal, glabre et de couleur châtain devient saillant, canaliculé au milieu et se prolonge sous le bord inférieur de chacun des yeux. Joues couvertes de poils blancs, Barbe blanche.

Antennes : premier article gris rougeâtre à pubescence concolore, rembruni à sa saillie apicale ; deuxième article rougeâtre ; troisième article manquant.

Palpes : dernier article globuleux, blanc jaunâtre, à poils concolores.

Thorax noirâtre portant quelques lignes blanchâtres peu distinctes, écusson de même ; pectus cendré à pubescence blanchâtre.

Abdomen : fond noirâtre portant sur les segments des taches blanches de taille décroissante disposées de chaque côté de la ligne médiane, en outre les flancs de chaque segment portent une épaisse pubescence blanche, le bord extérieur de chacun d'eux est étroitement marqué de blanc. Ventre brunâtre à pubescence blanche, chacun des segments étroitement marginé de blanc. Hanches cendrées à pubescence blanche ; fémurs noir brunâtre à pubescence blanche. Tibias antérieurs brunâtres dans leur partie apicale avec une pubescence mélangée et blancs, à pubescence blanche dans leur moitié basilaire ; les autres tibias sont d'un rougeâtre plus ou moins clair à pubescence blanche ; tarses bruns à pubescence concolore.

Ailes cendrées, stigma brun, les nervures longitudinales, la région stigmatique, et les nervures qui entourent la cellule discoïdale estompées de brun-jaune, ainsi que l'appendice. Cuillerons incolores. Balanciers jaune brunâtre à massue claire.

QUATORZIÈME GROUPE

Tabanus ditæniatus ♂ Macquart

Le Muséum de Paris possède l'exemplaire mâle *type* de Macquart. La collection comprend de nombreux spécimens (voir page 184).

Tabanus fuscipes ♂ Ricardo

Le type mâle (collection du British Museum) a été recueilli dans le Natal en 1897 (G. A. K. Marshall) (description page 152).

QUINZIÈME GROUPE

Nous ne connaissons aucun mâle de ce groupe, constitué jusqu'à présent par deux espèces, l'une du Cap et la seconde du Congo.

SEIZIÈME GROUPE

Tabanus capensis ♂

La femelle avait été décrite par Wiedemann, du Cap. La collection du Muséum de Paris possède deux exemplaires mâles, ils ont été déterminés par Macquart et proviennent de la mission Delalande dans le Sud de l'Afrique (description page 198).

Tabanus tæniatus ♂

Npus avons trouvé dans la collection du Muséum de Paris un exemplaire mâle provenant de la Cafrerie (description page 200).

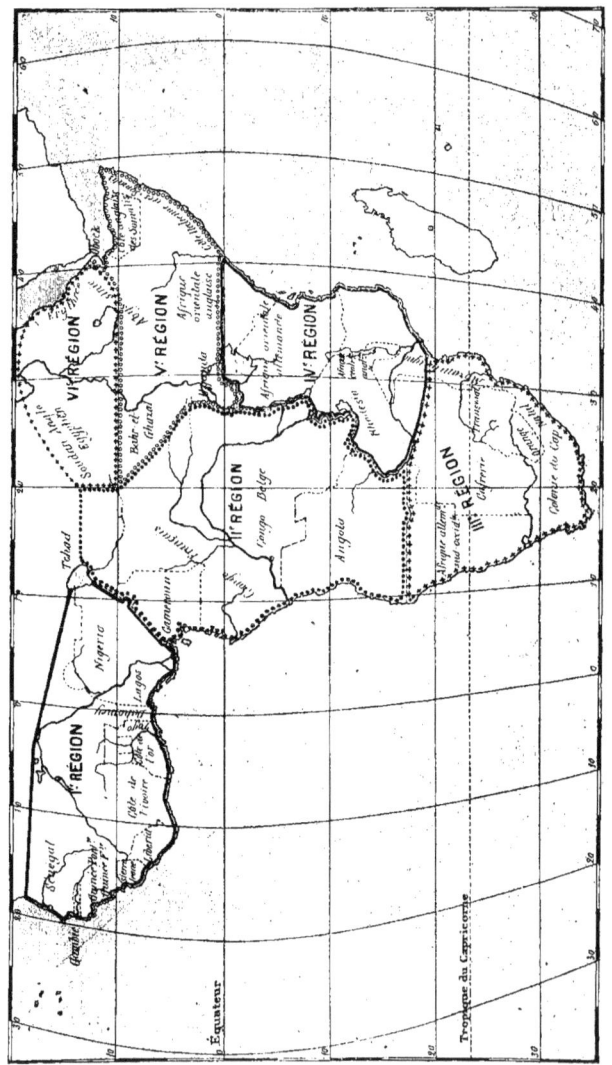

RÉPARTITION GÉOGRAPHIQUE

Première région

SÉNÉGAL, GAMBIE, GUINÉE, SIERRA-LEONE, COTE-D'IVOIRE, COTE DE L'OR, TOGO, DAHOMEY, NIGÉRIA, LIBÉRIA

PREMIER GROUPE

Tabanus fasciatus Fabricius.
Tabanus africanus Gray.

DEUXIÈME GROUPE

Tabanus obscurefumatus Surcouf.
Tabanus Billingtoni Newstead.

TROISIÈME GROUPE

Tabanus biguttatus Wiedemann (un seul spécimen pris à Kayes).
Tabanus unimaculatus Macquart.
Tabanus croceus Surcouf.

QUATRIÈME GROUPE

Tabanus aquilus Surcouf.
Tabanus ruficrus Palissot de Beauvois.
Tabanus Brumpti Surcouf.
Tabanus Besti Surcouf.
Tabanus Boueti Surcouf.

CINQUIÈME GROUPE

Tabanus pluto Walker.

SIXIÈME GROUPE

Tabanus par Walker.
Tabanus thoracinus P. B.

SEPTIÈME GROUPE

Tabanus Laverani Surcouf.
Tabanus subangustus Ricardo.

HUITIÈME GROUPE

Tabanus tæniola P. B.
Tabanus socius Walker.
Tabanus sagittarius Macquart.
Tabanus Ricardoæ Surcouf.
Tabanus sugens Wiedemann.
Tabanus sticticolis Surcouf.

NEUVIÈME GROUPE

Tabanus secedens Walker.
Tabanus Kingsleyi Ricardo.
Tabanus camaronensis Bigot.

DIXIÈME GROUPE

Tabanus testaceiventris Macquart.
Tabanus conformis Walker.
Tabanus nigrohirtus Ricardo.

ONZIÈME GROUPE

Tabanus *Martini* Surcouf.
Tabanus *congoiensis* Ricardo.

DOUZIÈME GROUPE

Tabanus argenteus Surcouf.

TREIZIÈME GROUPE

Tabanus sufis Jænnicke.
Tabanus gratus Lœw.

QUATORZIÈME GROUPE

Tabanus ditæniatus Macquart.
Tabanus albipalpus Walker.

SEIZIÈME GROUPE

Tabanus Chevalieri Surcouf.

Tous les groupes sont représentés (sauf le quinzième) et forment 37 espèces.

Deuxième région

CAMEROUN, CONGO FRANÇAIS, CONGO BELGE, ANGOLA

PREMIER GROUPE

Tabanus fasciatus Fabricius.
Variétés de *Tabanus fasciatus*.
Tabanus atripes Van der Wulp.
Tabanus latipes Macquart.
Tabanus subvittatus Ricardo.

DEUXIÈME GROUPE

Tabanus obscurefumatus Surcouf.
Tabanus Billingtoni Newstead.
Tabanus marmoratus Surcouf.

TROISIÈME GROUPE

Tabanus biguttatus Wiedemann.
Tabanus croceus Surcouf.

QUATRIÈME GROUPE

Tabanus Brumpti Surcouf.
Tabanus æneus Surcouf.
Tabanus ruficrus P. B.
Tabanus ianthinus Surcouf.
Tabanus Besti Surcouf.
Tabanus dilutius Surcouf.

CINQUIÈME GROUPE

Tabanus Pluto Walker.
Tabanus canus Karsch.
Tabanus canescens Surcouf.

SIXIÈME GROUPE

Tabanus par Walker.
Tabanus combustus Bigot.
Tabanus obscurehirtus Ricardo.
Tabanus thoracinus P. B.
Tabanus obscurior Ricardo.

SEPTIÈME GROUPE

Tabanus obscurestriatus Ricardo.
Tabanus Laverani Surcouf.

HUITIÈME GROUPE

Tabanus tæniola P. B.
Tabanus socius Walker.
Tabanus sagittarius Macquart.
Tabanus quadrisignatus Ricardo.
Tabanus coniformis Ricardo.
Tabanus distinctus Ricardo.

NEUVIÈME GROUPE

Tabanus secedens Walker.
Tabanus claripes Ricardo.
Tabanus Kingsleyi Ricardo.
Tabanus ignotus Surcouf.

DIXIÈME GROUPE

Tabanus testaceiventris Macquart.
Tabanus conformis Walker.
Tabanus nigrohirtus Ricardo.

ONZIÈME GROUPE

Tabanus congoiensis Ricardo.
Tabanus disjunctus Ricardo.
Tabanus Lemairei Surcouf.

DOUZIÈME GROUPE

Tabanus diversus Ricardo.
Tabanus variabilis Loew.

Tabanus atrimanus Lœw.
Tabanus Severini Surcouf.
Tabanus argenteus Surcouf.
Tabanus varians Surcouf.
Tabanus Wellmani Austen.
Tabanus Roubaudi Surcouf.

TREIZIÈME GROUPE

Tabanus sufis Jænnicke (région Nord.
Tabanus gratus Lœw.
Tabanus tritæniatus Ricardo.

QUATORZIÈME GROUPE

Tabanus ditæniatus Macquart.

QUINZIÈME GROUPE

Tabanus irroratus Surcouf.

Le seizième groupe n'est pas représenté. La deuxième région réunit cinquante-cinq espèces.

La région d'Angola est encore très peu connue et il existe très peu d'insectes du Cameroun.

Troisième région

AFRIQUE ALLEMANDE SUD-OCCIDENTALE, COLONIE DU CAP, NATAL, ORANGE, TRANSVAAL, CAFRERIE, MOZAMBIQUE SUD jusqu'à Beira.

Cette région s'étend depuis le 20° latitude Sud et comprend la zone sud de l'Afrique.

PREMIER GROUPE

Tabanus latipes Macquart.

TROISIÈME GROUPE

Tabanus biguttatus Wiedemann.
Tabanus v. cilipes Macquart.

SIXIÈME GROUPE

Tabanus par Walker.

SEPTIÈME GROUPE

Tabanus albilinea Walker.
Tabanus albostriatus Ricardo.
Tabanus unitæniatus Ricardo.

HUITIÈME GROUPE

Tabanus socius Walker.
Tabanus sagittarius Macquart.
Tabanus fraternus Macquart.
Tabanus sericiventris Lœw.
Tabanus nanus Wiedemann.

ONZIÈME GROUPE

Tabanus ustus Walker.
Tabanus inhambanensis Bertolini.

DOUZIÈME GROUPE

Tabanus variabilis Lœw.
Tabanus insignis Lœw.
Tabanus atrimanus Lœw.
Tabanus sulcipalpus Lœw.

TREIZIÈME GROUPE

Tabanus obliquemaculatus Macquart.
Tabanus rufosignatus Bigot.
Tabanus gratus Lœw.

QUATORZIÈME GROUPE

Tabanus ditæniatus Macquart.
Tabanus fuscipes Ricardo.
Tabanus diurnus Walker.

QUINZIÈME GROUPE

Tabanus maculatissimus Macquart.

SEIZIÈME GROUPE

Tabanus zoulouensis Bigot.
Tabanus tæniatus Macquart.
Tabanus fulvianus Lœw.
Tabanus capensis Wiedemann.
Tabanus tenuicornis Macquart.
Tabanus vexans Lœw.
Tabanus lævifrons Lœw.
Tabanus hebes Walker.
Tabanus infans Walker.

La troisième région ne comprend pas de spécimen des groupes : 2, 4, 5, 9, 10 et réunit 35 espèces.

L'Afrique sud-occidentale allemande et la Cafrerie ne donnent presque aucunes indications actuellement.

Quatrième région

RHODESIA, MOZAMBIQUE au-dessus du 20° latitude S., AFRIQUE CENTRALE ANGLAISE. AFRIQUE ORIENTALE ALLEMANDE. AFRIQUE ORIENTALE ANGLAISE jusqu'à l'Equateur.

PREMIER GROUPE

Tabanus latipes Macquart.
Tabanus Brucei Ricardo.
Tabanus septempunctatus Ricardo.

DEUXIÈME GROUPE

Tabanus quadriguttatus Ricardo.

TROISIÈME GROUPE

Tabanus biguttatus Wiedemann.

QUATRIÈME GROUPE

Tabanus ruficrus P. B.
Tabanus grandissimus Ricardo.

SIXIÈME GROUPE

Tabanus par Walker.
Tabanus claritibialis Ricardo.
Tabanus liventipes Surcouf.
Tabanus thoracinus P. B.
Tabanus impurus Karsch.

SEPTIÈME GROUPE

Tabanus nigrostriatus Ricardo.
Tabanes unilineatus Lœw.
Tabanus unitæniatus Lœw.

HUITIÈME GROUPE

Tabanus tæniola P. B.
Tabanus socius Walker.
Tabanus sagittarius Macquart.
Tabanus fraternus Macquart.
Tabanus quadrisignatus Ricardo.
Tabanus coniformis Ricardo.
Tabanus distinctus Ricardo.

ONZIÈME GROUPE

Tabanus nyassæ Ricardo.
Tabanus inhambanensis Bert.
Tabanus Denshami Austen.

DOUZIÈME GROUPE

Tabanus variabilis Lœw.
Tabanus insignis Lœw.
Tabanus Sharpei Austen.

TREIZIÈME GROUPE

Tabanus Rothschildi Surcouf.
Tabanus pallidifacies Surcouf.

QUATORZIÈME GROUPE

Tabanus ditæniatus Macquart.
Tabanus fuscipes Ricardo.

QUINZIÈME GROUPE

Tabanus maculatissimus Macquart.

SEIZIÈME GROUPE

Tabanus imbecillus Karsch

Les groupes 5, 9, 10, ne sont pas représentés dans cette quatrième région qui comprend 34 espèces.

Cinquième région

PROTECTORAT de l'OUGANDA, AFRIQUE ORIENTALE ANGLAISE (au-dessus de l'Équateur), PAYS SOMALIS (italien, anglais, français), ABYSSINIE au-dessous du 10° lat. N., BAHR EL GHAZAL.

PREMIER GROUPE

Tabanus niloticus Austen.
Variétés de *Tabanus fasciatus*.
Tabanus latipes Macquart.
Tabanus septempunctatus Ricardo.
Tabanus Brucei Ricardo.

TROISIÈME GROUPE

Tabanus biguttatus Wiedemann.

QUATRIÈME GROUPE

Tabanus Brumpti Surcouf.
Tabanus fusco-marginatus Ricardo.

CINQUIÈME GROUPE

Tabanus pluto Walker.

SIXIÈME GROUPE

Tabanus par Walker.
Tabanus thoracinus P. B.

SEPTIÈME GROUPE

Tabanus conspicuus Ricardo.
Tabanus obscuripes Ricardo.

HUITIÈME GROUPE

Tabanus tæniola P. B.
Tabanus socius Walker.
Tabanus sagittarius Macquart.

NEUVIÈME GROUPE

Tabanus secedens Walker.

DOUZIÈME GROUPE

Tabanus variabilis Lœw.

TREIZIÈME GROUPE

Tabanus gratus Lœw.
Tabanus obliquemaculatus Macquart.
Tabanus morsitans Ricardo.
Tabanus Rothschildi Surcouf.
Tabanus pallidifacies Surcouf.

QUATORZIÈME GROUPE

Tabanus ditæniatus Macquart.

SEIZIÈME GROUPE

Tabanus ruwenzorii Ricardo.

La cinquième région ne possède pas d'insectes des groupes 2, 10, 11, 15, elle comprend 25 espèces.

Sixième région

ABYSSINIE, ERYTHRÉE, SOUDAN ANGLO-EGYPTIEN

PREMIER GROUPE

Tabanus niloticus Austen.
Tabanus africanus Grey.

TROISIÈME GROUPE

Tabanus biguttatus Wiedemann.

SIXIÈME GROUPE

Tabanus par Walker.
Tabanus obscurepes Ricardo.

HUITIÈME GROUPE

Tabanus tæniola P. B.
Tabanus socius Walker.
Tabanus fraternus Macquart.

ONZIÈME GROUPE

Tabanus Cordieri Surcouf

DOUZIÈME GROUPE

Tabanus velutinus Surcouf.

TREIZIÈME GROUPE

Tabanus obliquemaculatus Macquart.
Tabanus sufis Jaennicke.
Tabanus Mesnili Surcouf.

Cette région peu connue ne donne que 13 espèces différentes.
La région s'étendant entre le 18° latitude Nord et la Méditerrannée fera l'objet d'un mémoire à part ainsi que celle de Madagascar.

LISTE ALPHABÉTIQUE

	Pages
Tabanus æneus Surcouf	54
» *africanus* Gray	25
» *albicans* Macquart	252
» *albilinea* Macquart	82
» *albipalpus* Walker	181
» *albostriatus* Ricardo	86
» *alboventralis* Newstead	177
» *aquilus* Surcouf	51
» *argenteus* Surcouf	152
» *atrimanus* Lœw	160
» *atripes* Vander Wulp	24
» *Besti* Surcouf	55
» *biguttatus* Wiedemann	38
» *Billingtoni* Newstead	34
» *bipartitus* Walker	111
» *bipunctatus* Wan der Wulp	184
» *Blanchardi* Surcouf	124
» *Boueti* Surcouf	54
» *bovinus* Lœw	141
» *Brucei* Ricardo	26
» *brunnescens* Ricardo	124
» *brunneus* Thunberg	252
» *Brumpti* Surcouf	48
» *camaronensis* Bigot	129
» *canescens* Surcouf	63
» *canus* Karsch	61
» *capensis* Wiedemann	198
» *cerberus* Walker	40
» *cereolus* Bigot	68
» *Chevalieri* Surcouf	196
» *cilipes* Macquart	42
» *claripes* Ricardo	126
» *claritibialis* Ricardo	76
» *combustus* Bigot	73
» *conformis* Walker	135
» *congoiensis* Ricardo	144
» *coniformis* Ricardo	120
» *conspicuus* Ricardo	84

LISTE ALPHABÉTIQUE

		Pages
Tabanus corax Lœw		213
» *Cordieri* Surcouf		210
» *croceus* Surcouf		42
» *Denshamt* Austen		208
» *Deyrollei* Bigot		214
» *dilutius* Surcouf		51
» *disjunctus* Ricardo		143
» *distinctus* Ricardo		115
» *ditæniatus* Macquart		184
» *diurnus* Walker		187
» *diversus* Ricardo		159
» *dorsivitta* Walker		100
» *exclamationis* Gérard		109
» *fallax* Macquart		252
» *fasciatus* Fabricius		18
» *fenestratus* Walker		213
» *fervidus* Walker		135
» *fraternus* Macquart		110
» *fulvianus* Lœw		194
» *fuscinevris* Macquart		184
» *fuscipes* Ricardo		187
» *fusco marginatus* Ricardo		50
» *gabonensis* Macquart		124
» *grandissimus* Ricardo		52
» *gratus* Lœw		178
» *guineensis* Wiedeman		100
» *hebes* Walker		214
» *hypoleucus* Bigot		134
» *ianthinus* Surcouf		53
» *imbecillus* Karsch		205
» *ignotus* Surcouf		223
» *impurus* Karsch		74
» *infans* Walker		252
» *inhambanensis* Berth		144
» *insignis* Lœw		158
» *irroratus* Surcouf		192
» *Janus* Walker		135
» *Kingsleyi* Ricardo		128
» *lævifrons* Lœw		202
» *latipes* Macquart		26
» *Laverani* Surcouf		90
» *Lemairei* Surcouf		148
» *leonum* Bigot		132
» *leucaspis* Vander Wulp		61
» *leucostomus* Lœw		173
» *liventipes* Surcouf		77

		Pages
Tabanus	*longitudinalis* Lœw	101
»	*luteolus* Lœw	68
»	*macrodonta* Macquart	252
»	*macrops* Walker	102
»	*maculatissimus* Walker	190
»	*marmoratus* Surcouf	33
»	*Martini* Surcouf	147
»	*Mesnili* Surcouf	212
»	*morsitans* Ricardo	168
»	*multipunctatus* Van der Wulp	62
»	*namaquinus* Bigot	142
»	*nanus* Wiedemann	118
»	*nigrohirtus* Ricardo	133
»	*nigromaculatus* Ricardo	184
»	*nigrostriatus* Ricardo	88
»	*niloticus* Austen	20
»	*niveipalpis* Bigot	82
»	*noctis* Walker	40
»	*notarum* Bigot	72
»	*nyassæ* Ricardo	146
»	*obliquemaculatus* Macquart	172
»	*obscurefumatus* Surcouf	29
»	*obscurehirtus* Ricardo	74
»	*obscuripes* Ricardo	75
»	*obscurestriatus* Ricardo	87
»	*obscurior* Ricardo	76
»	*obscurissimus* Ricardo	56
»	*pallidifacies* Surcouf	176
»	*par* Walker	65
»	*pervasus* Walker	46
»	*Pluto* Walker	60
»	*proximus* Corti	96
»	*psusennis* Jænnicke	174
»	*Pyrrhus* Walker	184
»	*quadriguttatus* Ricardo	32
»	*quadrisignatus* Ricardo	113
»	*Ricardoæ* Surcouf	119
»	*Rothschildi* Surcouf	170
»	*Roubaudi* Surcouf	155
»	*rubicundus* Walker	109
»	*rufescens* Bigot	174
»	*ruficeps* Bigot	174
»	*ruficrus* Palissot de Beauvois	46
»	*rufipes* Wiedemann	46
»	*rufipes* Macquart	70
»	*rufosignatus* Bigot	174

		Pages
Tabanus	*Ruwenzorii* Ricardo	204
»	*sagittarius* Macquart	105
»	*secedens* Walker	124
»	*septempunctatus* Ricardo	27
»	*sequens* Walker	252
»	*sericiventris* Loew	117
»	*serratus* Loew	107
»	*Severini* Surcouf	163
»	*Sharpei* Austen	153
»	*socialis* Walker	132
»	*socius* Walker	104
»	*splendidissimus* Ricardo	34
»	*sticticolis* Surcouf	116
»	*stigma* Walker	197
»	*strigiventris* Loew	201
»	*subangustus* Ricardo	83
»	*subelongatus* Macquart	99
»	*subvittatus* Ricardo	28
»	*sudanicus* Cazalbou (*i. l.*)	252
»	*sufis* Jænnicke	177
»	*sugens* Wiedemann	103
»	*sulcipalpus* Loew	157
»	*tæniatus* Macquart	200
»	*tæniola* Palissot de Beauvois	94
»	*tarsalis* Adams	146
»	*temperatus* Walker	141
»	*tenuicornis* Macquart	197
»	*terminatus* Walker	135
»	*testaceiventris* Macquart	132
»	*thoracinus* Palissot de Beauvois	71
»	*tibialis* Walker	124
»	*tripunctifer* Walker	41
»	*trisignatus* Loew	112
»	*tritæniatus* Ricardo	181
»	*unilineatus* Loew	89
»	*unimaculatus* Macquart	41
»	*unitæniatus* Ricardo	83
»	*ustus* Walker	140
»	*variabilis* Loew	165
»	*varians* Surcouf	164
»	*variatus* Walker	107
»	*velutinus* Surcouf	162
»	*vexans* Loew	203
»	*virgatus* Austen	102
»	*Wellmani* Austen	154
»	*zoulouensis* Bigot	215

TABLE SYSTÉMATIQUE ET BIBLIOGRAPHIQUE

PREMIER GROUPE

Tabanus fasciatus ♀ Fabricius : Systema Entomologica (1775), 783, 3.
— — Entomol. Syst., IV. 364. 8.
— — Systema Antliantorum, 94. 6.
— — ♂ Wiedemann : Diptera exotica, I, 73, 21.
— — Aussereurop. zweifl. Insekten, I, 133, 35.
— — Walker : List. dipt. British Museum, I, 166.
— — Newstead : Annals of tropical Medicine (1907), 44, pl. 4, fig. 14.
— — K. Grünberg : Die Blutsaugenden Dipteren (1907) 135.
Tabanus niloticus ♀ Austen : Gordon Memorial College (1906), 62, pl. VI.
Tabanus atripes ♀ Vander Wulp : Notes on the Leyden Museum, VII. 75, tab. 5, fig. 4 (1855).
Tabanus africanus ♀♂ Gray : Griffith's animal Kingdom (1832) vol. 15, 794, pl. 114, fig. 5.
— — Austen : Gordon Memorial College (1906) 63, fig. 28.
= *Tabanus latipes* ♀ Loew : Dipt. Sudfrik. I, 36, 3 (1861).
— — Peters : Reise Nach Mozambique Zool. V, 2.
— — Macquart : Dipteres exotiques I, 1, 149 (1838).
— — Walker : List. dipt. British Museum, V, 236, 353.
— — — Addenda, tome V, p. 328.
— — K. Grünberg : Die Blutsaug. Dipteren, p. 234 (1907).
— — ♂ Surcouf :
Tabanus Brucei ♀ Ricardo : Annals Mag. Nat. Hist. (8), I, p. 268 (1908).
Tabanus septempunctatus ♀ Ricardo : Annals Mag. Nat. Hist. (8), I, p. 268 (1908).
Tabanus subvittatus ♀ Ricardo : Annals Mag. Nat. Hist. (8), I, p. 270 (1908).
Tabanus fenestratus ♀ Walker : Zool. VII, app. LXVII.
— List. Dipt. Br. Mus. V, p. 264, sp. 505 (1854).

DEUXIÈME GROUPE

Tabanus quadriguttatus ♀ Ricardo : Annals Mag. Nat. Hist. (8), I, p. 270 (1908).
Tabanus marmoratus ♀ Surcouf = *Tabanus marmorosus* Surcouf : Bull. du Mus. (1909), n° 6.
Tabanus obscurefumatus ♀ Surcouf : Bulletin du Muséum (1906), n° 7, 522.
Tabanus Billingtoni ♂♀ Newstead : Annals of tropical Medicine (fév. 1907) 1, n° 1.
= *Tabanus splendidissimus* ♀ Ricardo (*i, l*).
— — Surcouf : Bulletin du Muséum (1907), 3, 212.

TROISIÈME GROUPE

Tabanus biguttatus ♂ ♀ Wiedemann : Aussereurop. zweifl. Insekten, II, 623, 20 (1830).
— Wied. Walker : List. dipt. British Museum. V, 236, 352.
— — Lœw : Dipteren Fauna Ludafrikad, I, 376.
— — Karsch : Berl. Entom. zeitsch., XXXI, 370, 5.
— — Lœw : of K. Vet. Akad. Forhandl. (1857), 339, 16.
= *Tabanus cilipes* ♂ Macquart : Diptères exotiques, I, 1, 120, 2 (1838).
— — Walker ; List. dipt. British Museum, V. 236, 322.
= *Tabanus cerberus* ♀ Walker : List. dipt. British Muséum, I, 149 (1848).
= *Tabanus tripunctifer* ♀ Walker : List. dipt. British Muséum, V, 227
— Walker : Zoology, VIII, Appendix XCV (1850).
= *Tabanus noctis* ♂ Walker : Diptera Saundersiana, 42 (1850).
Tabanus croceus ♀ Surcouf : Bulletin du Muséum (1907), n° 2, p. 143.
Tabanus unimaculatus ♂ ♀ Macquart : Suites à Buffon, I, 204, 23.
— — Walker : List. dipt. Br. Muséum. V, 233, 339.
— — Newstead : Annals of tropical Medicine (1907).
— — — February, 47, pl. 4, fig. 5.
Tabanus corax ♀ Lœw Wiener : Entom. VII. p. 10. n° 5 (1863).

QUATRIÈME GROUPE

Tabanus ruficrus ♀ Palissot de Beauvois : Insectes. 55, table 1. fig. 3 (rufipes) (1805-1821).
— ♀ P. B. Wiedemann : Aussereurop. zweif. Insekt., I. 116. 5.
— — Diptera exotica (1821), 64, 4.
= *Tabanus rufipes* ♀ P. B. Walker : List. dipt. British Museum,V, 234, 348 (1854).
— — Newstead : Annals of tropical Medicine (1907). 45, pl. 4. fig. 8.
= *Tabanus pervasus* ♀ Walker : Diptera Saundersiana, p. 43 (1850).
= ? *Tabanus Deyrollei* ♀ Bigot : Archives Entomolog., II, 349. 656 (1868).
= *Tabanus ruficrus* ♂ Surcouf.
— Grünberg : Die Blutsaugenden Dipteren (1907). 138.
Tabanus Brumpti ♀ Surcouf : Bulletin du Museum (1907), n° 1, p. 40.
Tabanus fusco-marginatus ♀ Ricardo : Ann. Mag. Nat. Hist. (8), p. 273, (1908).
Tabanus grandissimus ♀ Ricardo : Ann. Mag. Nat. Hist. (8), 271, (1908).
Tabanus aquilus ♀ Surcouf : Bulletin du Muséum, n° 1, p. 38 (1907).
Tabanus dilutius ♀ Surcouf : Bulletin du Muséum (1907), n° 1. p. 39.
Tabanus ianthinus ♀ Surcouf : Bulletin du Muséum (1907), n° 4, p. 258.
Tabanus Besti ♀ Surcouf : Archives de parasitologie (1906) juillet.
= *Tabanus obscurissimus* ♀ Ricardo : Ann· Mag. Nat. Hist. (8), I. p. 372. (1908).
Tabanus Boueti ♀ Surcouf : Bulletin du Muséum (1907), n° 5. p. 333.
Tabanus æneus ♀ Surcouf : Bulletin du Muséum (1907), n° 4, p. 265.

CINQUIÈME GROUPE

Tabanus Pluto ♀ Walker : List. dipt. British Museum, I. 153 (1848).
— Walker, Newstead : Annals of tropical Med. (1907). p. 45. fig. 96.
= *Tabanus Pluto* ♂ Surcouf : *descr. nov.*

= *Tabanus leucaspis* ♀ Van der Wulp : Notes on Leyden Museum, VII. 74. 28.
(pl. V. fig. 3) (1883).
Tabanus canus ♀ Karsch : Westafr. Dipteren, p. 377 (1879).
— — Newstead : Annals of tropical Med. (1907), 44, pl. 4, fig. 9.
= *Tabanus multipunctatus* ♀ Van der Wulp : Notes on Leyden Museum, VII, 72, tab 5, fig. 2 (1885).
Tabanus canescens ♀ Surcouf : Bull. du Muséum (1909), n° 6.

SIXIÈME GROUPE

Tabanus par ♀ Walker : List. dipt. British Museum, V. 235 (1854).
— — Austen : Gordon Memorial College, 56, fig. 21.
— — Newstead : Annals of tropical Medicine (1907), 1, 45, pl. 4, fig. 6.
Tabanus par ♂ Surcouf : Bulletin du Muséum (1907), n° 3, p. 512.
= *Tabanus rufipes* ♀ Macquart *nec* Meigen : Dipt. exot. 1, 1 (1838), p. 124, *nomen bis lectum*.
— — Surcouf : Bulletin du Muséum (1907), n° 3, 212.
= *Tabanus cereolus* ♀ Bigot : Mém. de la Soc. zool. de France, V, p. 645 (1892).
= *Tabanus luteolus* ♀ Lœw : Œfv. K. Vet. Akad. Forhandl. (1857), 348, 27.
— — Dipteren Fauna Sudafrika's, 1, 45, 18.
— — K. Grünberg : Die Bluts. Dipteren (1907), p. 138.
Tabanus thoracinus ♀ Palissot de Beauvois : Insectes, p. 55, tab. 1, fig. 4 (1805).
— P. B. — Wiedemann : Diptera exotica (1821), 76, 27.
— — — Aussereurop. zwifl., I, 447, 57.
— — — Walker : List. dipt. British Museum, V, 234, 348.
= *Atylotus notarum* ♀ Bigot : Ann. Soc. Ent. de France, série 7, 367, 4 (1891).
Tabanus combustus ♀ Bigot : Ann. Soc. Ent. de France, série 7, 1, 368, 5 (1891).
Tabanus impurus ♀ Karsch : Berl. Entom. Zeitschr., XXI, 376, 6, tabl. 4, fig. 2.
Tabanus obscurehirtus ♀ Ricardo : Ann. Mag. Nat. Hist. (8), I, p. 274 (1908).
Tabanus obcuripes ♀ Ricardo : Ann. Mag. Nat. Hist. (8), I, p. 275 (1908).
Tabanus obcurior ♀ Ricardo : Ann. Mag. Nat. Hist. (8), I, p. 276 (1908).
Tabanus claritibialis ♀ Ricardo : Ann. Mag. Nat. Hist. (8), I, p. 276 (1908).
Tabanus liventipes ♀ Surcouf : Bulletin du Muséum (1907), n° 1, 38.

SEPTIÈME GROUPE

Tabanus albilinea ♀ Walker : List. dipt. British Museum, I, 176 (1848).
= *Atylotus niveipalpis* ♀ Bigot : Mém. Soc. zool. de France, V, 645 (1892).
Tabanus unitæniatus ♀ Ricardo : Ann. Mag. Nat. Hist. (8), 1, p. 312 (1908).
Tabanus conspicuus ♀ Ricardo : Ann. Mag. Nat. Hist. (8), I, p. 348 (1908).
Tabanus albostriatus ♀ Ricardo : Ann. Mag. Nat. Hist. (8), 1, p. 345 (1908).
Tabanus obscurestriatus ♀ Ricardo : Ann. Mag. Nat. Hist. (8) I, p. 316 (1908).
Tabanus nigrostriatus ♀ Ricardo : Ann. Mag. Nat. Hist. (8), I, p. 317 (1908).
Tabanus unilineatus ♀ Lœw : Bericht de K. Preussen Akad. d. Wissensch. zu Berlin, 1852, 658.
Tabanus Laverani ♂ ♀ Surcouf : Bulletin du Muséum (1907), n° 5, p. 334.
Tabanus subangustus ♀ Ricardo : Ann. Mag. Nat. Hist. (8), I, p. 314 (1908).

HUITIÈME GROUPE

Tabanus tæniola ♀ Palissot de Beauvois : Insectes, p. 56, tab. 4, fig. 6 (1805).
— ♀ P. B. Wiedemann : Diptera exotica, I, 71, 17 (1821).
— — Aussereurop. zweifl. Ins. 129, 8.
— — Walker : List. dipt. British Museum, V. 233, 340.
= *Tabanus guineensis* ♂ ♀ Wiedemann : Anal. Entom., 21, 7 (1824).
— — Aussereurop. zweifl. Ins. I, 144, 54.
— — Walker : List. dipt. British Museum, V, 235, 350.
= *Tabanus subelongatus* ♀ Macquart : Diptères exotiques supp., I, 31, 62 (1845).
— ♀ Macquart : Walker : List. dipt. Br. Mus. V, 230, 328.
— — Bezzi : Ann. Mus. Civ. Genova, série 2, XII (XXXII), 183, 2.
— — Bertol : Mem. Ac. Sc. Inf. Bologna, XII, 16, 18 (1862).
= *Tabanus macrops* ♂ Walker : List. dipt. Br. Museum, I, 464 (1848).
= *Tabanus longitudinalis* ♀ Lœw : Bericht der Berl. Akad (1852), 658.
— — Peters : Reise nach Moz. zool. V, 2.
— — K. Grünberg : Die Blutsaug. Dipt. (1907), 36 fig. 102.
= *Tabanus dorsivitta* ♀ Walker : List. dipt. Br. Mus., V, 231, 334, (*nec dorsivitta* ♀).
— — Insecta Saundersiana (1850), p. 39).
— — Newstead : Annals of trop. Med. (1907), 44, pl. 4, fig. 4.
= ? Var. *proximus* ♀ Corti *nec* proximus Walker : List. dipt. British Museum, I, 147 (1895).
= *Tabanus virgatus* ♀ Austen : Report of Gordon Memorial College (1906), p.60, fig. 25.
Tabanus sugens ♀ Wiedemann : Aussereurop. zweifl. Insect., I, 140, 4, 5 (1828).
— — Walker : List. dipt. Br. Museum, V, 233, 343.
Tabanus socius ♀ Walker : List. dipt. British Museum, I, 160 (1848).
— — Austen : Gordon Memorial College (1906), 59, fig. 24.
Tabanus sagittarius ♀ Macquart : Diptères exotiques, I, 1, 123, 5 (1838).
— — Walker : List. dipt. British Museum, 228, 330.
= *Tabanus variatus* ♀ Walker : Diptera Saundersiana, 64 (1850).
= *Tabanus rubicundus* ♀ Walker *nec secedens* Walker : Dipt. Br. Mus. supp., 1, 224 (1854).
= *Tabanus serratus* ♀ Lœw : OEfv. K. Vet. Akad. Forhandl. (1857), 337, 2.
— — Dipteren Fauna Sudafrika's, I, 39, 10, tab. 1, fig. 21.
= *Tabanus exclamationis* ♀ Girard : Jour. sc. Lisboa, II, p. 367 (1881).
— — — VIII, p. 228 (1882).
Tabanus fraternus ♀ Macquart : Diptères exotiques supp., I, 31, 64 (1845).
— — Walker : List. dip. Br. Museum. V, 232, 335.
= *Tabanus bipartitus* ♀ Walker : Diptera Saundersiana, 491 (1856).
= *Tabanus trisignatus* ♀ Lœw : OEfv. K. Vet. Akad. Forhandl. (1857), 340, 19.
— — Dipteren Fauna Sud Afrika's I, 39, 9, tab. 1, fig. 20.
— — Bezzi : Bulletin Soc. Ent. Ital. XXXVII (1905), p. 242.
= *Tabanus trisignatus* ♀ (♂ ?) Lœw. Karsch : Berl. Entom. Zeitsch. XXXI, 370, tab. 4, fig. 3.
Tabanus quadrisignatus ♀ Ricardo. Ann. Mag. Nat. Hist. (8), I, p. 320, (1908).
= *Tabanus quadrisignatus* ♂ Surcouf.
Tabanus sericiventris ♀ Lœw : Ofversigt af. K. Vet. Akad. Forh. (1857), 335, 17.
— — Dipteren Fauna Sud afrika's, 1, 38, 7.
Tabanus nanus ♀ Wiedemann (*nec* Macquart) : Diptera exotica, I, 95, 57 (1821).
— — Aussereurop. zweifl. Insekten, I, 187, 114.

Tabanus nanus ♀ Walker : List. dipt. Br. Museum, V, 232, 336.
Tabanus Ricardoæ ♀ Surcouf : Bulletin du Museum (1906), n° 7, 522.
Tabanus coniformis ♀ Ricardo. Ann. Mag. Nat. Hist. (8), p. 321, (1908).
Tabanus distinctus ♀ Ricardo : Annals Mag. Nat. Hist. (8), 1. p. 326. (1908).
Tabanus sticticolis ♀ Surcouf : Bulletin du Museum, (1906). n° 7, p. 525.

NEUVIÈME GROUPE

Tabanus secedens ♀ Walker : List. dipt. Br. Mus., V, 224. 301 (1854).
= *Tabanus tibialis* ♀ Walker (*nomen bis lectum*). List. dipt. Br. Mus., I, 162.
= *Tabanus gabonensis* ♀ Macquart : Diptères exotiques suppl., V, 23, 110. (*garonensis*) (1855).
— — Bigot : Archives Entom. II, 34, 8.. 655.
— — Newstead : Annals of trop. Med. (1907). 45, pl. 4, fig. 15.
= *Tabanus gabonensis* ♂ Surcouf.
Nec rubicundus ♀ Walker : List. dipt. Br. Mus., I. 161.
= *Tabanus Blanchardi* ♀ Surcouf : Archives de Parasitologie, tome XI, n° 3, (1907), fig. 439, fig. 3 et 4 pl. IX.
= *Tabanus brunnescens* ♀ Ricardo : Annals Mag. Nat. Hist. (8), I, 322, (1908).
Tabanus claripes ♀ Ricardo : Ann. Mag. Nat. Hist. (8), I, p. 317, 1908.
= *Tabanus claripes* ♂ Surcouf.
Tabanus Kingsleyi ♀ Ricardo : Ann. Mag. Nat. Hist. (8), I, p. 348, (1908).
Tabanus camaronensis ♀ Bigot, Mémoire Soc. Zool. France, V. 644 (*atylotus*).
Tabanus ignotus ♂ Surcouf nov. sp.

DIXIÈME GROUPE

Tabanus testaceiventris ♀ Macquart : Diptères exotiques suppl., 2, 16, 92 (1847).
— — Walker : List. dipt. Br. Museum, V, 232, 337.
Tabanus socialis ♀ Walker : Diptera Saundersiana, p. 45 (1850).
? = *Atylotus hypoleucus* ♀ Bigot : Ann. Soc. Ent. France, série 7, 1, 168. 6, vol. LX, (1891).
= *Atylotus leonum* ♀ Bigot : Mém. Soc. Zoologique de France, V, 680, (1892).
= *Tabanus nigrohirtus* ♀ Ricardo : Annals Mag. Nat. Hist. (7). 1. p 165, (1900).
Tabanus conformis ♀ Walker : List. dipt. British Museum, I, 150, (1848).
= *Tabanus terminatus* ♀ Walker : Diptera Saundersiana, p. 41, (1850).
= *Tabanus fervidus* ♀ Walker : Diptera Saundersiana, p. 55, (1850).
= *Tabanus Janus* ♀ Walker : Diptera Saundersiana, p. 60, (1850).

ONZIÈME GROUPE

Tabanus ustus ♂ Walker : *in* Newmann. 3 vol. VIII, pp. XCV, (1850).
— — List dipt. Br. Mus. V, 233, 344.
= *Tabanus temperatus* ♀ Walker : Diptera Saundersiana, p. 451 (1856).
= *Tabanus bovinus* ♀ Lœw Dipteren Fauna Sudafrika's, 38, 8.
— — Grünberg : Die Blutsaug, Dipteren (1907), p. 137.
= *Tabanus namaquinus* ♀ Bigot : Mem. Soc. Zool. de France, 5, 646.
Tabanus disjunctus ♀ Ricardo : Ann. Mag. Nat. Hist. (8), I, p. 325, (1908).
Tabanus inhambanensis ♂ Bertoloni : Mem. Sc. Inst. Bologna, XII, 16, 19, tab. I,
Tabanus congoiensis ♀ Ricardo : Ann. Mag. Nat. Hist. (8), I, p. 328, (1908).
Tabanus nyassæ ♀ Ricardo (1900) : Annals Mag. Nat. Hist. (7), 1. p. 164, (1900).
= *Tabanus tarsalis* ♀ Adams : Annals of tropical Medic. (1907), 45 pl., 4, fig. 13.

Tabanus Martini ♀ Surcouf : Bulletin du Museum (1907), n° 5. p. 331.
Tabanus Lemairei ♀ Surcouf : Bull. du Museum, (1908), n° 2, p. 122.
Tabanus Denshami ♀ Austen : Ann. Mag. Nat. Hist. (8), I, (1908), p. 222.
Tabanus Cordieri ♀ Surcouf nov. sp.

DOUZIÈME GROUPE

Tabanus variabilis ♀ Lœw : Öfv. K. Vet. A. Kad. Forhandl. (1857). 340, 22.
— — — Dipteren Fauna Sudafrika's. I. 41. 12. tab. I. fig. 23.
— ♂ Surcouf.
Tabanus insignis ♀ Lœw : Öfv. K. Vet. Akad. Forhandl. (1857), 341, 25.
— — Dipteren Fauna Sudafrika's, I, 44, 16.
Tabanus velutinus ♀ Surcouf : Bulletin du Museum (1906), n° 7. p. 524.
Tabanus atrimanus ♀ Lœw : Öfv. K. Vet. Akad. Forhandl. (1857), 340, 21.
— — Dipteren Fauna Sudafrika's, I, 40, II, tab. I, fig. 22.
Tabanus diversus ♀ Ricardo : Ann. Mag. Nat. Hist. (8), l, p. 334, (1908).
Tabanus argenteus ♀ Surcouf : Bulletin du Museum (1907), n° 4, 263.
Tabanus Severini ♀ Surcouf : Bulletin du Museum (1907), n° 4, p. 259.
Tabanus sulcipalpus ♀ Lœw. : Öfv. K. Vet. Akad. Forhanld. (1857), 341, 26.
— — Dipteren Fauna Sudafrika's, I, 45, 17.
Tabanus Sharpei ♀ Austen : Ann. Mag. Nat. Hist. (8), I, (1908). p. 226.
Tabanus Wellmani ♀ Austen : Ann. Mag. Nat. Hist. (8), I, (1908), p. 225.
Tabanus Roubaudi ♀ Surcouf : Bull. du Museum. (1909). 6.
Tabanus varians ♀ Surcouf : Bull. du Museum, (1909). 6.
Tabanus Mesnili ♀ Surcouf : Bulletin du Museum, (1909) (4).

TREIZIÈME GROUPE

Tabanus obliquemaculatus ♀ Macquart : Diptères exotiques, I, 4. 123. 4. (1838).
— — Walker : List. dipt. Br. Mus.. 1, 184. D.
— — Walker : List. dipt. Br. Mus.. V. 228-319. (1854).
Tabanus leucostomus ♀ Lœw : Öfv Kon. Vet. AB. Forhandl. XV. 336. 25 *bis*, (1858).
— ♀ Lœw : Dipt., Fauna Sudafrikas I, 43, 15 (1860).
= *Tabanus psusennis* ♂ Jaennicke : Abhandl. Senck. Natur. Ges. VI. 333. 26. (1867)
Tabanus sufis ♂ ♀ Jeannicke : Abh. Senck. Natur. Ges. VI, 332, 24 (1867).
— Brauer : Denkschrift. Akad. Wien.. XLII, 205. 59. tab. IV et fig. 59 (1880).
= *Tabanus alboventralis* ♀ Newstead : Annals of Trop. Med. (1907). 46.
Tabanus pallidifacies ♀ Surcouf : Bulletin du Museum (1906), n° 7, 527.
Tabanus morsitans ♀ Ricardo : Ann. Mag. Nat. Hist. (8), l. p. 277 (1908).
Tabanus Rothschildi ♀ Surcouf : Bulletin du Museum (1906). 7. 527.
Tabanus rufosignatus ♀ Bigot.
= *Atylotus ruficeps* ♀ Bigot *nec* Wiedemann. Mém. soc. zool. de France. V. 645 (1892).
= *Tabanus rufescens* ♀ Bigot : Kert. Cart. taban. 68 (1900).

Tabanus gratus ♀ Lœw : Ofv. K. Vet. Akad. Forhandl. (1857), 340, 23.
— — : Dipteren Fauna Sudafrika's, I, 42. 13.
— Newstead : Ann. of trop. Med. (1907), 45.
— Austen : Gordon Memorial Collège (1906), 59. fig. 23.
= *Tabanus gratus* ♂ Karsch : Berlin. Entom. Zeitschr.. XXXI, 370, 4.
Tabanus tritæniatus ♀ Ricardo : Ann. Mag. Nat. Hist. (8) I, 1908, p. 311.

QUATORZIÈME GROUPE

Tabanus ditæniatus ♂ ♀ Macquart : Diptères exotiques, I, 1, 126, 9 (1838).
— Walker : List. dipt. Br. Museum, V, 236-355.
— Bezzi : Ann. Mus. Civ. Genova, série 2, XII (XXXII), 184, 2.
— Austen : Gordon Memorial Collège (1906), 57, fig. 22.
= *Tabanus bipunctatus* ♀ Van der Wulp : Notes on Leyden Museum. VII, 75, 30, tab. 5, fig. 5.
= *Atylotus nigromaculatus* ♀ Ricardo (*in litteris*). Newstead : Ann. of trop. Med. (1907), 44.
= *Tabanus Pyrrhus* ♀ Walker : Diptera Saundersiana. 47. tab. II, fig. 4 et 5.
Tabanus fuscipes ♂ ♀ Ricardo : Annals Mag. Nat. Hist. (8), I (1908).
Tabanus diurnus ♀ Walker : Diptera Saundersiana, 43.
Tabanus albipalpus ♀ Walker : Diptera Saundersiana, p. 44.

QUINZIÈME GROUPE

Tabanus maculatissimus ♀ Macquart : Diptères exotiques, I, 5, 124, 3 (1838), tab. XVII, fig. 2.
— Lœw : Öfv. K. Vet. Akad. Forh. (1857), 348, 27.
— Lœw : Dipteren Fauna Sudafrika's, I, 43, 14.
— Walker : List. dipt. Br. Mus., I, 166.
— Johns : Proceed. Acad. Nat. Sc. Philadelphie (1898), 158.
Tabanus irroratus ♀ Surcouf : Bulletin du Museum (1906), n° 6.

SEIZIÈME GROUPE

Tabanus capensis ♀ Wiedemann : Diptera exotica, I, 91, 54 (1821).
— : Aussereurop. zweifl. Ins., I, 177, 100.
— Walker : List. of Dipt. Br. Mus., V, 228, 318.
= *Tabanus capensis* ♂ Surcouf.
Tabanus tenuicornis ♀ Macquart : Diptères exotiques, I, 124, 7 (1838).
— Walker : List. dipt. Br. Mus. V, 229, 324 (1848).
= *Tabanus stigma* ♀ Walker : List. dipt. Br. Museum, I, 184.
Tabanus ruwenzorii ♀ Ricardo : Ann. Mag. Nat. Hist. (8), I, p. 322 (1908).
Tabanus tæniatus ♀ Macquart : Suites à Buffon, I. 207, 35 (1834).
— Walker : List. dipt. Br. Museum, V, 229, 331.
— Walker : — I, 184, 5.
= *Tabanus tæniatus* ♂ Surcouf.
= *Tabanus strigiventris* ♀ Lœw : Öfv. K. Vet. Akad. Forhandl. (1857), 339, 14.
— : Dipteren Fauna Sudafrika's, I, 33, 11.
Tabanus vexans ♀ Lœw : Dipteren Fauna Sudafrika's, I, 34, 2 et Öfv. K. Vet. Akad. Forh. 336, bis (1858).
Tabanus Chevalieri ♀ Surcouf : Bulletin du Museum, (1906), n° 7, p. 525.
Tabanus lævifrons ♀ Lœw : Dipteren Fauna Sudafrika's (1860), 35, 4.
— : Öfv. K. Vet. Akad. Forh. 336, 2 bis.
Tabanus fulvianus ♀ Lœw : Öfv. K. Vet. Akad. Forh. (1857), 339, 15.
— : Dipteren Fauna Sudafrika's, I, 35, 3.
Tabanus imbecillus ♀ Karse : Berl. Ent. Zeitschr. XXXI, 370, 7 (1887).

SPECIES INCERTÆ SEDIS

Tabanus albicans Macquart : Suites à Buffon, I, 204. 24 (1834).
— Walker : List. Dipt. Br. Mus., V. supp. 4, 234, 347 (1854).
Tabanus infans Walker : Diptera Saundersiana. I, p. 45 (1850).
Tabanus sequens ♀ Walker : Insecta Saunders. Dipt. I 60 (1850).
Tabanus brunneus Thumberg : N. Acta. Reg. Soc. Upsal. IX. 53. 62, (1827).
Tebanus sudanicus Cabalhou : Bezzi : Diptera Erythrea. p. 240.
Tabanus macrodonta Macquart : Dipt. exot. I. 2, 183 (1839).
— Walker : List. Dipt. Br. Mus. V, I, 263, 499 (1854).
Tabanus fuscinervis Macquart = *Tabanus ditæniatus* Macquart : Dipt exot. I. 2, 184 (1839).
Tabanus fallax Macquart : Dipt. exot . supp. I. 32, 63 (1845).
Tabanus hebes ♀ Walker : List. dipt Br. Mus. I. 159.
Atylotus zoulouensis ♀ Bigot : Mem. Soc. Zool. de France, V, 647.

TABLE ANALYTIQUE

	Pages
INTRODUCTION	4
Notions générales	5
Morphologie	5
Développement	8
Larve	9
Nymphe	9
Biologie	10
Appareil buccal	11
Classification	12
Divisions du genre Tabanus	15

PREMIER GROUPE

Tableau dichotomique	17
Tabanus fasciatus ♀ Fabricius	18
Tabanus niloticus ♀ Austen	20
Tabanus atripes ♀ Van der Wulp	24
Tabanus africanus Gray	25
Tabanus latipes Macquart	26
Tabanus Brucei ♀ Ricardo	26
Tabanus septempunctatus ♀ Ricardo	27
Tabanus subvittatus ♀ Ricardo	28

DEUXIÈME GROUPE

Tableau dichotomique	29
Tabanus obscurefumatus ♀ Surcouf	29
Tabanus quadriguttatus ♀ Ricardo	32
Tabanus marmoratus ♀ Surcouf	33
Tabanus Billingtoni ♂♀ Newstead	34

TROISIÈME GROUPE

Tableau dichotomique	37
Tabanus biguttatus ♂♀ Wiedemann	38
Tabanus cerberus ♀ Walker	40

	Pages
Tabanus noctis ♂ Walker	40
Tabanus tripunctifer ♀ Walker	41
Tabanus biguttatus var. *unimaculatus* Macq.	41
Tabanus biguttatus var. *croceus* ♀ Surcouf.	42

QUATRIÈME GROUPE

Tableau dichotomique	44
Tabanus ruficrus ♀ Palissot de Beauvois	46
Tabanus Brumpti ♀ Surcouf	48
Tabanus sanguinipes ♀ Ricardo (*i. l.*)	49
Tabanus fusco-marginatus ♀ Ricardo	50
Tabanus aquilus ♀ Surcouf	51
Tabanus dilutius ♀ Surcouf	51
Tabanus grandissimus ♀ Ricardo	52
Tabanus ianthinus ♀ Surcouf	53
Tabanus Boueti ♀ Surcouf	54
Tabanus æneus ♀ Surcouf.	54
Tabanus Besti ♀ Surcouf	55
Tabanus obscurissimus ♀ Ricardo	56

CINQUIÈME GROUPE

Tableau dichotomique	58
Tabanus pluto ♂ ♀ Walker	60
Tabanus canus ♀ Karsch	61
Tabanus multipunctatus ♀ Van der Wulp	62
Tabanus canescens ♀ Surcouf.	63

SIXIÈME GROUPE

Tableau dichotomique	64
Tabanus par ♂ ♀ Walker	65
Tabanus cercolus ♀ Bigot	68
Tabanus luteolus ♀ Lœw	68
Tabanus rufipes ♀ Macquart	70
Tabanus thoracinus ♀ Palissot de Beauvois.	71
Tabanus notarum ♀ Bigot	72
Tabanus combustus ♀ Bigot	73
Tabanus impurus ♀ Karsch	74
Tabanus obscurehirtus ♀ Ricardo	74
Tabanus obscuripes ♀ Ricardo	75
Tabanus claritibialis ♀ Ricardo.	76
Tabanus obscurior ♀ Ricardo	76
Tabanus liventipes ♀ Surcouf.	77

SEPTIÈME GROUPE

Tableau dichotomique	79
Tabanus albilinea ♀ Walker	82
TabaLus unitæniatus ♀ Ricardo.	83
Tabanus conspicuus ♀ Ricardo	84
Tabanus subangustus ♀ Ricardo.	85
Tabanus albostriatus ♀ Ricardo.	86

	Pages
Tabanus obscurestriatus ♀ Ricardo.	87
Tabanus nigrostriatus ♀ Ricardo.	88
Tabanus unilineatus ♀ Lœw.	89
Tabanus Laverani ♀ Surcouf.	90

HUITIÈME GROUPE

Tableau dichotomique.	92
Tabanus tæniola Palissot de Beauvois.	94
Tabanus subelongatus ♀ Macquart.	99
Tabanus dorsivitta ♀ Walker.	100
Tabanus guineensis ♂♀ Wiedemann.	100
Tabanus longitudinalis ♀ Lœw.	101
Tabanus virgatus ♀ Austen.	102
Tabanus macrops ♂ Walker.	102
Tabanus sugens ♀ Wiedemann.	103
Tabanus socius ♀ Walker.	104
Tabanus sagittarius ♀ Macquart.	105
Tabanus serratus ♀ Lœw.	107
Tabanus rubicundus ♀ Walker.	109
Tabanus fraternus ♀ Macquart.	110
Tabanus bipartitus ♀ Walker.	111
Tabanus trisignatus ♀ Lœw.	112
Tabanus quadrisignatus ♀ Ricardo.	113
Tabanus distinctus ♀ Ricardo.	115
Tabanus sticticolis ♀ Surcouf.	116
Tabanus sericiventris ♀ Lœw.	117
Tabanus nanus ♀ Wiedemann.	118
Tabanus Ricardoæ ♀ Surcouf.	119
Tabanus coniformis ♀ Ricardo.	120

NEUVIÈME GROUPE

Tableau dichotomique.	122
Tabanus secedens ♂♀ Walker.	124
Tabanus claripes ♀ Ricardo.	126
Tabanus kingsleyi ♀ Ricardo.	128
Tabanus camaronensis ♂ Bigot.	129

DIXIÈME GROUPE

Tableau dichotomique.	130
Tabanus testaceiventris ♀ Macquart.	132
Tabanus socialis ♀ Walker.	132
Tabanus nigrohirtus ♀ Ricardo.	133
Tabanus hypoleucus ♀ Bigot.	134
Tabanus socialis ♀ Walker.	134
Tabanus conformis ♀ Walker.	135

ONZIÈME GROUPE

	Pages
Tableau dichotomique	137
Tabanus ustus ♂ Walker	140
Tabanus temperatus ♀ Walker	141
Tabanus bovinus ♀ Lœw	141
Tabanus namaquinus ♀ Bigot.	142
Tabanus disjunctus ♀ Ricardo	143
Tabanus inhambanensis ♂ Bertoloni	144
Tabanus congoiensis ♀ Ricardo	144
Tabanus nyassæ ♀ Ricardo.	146
Tabanus Martini ♀ Surcouf	147
Tabanus Lemairei ♀ Surcouf	148

DOUZIÈME GROUPE

Tableau dichotomique	149
Tabanus argenteus ♀ Surcouf.	152
Tabanus Sharpei ♀ Austen.	153
Tabanus Wellmani ♀ Austen	154
Tabanus Roubaudi ♀ Surcouf.	155
Tabanus sulcipalpus ♀ Lœw	157
Tabanus insignis ♀ Lœw	158
Tabanus diversus ♀ Ricardo	159
Tabanus atrimanus ♀ Lœw	160
Tabanus velutinus ♀ Surcouf	162
Tabanus Severini ♀ Surcouf	163
Tabanus varians ♀ Surcouf	164
Tabanus variabilis ♀ Lœw	165

TREIZIÈME GROUPE

Tableau dichotomique	167
Tabanus morsitans ♀ Ricardo.	168
Tabanus Rothschildi ♀ Surcouf	170
Tabanus obliquemaculatus ♀ Macquart	172
Tabanus leucostomus ♀ Lœw	173
Tabanus psusennis ♀ Jænnicke	174
Tabanus ruficeps ♀ Bigot	174
Tabanus pallidifacies ♀ Surcouf.	176
Tabanus sufis ♀ Jænnicke	177
Tabanus alboventralis ♀ Newstead	177
Tabanus gratus ♀ Lœw	178
Tabanus triteniatus ♀ Ricardo	181
Tabanus albipalpus ♀ Walker	181

QUATORZIÈME GROUPE

Tableau dichotomique	183
Tabanus ditæniatus ♂♀ Macquart	184
Tabanus fuscipes ♂♀ Ricardo	187
Tabanvs diurnus ♀ Walker	187

QUINZIÈME GROUPE

	Pages
Tableau dichotomique	189
Tabanus maculatissimus ♀ Macquart	190
Tabanus irroratus ♀ Surcouf	192

SEIZIÈME GROUPE

Tableau dichotomique	193
Tabanus fulvianus ♀ Lœw	194
Tabanus Chevalieri ♀ Surcouf	196
Tabanus tenuicornis ♀ Macquart	197
Tabanus stigma ♀ Walker	197
Tabanus capensis ♀ Wiedemann	198
Tabanus tæniatus ♀ Macquart	200
Tabanus strigiventris ♀ Lœw	201
Tabanus lævifrons ♀ Lœw	202
Tabanus vexans ♀ Lœw	203
Tabanus ruwenzorii ♀ Ricardo	204
Tabanus imbecillus ♀ Karsch	205

APPENDICE

ONZIÈME GROUPE

Tabanus Denshami ♀ Austen	208
Tabanus Cordieri ♀ Surcouf	210

TREIZIÈME GROUPE

Tabanus Mesnili ♀ Surcouf	212

Species incertæ sedis

Tabanus fenestratus ♀ Walker	213
Tabanus corax Lœw	213
Tabanus Deyrollei Bigot	214
Tabanus hebes ♀ Walker	214
Tabanus zoulouensis ♀ Bigot	215

Taons mâles

PREMIER GROUPE

Tabanus fasciatus ♂ Wiedemann	216
Tabanus latipes ♂ Macquart	217

DEUXIÈME GROUPE

	Pages
Tabanus Billingtoni ♂ ♀ Newstead	217

TROISIÈME GROUPE

Tabanus biguttatus ♂ Wiedemann	218
Tabanus unimaculatus ♂ Macquart	218
Tabanus citipes ♂ Macquart	218

QUATRIÈME GROUPE

Tabanus ruficrus ♂ Palissot de Beauvois	218

CINQUIÈME GROUPE

Tabanus pluto ♂ Walker	219

SIXIÈME GROUPE

Tabanus par ♂ Walker	219

SEPTIÈME GROUPE

Tabanus Laverani ♂ Surcouf	219
Tabanus subangustus ♂ Ricardo	220

HUITIÈME GROUPE

Tabanus tæniola ♂ Palissot de Beauvois	220
Tabanus quadrisignatus ♂ Ricardo	221

NEUVIÈME GROUPE

Tabanus secedens ♂ Walker	221
Tabanus claripes ♂ Ricardo	222
Tabanus camaronensis ♂ Bigot	223
Tabanus ignotus ♂ Surcouf	223

ONZIÈME GROUPE

Tabanus inhambanensis ♂ Bertoloni	224
Tabanus ustus ♂ Walker	224

DOUZIÈME GROUPE

	Pages
Tabanus variabilis ♂ Lœw.	225

TREIZIÈME GROUPE

Tabanus gratus ♂ Karsch.	225
Tabanus obliquemaculatus ♂ Macquart	225
Tabanus psusennis ♂ Jænnicke.	225

QUATORZIÈME GROUPE

Tabanus ditæniatus ♂ Macquart.	226
Tabanus fuscipes ♂ Ricardo	226

SEIZIÈME GROUPE

Tabanus capensis ♂ Wiedemann.	227
Tabanus tæniatus ♂ Macquart.	227

Répartition géographique.	229
Première région.	229
Deuxième région.	231
Troisième région.	233
Quatrième région.	235
Cinquième région.	237
Sixième région.	238
Liste alphabétique des taons.	240
Table systématique et bibliographique.	245
Table analytique.	252

TABLE DES FIGURES

	Pages
Fig. I. — Palpes de taons	5
Fig. II. — Yeux et tibias antérieurs	6
Fig. III. — Nervation de l'aile	7
Fig. IV. — Nymphe	9
Fig. V. — Éclosion de **Tabanus bromius** Linné	10
Fig. VI. — Bandes frontales	13
Fig. 7. — **Tabanus latipes** ♀ Macquart	17
Fig. 8. — **Tabanus Billingtoni** ♀ Newstead	30
Fig. 9. — **Tabanus marmorosus** ♀ Surcouf	30
Fig. 10. — **Tabanus biguttatus** ♀ Wiedemann	36
Fig. 12. — **Tabanus canus** ♀ Karsch	58
Fig. 13. — **Tabanus combustus** ♀ Bigot	65
Fig. 14. — **Tabanus Laverani** ♀ Surcouf	80
Fig. 15. — **Tabanus tæniola** ♀ Palissot de Beauvois	93
Fig. 16. — **Tabanus fraternus** ♀ Macquart	93
Fig. 17. — **Tabanus quadrisignatus** ♀ Ricardo	93
Fig. 18. — **Tabanus claripes** ♀ Ricardo	122
Fig. 19. — **Tabanus conformis** ♀ Walker	130
Fig. 20. — **Tabanus disjunctus** ♀ Ricardo	138
Fig. 21. — **Tabanus Roubaudi** ♀ Surcouf	150
Fig. 22. — **Tabanus gratus** ♀ Lœw	168
Fig. 23. — **Tabanus Rothschildi** ♀ Surcouf	171
Fig. 24. — **Tabanus ditæniatus** ♀ Macquart	182
Fig. 25. — **Tabanus maculatissimus** ♀ Macquart	189
Fig. 26. — **Tabanus tæniatus** ♀ Macquart	194

TABLE DES CARTES

	Pages
Subdivision de l'Afrique	3
Groupe I. 1re carte	19
» 2^e carte	21
» 3^e carte	23
Groupe II	31
Groupe III	39
Groupe IV. 1re carte	45
» 2^e carte	47
Groupe V	59
Groupe VI. 1re carte	67
» 2^e carte	69
Groupe VII	81
Groupe VIII. 1re carte	95
» 2^e carte	97
Groupe IX	123
Groupe X	131
Groupe XI	139
Groupe XII	151
Groupe XIII	169
Groupe XIV	185
Groupe XV	191
Groupe XVI	195
Subdivision de l'Afrique	228

TABANIDES D'AFRIQUE
Pl. I.

1. T. atripes ♀ Van der Wulp
2. T. latipes ♂ Macquart
3. T. latipes ♀ Macquart
4. T. fasciatus ♀ Fabricius
5. T. Billingtoni ♀ Newstead
6. T. obscurefumatus ♀ Surcouf
7. T. marmorosus ♀ Surcouf
8. T. croceus ♀ Surcouf
9. T. croceus ♂ Surcouf
10. T. Brumpti ♀ Surcouf
11. T. Boueti ♀ Surcouf
12. T. æneus ♀ Surcouf
13. T. dilutius ♀ Surcouf
14. T. ruficrus ♀ Pal-Beaur.
15. T. grandissimus ♀ Ricardo

Pl. II

Tabanides d'Afrique

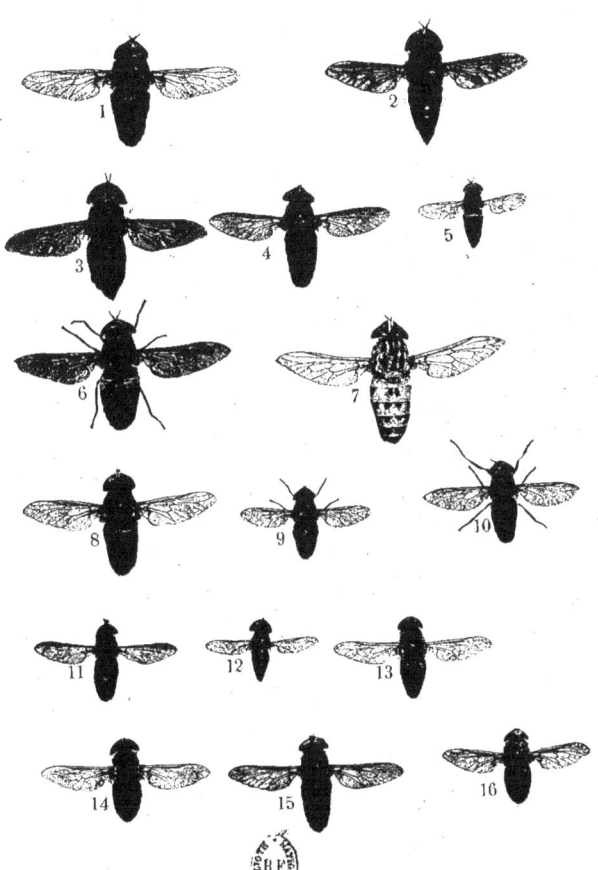

1. *T. fusco-marginatus* ☿ Ricardo
2. *T. ruficrus* ♂ Pal-Beauv.
3. *T. ruficrus* ♂ variété
4. *T. ianthinus* ☿ Surcouf
5. *T. par* ☿ Walker
6. *T. pluto* ☿ Walker
7. *T. canus* ☿ Karsch
8. *T. canescens* ☿ Surcouf
9. *T. thoracinus* ☿ Pal-Beauv.
10. *T. obscurehirtus* ☿ Ricardo
11. *T. liventipes* ☿ Surcouf
12. *T. Laverani* ♂ Surcouf
13. *T. socius* ☿ Walker
14. *T. sagittarius* ☿ Macquart
15. *T. congoiensis* ☿ Ricardo
16. *T. sticticolis* ☿ Surcouf

Tabanides d'Afrique　　　　Pl. III

1. *T. secedens* ♂ Walker
2. *T. secedens* ♀ Walker
3. *T. claripes* ♂ Ricardo
4. *T. Martini* ♀ Surcouf
5. *T. ignotus* ♂ Surcouf
6. *T. disjunctus* ♀ Ricardo
7. *T. argenteus* ♀ Surcouf
8. *T. variabilis* ♀ Löw
9. *T. varians* ♀ Surcouf
10. *T. subangustus* ♀ Ricardo
11. *T. subangustus* ♂ Ricardo
12. *T. atrimanus* ♀ Löw
13. *T. ustus* ♀ Walker
14. *T. Severini* ♀ Surcouf
15. *T. rufohirtus* ♀ Ricardo
16. *T. pallidifacies* ♀ Surcouf
17. *T. sufis* ♀ Jænnicke
18. *T. Chevalieri* ♀ Surcouf
19. *T. Mesnili* ♀ Surcouf
20. *T. irroratus* ♀ Surcouf

www.ingramcontent.com/pod-product-compliance
Lightning Source LLC
Chambersburg PA
CBHW050658170426
43200CB00008B/1338